决策

如何做出正确选择

[美]埃里克·约翰逊（Eric J. Johnson） 著

王吉美 赖晓琳 译

中信出版集团 | 北京

图书在版编目（CIP）数据

决策 / （美）埃里克·约翰逊著；王吉美，赖晓琳
译. -- 北京：中信出版社，2023.4（2024.2 重印）
书名原文：The Elements of Choice: Why the Way
We Decide Matters
ISBN 978-7-5217-5217-5

Ⅰ.①决… Ⅱ.①埃…②王…③赖… Ⅲ.①行为经
济学-研究 Ⅳ.①F069.9

中国国家版本馆CIP数据核字（2023）第022122号

决策
著者： ［美］埃里克·约翰逊
译者： 王吉美 赖晓琳
出版发行：中信出版集团股份有限公司
（北京市朝阳区东三环北路27号嘉铭中心 邮编 100020）
承印者：北京盛通印刷股份有限公司

开本：880mm×1230mm 1/32 印张：10.5 字数：237千字
版次：2023年4月第1版 印次：2024年2月第5次印刷
京权图字：01-2022-7008 书号：ISBN 978-7-5217-5217-5
定价：79.00元

献给埃尔克·韦伯、我的家人，
以及现在和未来的所有设计者

中文版序

　　我写作《决策》这本书的初衷，是想要帮助人们成为更好的选择架构师。

　　你或许没有意识到，今晚下班后，当你向爱人提议晚餐吃什么时，你就扮演了一个选择架构师的角色。你几乎下意识地决定了选项的数量，并按照特定的顺序给出了这些选项。并且，你可能对这些选项进行了描述，比如是西餐还是中餐，是荤食还是素食，是味道更好还是营养更佳。你或许没有意识到，你呈现这些选项的方式很可能影响了你爱人的选择。

　　并不是只有你会这样。每家商店、每个应用程序、每位理财顾问、每位医生、每个为人父母的人都会用到选择架构。尽管并不专业，但他们呈现的选择架构仍然具有强大的力量。这些选择架构会影响我们对电器的选购、对项目的投资，影响我们几乎所有的决策。

　　在初次了解选择架构时，许多人都对这个概念感到不安甚至恐惧。作为选择者，他们害怕自己的选择会在不知不觉中受到不可控因素的影响，还担心自己会遭到利用。作为设计者，他们则担心自己会在无意中影响他人或者损害他人的利益。然而，无论是否意识到这一点，你都会对他人造成影响。本书的目标便是帮助你成为明智的选择架构师。

相比之下，忽视选择架构可能会造成危害。设计者并不一定了解他们所运用的工具的力量。他们可能会随意选择工具，在无意中损害选择者的利益。例如，由于汽车配置页面设计不当，一家知名的德国汽车公司在无意中引导了顾客购买更便宜的汽车。这并非设计者的本意，通过一些调整，我们显著提升了该公司的盈利能力。

不过，糟糕的选择架构并不一定都是无知或天真的产物。一些设计者会通过线上对比实验等方法，来了解怎样的设计更有效。这些设计者可以利用他们的发现来增进自己而非选择者的利益。

选择者对决策初期的金钱成本和精力成本十分敏感，而用意不良的设计者可能会利用这种心理。我们都做过开始或终止某项订阅服务的决定，比如报刊订阅服务，或者腾讯视频、Hulu这样的流媒体订阅服务。为了提升用户参与度，这些服务供应商都对其登录页面进行了精心设计，让一些操作变得简单，而让另一些操作变得困难。例如，当你点开网飞，它会自动播放影片的预告片。用选择架构领域的语言来说就是，自动播放功能是默认开启的。并且，设计者将关闭这项功能的选项设置在极其隐蔽的位置。

设计选择架构就像是在地图上选择路线。能够到达目的地的路线有很多，但有些路线更符合选择者的利益。默认选项可以根据选择者的最佳利益设定。好的选项可以出现在更明显的位置，而不是被淹没在糟糕或无关的选项之中。政府、大学等许多机构都需要设计福利计划申请页面。设计者可以让福利计划易于理解而不是难以理解。如果选择者有清晰的目标，一个高明的选择架构既可以帮助他们轻松实现目标，也有可能阻碍他们实现目标。

选择架构的力量在应用程序（尤其是手机应用程序）的设计中体现得最为淋漓尽致。例如，如果一个选项不是出现在首屏上，它被选择的概率就会很低。为了成为iPhone（苹果公司智能手机品牌）的默认搜索引擎，谷歌向苹果公司支付了高昂的费用。我们还通过研究发现，按钮的颜色会对其点击率造成很大的影响。

总而言之，我希望中国读者能够充分利用书中的经验，设计出高明的选择架构，帮助人们更好地决策。在此，我向你们对本书的关注表示衷心的感谢。

导读

刘潇　清华大学经管学院经济系副教授

　　请让我终于明白，每一条路径都有它不得不这样跋涉的理由，请让我终于相信，每一条要走上去的前途也有它不得不那样选择的方向。

　　　　　　　　　　　　　　　　　　　　　——《写给幸福》

　　中信出版社即将出版《决策》这本书，我有幸在大众阅读之前阅读了这本关于决策的通俗书籍。300多页文字，大多以实例展开，将抽象的理论具象化，因此读得颇为酣畅淋漓，读罢也颇有回甘之美。作为一名实验和行为经济学的科研工作者，能为本书写一篇导读，也实为乐事一桩。

　　这本书的核心概念是"选择架构"。很多人是从理查德·塞勒[1]和卡斯·桑斯坦[2]于2008年合著的《助推》（Nudge）一书开始了解这个概念的。选择架构的核心是参数设计，架构的对象是正在进行各类选择和决策的个体，目标则是如何让个体的选择和架构设计者的目标契合。而助推作为一种选择架构的方式（很多时候我们会交叉使用"选择架构"和"助推"这两个概念），强调的是能够

---

[1]　理查德·塞勒（Richard H. Thaler），芝加哥大学商学院教授，2017年诺贝尔经济学奖得主。

[2]　卡斯·桑斯坦（Cass R. Sunstein），哈佛大学法学院教授。

以一种"润物细无声"的方式来使个体行为符合预期。举例来说，如果以契约为代表的激励机制是大刀阔斧地影响个体行为，那么以"默认选项"（default option）、"框架效应"为代表的助推工具强调的则是以最低成本、最不显山露水的方式来影响个体决策。小到超市货物的摆放，大到退休金账户的设计，这些决策过程中都隐藏着"助推"的元素。而正因为"助推"与我们的生活息息相关，同时又如此"出人意料"（这不也正是行为经济学的有趣之处吗），因此《助推》一书成为2008年《经济学人》（The Economist）评选出的最佳畅销书之一，并于2018年被中信出版社引进翻译，在国内读者圈也风靡一时，大获好评。

本书作者埃里克·约翰逊是哥伦比亚大学商学院市场营销系的教授。约翰逊教授于1980年毕业于卡内基-梅隆大学，获得心理学博士学位，后来任职于卡内基-梅隆大学、宾夕法尼亚大学和哥伦比亚大学等若干顶尖学府的商学院。营销系老师的研究大致可以分为两类，一类是消费者行为（consumer behavior），以心理学为理论基础去研究消费者行为，其常用的研究方法是心理学实验；另一类定量营销学（quantitative marketing）则以产业组织、博弈论等经济学理论为基础，聚焦于市场和产业中的经济学问题。在我有限的理解里，约翰逊教授的研究应主要属于第一类，而这样一个心理学的视角，也注定了他在撰写这本书时，从开篇的立意上就和《助推》的两位作者不一致。贯穿《助推》一书的一个核心概念是"家长制自由主义"（libertarian paternalism），这个概念合理性的前提是设计者是洞察万物且无私心的，这样的假设放在经济学家和法学家合著的书里很容易理解，但作为心理学家的约翰逊教授会告诉我们选择架构的目标很重要，而不同人的目标其实是不一样的。在全书

第1章中，他就犀利地指出了选择架构会产生两类负面影响：一是阻滞效应，阻碍选择者选出最符合其利益的选择；二是黑暗模式，让选择者意外选择了他们本来无意选择的选项的设计要素。了解和认识到作者们因为学术背景的不一致而产生的学术观点上的不一致，在我看来是很有必要的。而以这种不带预设的方式去研究和思考选择设计问题则是阅读这本书的基础。

对于行为经济学的初学者，这本书是一本很好的科普入门读物。对于选择架构的讨论，本书提供了大量翔实有趣的案例，且将该理论进行了拆解，就像一本行之有效的烹饪书籍，提供了做一道美味大餐的材料和步骤。第2章的合理路径强调的是选择架构会通过影响选择者选取的合理路径而发挥作用，同时强调在决策中人们一旦确定了合理路径，就很难再更改。第3章的组合偏好强调了记忆的重要性。这一章是我个人最喜欢的一章，比起经典的经济学理论，这里讨论的偏好是内生的，取决于我们在当下可以调动起的记忆，这和现在行为经济学中大家关于内生性偏好的讨论是很契合的，有兴趣的同行可以重点关注这一章的内容。

而从第4章确立了选择架构的目标后，这本书就进入了"烹饪指南"阶段，第5章默认选项的威力相信大家都不陌生，尤其是"坏"的默认选项造成的负面效应更值得关注，这样的例子在各类应用程序的隐私设置中也屡见不鲜。第6章选项数量的理论基础是个体的有限注意力，这对于互联网大厂的产品经理们可能会是一个很有共鸣的例子，毕竟抖音制胜的原因之一就是"单列"推送相对于"双列"选择的胜利。第7章的选择排序和第8章的选项描述也是选择架构设计中的重要元素，其对应的例子不胜枚举，比如：面试中的顺序问题等。第9章的构建选择引擎重点讨论了线上环境下选择架构的重要性，其中用网飞的例子强调了在线实验的重要性，这部分内容对于数字经济产业从业者有重要的参考意义。

全书以"成为更好的选择架构师"收尾，书中大量的实例都基于约翰逊教授多年的学术积累，让我们学术后辈们收获颇丰。同时，它作为一本普及性的读物，对各类现象背后的理论进行了清晰的解释，是一本可读性、精细度很高的作品。

如何更合理、有效地"助推"可能是个体、组织和社会都需要思考的一个终身命题。一个好的助推效果在我看来就如同进入了王维的山水诗《山居秋暝》，"明月松间照，清泉石上流……随意春芳歇，王孙自可留"。而助推作为重要的行为工具，凭借其拥有的易操作性和低成本性，已出现在我们生活的方方面面，同时我国庞大的消费者群体，也为决策设计者们提供了丰富的研究和实践场景。衷心希望在不久的将来，可以看到基于中国案例的"助推"书籍，毕竟在设计的过程中，个体的异质性、东西方文化的差异性，本身就是一个重要的设计元素。

目录

1 / 001

塑造选择：什么影响了我的决策

你或许以为，你的选择完全是由你自己决定的，但这其实是一种错觉。有个事实你可能并未察觉：当你在餐馆点三明治时，当你爱人问你要看什么电影时，当医生问你是否想试用新药来降低胆固醇时，当你浏览假期回家的航班信息时，当你从公司的养老金计划中选择投资基金时……你的每一个选择背后都有一个隐形的伙伴存在。

2

合理路径："切负荷"助你做出关键决策

"切负荷"是一个电力专业术语。它指的是当用电需求超出供电能力时，电力公司可能会将部分负荷从电网上断开，以保障更重要的供电。确定合理路径就是一种"切负荷"：它涉及确定哪些信息对实现目标至关重要、需要考虑，哪些信息无关紧要、可以忽略。

3

组合偏好：记忆如何被调取与操控

你可能以为，人们在面临选择时都知道自己想要什么，只要确定哪个选项是自己心中所想，便可以做出选择。但实际上，真正困难的一步在于确定自己想要的是什么。为此，我们会回忆过往的经历，调动与当前决策相关的记忆。

4 /069

架构目标：流畅性与正确性的考量

在一些决策中，人们有着截然不同的偏好和需求，一刀切的选择架构会损害部分选择者的利益。如果可以的话，我们应该采用更加个性化的设计，让每个人都能做出正确的选择。

5 /091

默认选项：成本与收益间的权衡

不同的默认选项伴随着不同的代价，我们要根据代价的大小和代价产生的概率来识别出正确的默认选项。归根结底，哪个默认选项是正确的默认选项取决于你如何权衡每种结果的利弊，取决于决策的成本。

6 /137

选项数量：选择数量越多越好吗

设计者对选项增多所带来的影响拥有极大的控制权。优秀的设计者可以提升流畅性、优化选择集，并尽可能让选项数量达到正确性和流畅性之间的"甜蜜点"，从而帮助选择者做出更好的决策。

7 /159

选项排序：首因效应与近因效应

你可能不相信，像选项排序这种我们无法控制的因素会影响我们的决策。又或许，你认为，选项排序只会影响一些不重要的决策，比如对冰激凌的选择。那么，在重要的决策中，比如在择校和购买共同基金的决策中，选项排序会影响人们的选择吗？

8 /193

选项描述：选择架构设计的核心

当设计者使用了错误的属性指标时，选择者就无法以他们想要的方式做出选择，并且会做出更糟糕的决策。选项描述是最不受重视的选择架构工具，也是研究人员研究得最少的选择架构工具，但它具有非常重要的意义。

9 /233

选择引擎：更积极的决策助手

决策环境是多种多样的。随着决策环境从纸张和实体商店变成像素和浏览器，选择架构师能够实现许多难以在实体环境中实现的设计。由于交互式决策环境与众不同，我将把交互式选择架构称为"选择引擎"，以彰显它们强化和回应选择者偏好的能力。

10 /263

如何成为更好的选择架构师

请思考，作为一名设计者，你能为你最了解的选择者，也就是你自己做什么。你可能认为，选择架构只对大型机构有用。但事实上，在面临求职、择偶、搬家等重要的人生决策时，我们经常需要为自己设计选择架构。

1

塑造选择
什么影响了我的决策

什么是选择架构

你或许以为，你的选择完全是由你自己决定的，但这其实是一种错觉。有个事实你可能并未察觉：当你在餐馆点三明治时，当你爱人问你要看什么电影时，当医生问你是否想试用新药来降低胆固醇时，当你浏览假期回家的航班信息时，当你从公司的养老金计划中选择投资基金时……你的每一个选择背后都有一个隐形的伙伴存在。

做出最终选择的是你，但餐馆老板、你的爱人、你的医生、航空公司和你的雇主早已事先决定了将各种选项呈现给你的方式，而这将会有意无意地影响你的最终选择。餐馆老板设计了三明治菜单，他有可能把素食三明治列在菜单的右边，把肉类三明治列在菜单的左边。你的爱人在向你推荐一些电影的同时，会忽略掉其他的电影。你的医生决定了如何向你描述各类控胆固醇药物的副作用与功效。网站决定了航班的排序方式和你能看到的航班信息，有的网站会显示航班准点率和行李费等，有的则不会。至于你的养老基金，如果你没有主动做出选择，你的雇主就会替你选择默认选项。

我们或许能隐约感觉到，外部因素会影响我们的选择，但我们却没有意识到，选项的呈现方式会对我们的选择产生深刻且系统的影响。多年来的研究反复表明，选项的呈现方式会影响我们的选择。如果公司的网站预先替员工选择了某个养老基金，那么员工选择这个养老基金的概率就会大大提高。对于同一种药，医生说"1%的人吃了这种药之后会出现严重的不良反应"，或者"99%的人吃完这种药都没有不良反应"，会导致我们做出不同的选择。同样，你可能觉得是你自己在挑选三明治，但实际上，菜单上三明治的排序和名称等都会影响我们的选择。

上述细节都是"选择架构"的一部分。所谓选择架构，是指选项呈现方式的各个方面，它可以被有意或无意地操纵，以影响我们的最终选择。同样的选项以不同方式呈现，有可能改变最终的选择。

在你做出选择之前，已经有人塑造出了各个选项的不同特点，而这将在一定程度上对你的选择产生影响。本书将详细介绍选项的呈现方式是如何影响决策过程的。上面提到的餐馆老板、你的爱人、你的医生，还有你的雇主，都有意或无意地充当了选择架构师的角色。简单来说，选择架构师设计了供你选择的选项，同样地，你也参与设计了供自己和他人选择的种种选项。为简洁起见，我将把选择架构师称为"设计者"，把做出选择的人称为"选择者"。

选择架构的力量异常强大，如果利用得当，设计者和选择者都能从中获益。但要实现这种两全其美的效果，必须仔细研究选择设计的每个细节，包括我们平时熟视无睹的诸多要素。毕竟，在面临选择时，我们往往忙于权衡利弊，以致无暇关注选项的呈现方式对我们的影响。但如果能够把握个中细节，我们就能做出更好的选择。

个人福祉与公共政策

在申请大学时，我第一次对选择和选择设计产生了兴趣。我来自新泽西州郊区（与莱维敦类似）的一个工薪阶层家庭。我惊讶地发现，我的高中同学们对未来人生方向的选择各不相同。那些学习能力很强的学生，有的在申请常春藤盟校，有的却欣然选择了本地的社区大学。他们的选择为什么如此不同？后来，我明白了，这在很大程度上是因为他们在做选择时考虑的因素不同。

人们往往依靠一些简单的经验法则来做决定。一个典型的例子是：人们常常受一些无关紧要的因素影响而做出前后矛盾的选择。对于同一个选项，强调它的好处或坏处会让人们做出不同的选择。对消费者进行"无关数据轰炸"可以改变他们的支付意愿。比起覆盖各种疾病的保险，人们往往更愿意购买针对某一种具体疾病的保险，比如防癌险，因为其风险更为直观。这些现象并不罕见，有时会被称为"愚蠢的人类把戏"（得名于大卫·莱特曼的喜剧片段）。正是它们奠定了决策研究与行为经济学革命的基础。我因为足够幸运（或者说足够愚蠢）而得以进入这一革命的重要发源地——卡内基-梅隆大学（攻读硕士和博士学位）和斯坦福大学（完成博士后项目），见证并参与了开创性的决策研究。

人们通常并不善于决策，尤其是理性决策，上述种种现象便是例证。多年来，我一直在研究公共政策的制定和决策过程的优化。

突然有一天，我意识到，我们可以运用逆向思维，不去指责人们在决策时表现出的不一致，而是利用这种不一致，改变选项的呈现方式，帮助他们成为更好的决策者。

那时，我在宾夕法尼亚大学沃顿商学院组织了一个研究保险决策的团队。我们注意到，宾夕法尼亚州和新泽西州即将推出一批新的、费用更低的汽车保险。这两个州都要求保险公司使用新的选择架构来呈现车险。我们预测，由于呈现方式不同，新车险在新泽西州将会比在宾夕法尼亚州更受欢迎。我们给两个州的州长和保险专员写了信，告诉他们我们的预测，还在费城的一家报纸上发了专栏文章，但没有人理会我们。然而，事实证明，我们的预测是正确的，选择架构影响巨大。新车险在新泽西州的受欢迎程度是在宾夕法尼亚州的3倍。由于选择的不同，宾夕法尼亚人比新泽西人在车险上多花了几十亿美元。几年后，我和我的朋友丹·戈尔茨坦合作，证明了选择架构对人们是否愿意捐献器官的重要影响。

又过了几年，我为一家德国车企提供网站选择架构咨询服务。消费者购买汽车时可以在网站上就汽车发动机、内饰和颜色等配置进行选择。此前，这家车企的网站选择架构会引导消费者选择更便宜的配置选项。这对企业和消费者双方都是不利的：企业损失了许多潜在收入，消费者的需求和喜好也没有真正得到满足。在对选项的呈现方式做出一些简单修改后，企业的利润提高了，消费者对其最终购买的汽车的满意度也提升了。

前段时间，我在新成立的美国消费者金融保护局做高级访问学者，为许多与选择架构相关的议题建言献策，比如：贷款和抵押贷款的信息披露该怎么写？怎样把预付信用卡的烦琐收费规则在大小极其有限的卡面上交代清楚？如何鼓励消费者在购物时货比三家？以及我最为关注的一个问题——怎样确保支票账户的开户人在勾选"透支保护"①选项时，完全明白这到底意味着什么？如果勾选了"透支保护"，银行就会对每次透支行为收取一笔费用，通常为35美元。有的人的确需要这项服务，但也有人在勾选这项服务时，根本不了解它究竟是什么，结果，他们可能会因为买了一杯3美元的咖啡而导致账户透支，触发透支保护，相当于花38美元买了一杯咖啡。花了这种冤枉钱，他们肯定会感到愤怒。如何才能确保每个人在决定是否购买某个产品或某项服务时都能做出明智的选择呢？

选择架构不仅仅与网站设计和政策实施有关，也不是只有专业人士和研究人员才能接触到。我们每个人每天都在扮演着设计者的角色，为我们的朋友、同事和家人提供着各种各样的选项。我的一个朋友在哄他3岁的女儿上床睡觉时就是一个设计者，他不会直接问她要不要上床睡觉，而是会问她，是想要飞到床上睡觉还是蹦到床上睡觉。他说，在给出具体的选项而不仅仅是让女儿选择是否睡觉之后，哄女儿上床睡觉变得轻松多了。

选择设计与建筑设计有许多共同之处。时任英国首相温斯顿·丘吉尔谈到在闪电战的最后几次突袭中被德军燃烧弹损毁的英国下议院时说："我们塑造了建筑，而建筑反过来也影响了我们。"

被损毁前的英国下议院是仿照圣·史蒂芬教堂设计的，总体呈矩形，议员们开会时相对而坐。在其建成之前，议员们就是在该教

---

① 透支保护：在美国，银行向活期账户的客户提供的自动贷款，以弥补客户开立的支票超过账户余额的部分。——编者注

堂议事的。在讨论其重建时，有的议员提议，效仿美国参众两院，将座位排列成半圆形。还有的议员指出，原会议厅座位数量不足，并不能容纳下所有的议员。

对于这些提议，丘吉尔一概不以为然。在一次精彩的演讲中，他提出，应该保留"原下议院建筑的所有基本特征"。虽然丘吉尔的政治观念颇为保守，但他的这一主张既非多愁善感，也非因循守旧。他坚信建筑的外形会对身在其中的人产生影响，而政治对话的本质有赖于原下议院建筑的两个基本特征。

一是其矩形设计。议事厅的座位分列在两边，执政党坐在一边，反对党坐在另一边，双方都直接面向对方。丘吉尔认为，这对于主导着英国政治的两党制至关重要。直视对方能够促进辩论，让一方将注意力完全集中在另一方身上，直视着己方共同的敌人，不因为己方阵营内可能出现的任何变化而分心。同时，按照传统，两党的座位之间隔着两把剑的距离。议长的座位在两党的座位之间。丘吉尔认为，从议长的视角来看，整个议事厅就像一个半圆形的讲坛，他可以同时关注到坐在两边的双方。

二是其空间大小。下议院议事厅面积较小，其座位数量不足以容纳全部650名议员。拥挤的空间让辩论有了对话的氛围，也让议事过程显得重要且紧迫。

最终，丘吉尔的主张占了上风。人们只需要看看每周三下议院开会时的首相答问环节，就能够明白建筑设计的影响了。首相不仅要回答议员们提出的通常带有明显攻击性的问题，还要面对反对党的哄笑与嘲讽，而这戏剧般的场景正是政治的精髓。[1]

下议院的矩形设计让两党议员专注于对方的言行，思考如何回应与反驳，而选择架构让我们在专注于特定选项的同时忽视了其他选项。即使我们没有察觉，建筑设计与选择架构的影响也无时不有、无处不在。有的建筑可能并未经过建筑师的精心设计，但它肯定有门有窗，肯定有人确定了门的位置，而门的位置决定了人们从哪里进出。同样，选择架构师会在有意无意间影响我们关注什么信息，忽视什么信息。如果不了解选择架构，设计者很可能引导选择者做出我们和他们自己都想象不到的选择。

医生们每天都在忙着做各种选择。出门诊时，他们平均每小时要完成10项不同的任务，包括记录病史、询问症状及给病人查体等。现在，他们还要使用电子健康档案系统记录每个病人的血压、诊断结果和治疗方案等信息。研究人员发现，这项工作在医生各项工作的耗时中排名第二。耗时最多的是问诊与查体，占用了医生50%的时间。而在电子健康档案系统中记录病人信息竟然占用了医生37%的时间。电脑屏幕、键盘和鼠标取代了笔和处方笺，这或许有利于保存病历，但电子健康档案系统本身就是一个会影响医生治疗决策的选择架构。

通用药和品牌药的化学成分是一样的，但前者的价格要比后者的价格便宜很多。例如，抗过敏药艾来锭是一种品牌药，它的价格是其通用药盐酸非索非那定的5倍多。通用药不仅价格便宜，疗效往往也更好，因为病人更容易坚持服用不那么贵的药物。

为了鼓励医生多开通用药，医院用了很多办法，但事实证明，无论是接二连三地发送电子邮件，还是召开研讨会，都无济于事。电子健康档案系统也会通过弹窗提醒医生多开通用药，但医生们很快就会把弹窗关掉，对其视而不见。频繁出现的弹窗让医生产生了"警报疲劳"，他们会迅速关掉所有弹窗，完全不看其中的内容。有研究人员甚至尝试通过提供报酬的方式让医生多开通用药，但同样以失败告终。要改变医生的习惯实在太难了，所以有些州直接允许药剂师在配药时用通用药代替医生开的品牌药。[2]

通过提供报酬的方式让医生多开通用药是行不通的，因为它没有对准问题的症结所在。医生在开药的时候更容易想起品牌药。毕竟，艾来锭可比盐酸非索非那定更容易让人想起来。并且，品牌药的广告无处不在，制药公司不仅会向医生提供免费的品牌药样品，还会赠送印有品牌药名称的笔和便签。于是，在不知不觉中，医生便牢牢记住了品牌药的名称。

忙碌的医生们养成了一种开药习惯：每当需要开抗过敏药时，他们就会在电子健康档案系统中输入"艾"这个字段，然后系统就会自动用"艾来锭"完成选项填充。系统设计者本来是想通过这个功能辅助医生的工作，结果却是让医生形成了直接键入"艾"的习惯。

威尔·康奈尔医学院的研究人员注意到了这一点，并据此对电子健康档案系统的界面做了简单调整，取得了积极的成效。在医生开始输入药品名称时，调整后的系统会自动用通用药替代品牌药。比如，在医生输入"艾"这个字段时，系统会直接填入"盐酸非索非那定"。如果想换开品牌药，医生可以勾选"按所写医嘱配药"这个选项，但他们很少会这样做，几乎都会保留系统已经自动填入的通用药。医生很难记住通用药的名称，但系统可以完美实现品牌药与通用药的匹配。[3]

经过这一调整，医生开通用药的比例增加了一倍多。并且，由于通用药平均比品牌药便宜80%，医院的成本与病人的花费都大幅降低了。

电子健康档案系统究竟是如何改变医生的选择的？和所有选择者一样，医生对于选择需要付出的"成本"很敏感。将品牌药自动变更为通用药这种小的系统调整会影响他们的选择。系统调整后，如果要开品牌药，他们需要多点一下鼠标，而他们会选择以最合理的路径去处理眼前的信息。合理路径决定了选择者将关注哪些信息、忽略哪些信息。在决策时，和所有选择者一样，医生需要调动自己的记忆。他们并不总是能回忆起与选项相关的所有信息，相反，他们会根据自己能够回忆起的部分信息形成组合偏好。他们不是完全没可能回忆起通用药的药名，但确实更容易想起品牌药。改变选择者最容易想到的选项是设计者改变选择者的决策的重要途径。

我为何要写这本书

"选择架构"这个词是我的朋友理查德·塞勒和卡斯·桑斯坦十多年前在他们的著作《助推》中提出的，但它背后的理念是早已有之。在久远的古代，商贩们在市场上摆摊时必然要仔细想好该把哪些商品摆在最前排。是按照质量从好到坏的顺序摆，还是按照价格从高到低的顺序摆？并且，他们还会根据实际情况不断调整商品的摆放方式。近30年来，学者们进行了大量研究，旨在证明选项的呈现方式对决策的影响，这在某种程度上是因为传统经济学并不能解释人们的决策行为。

纽约市出租车和豪华轿车委员会在对出租车进行升级时，无意间证明了选择架构的影响。该委员会委托了两家公司为纽约市的出租车安装显示屏、全球定位系统和信用卡读卡器。这两家公司在设计读卡器的小费支付页面时，设置了不同的费率选项。第一家公司设置了15%、20%和25%的选项；第二家公司设置了20%、25%和30%的选项。无论出租车上安装的是哪家公司的读卡器，乘客都可以点击"其他"按钮，输入他们想要支付的小费金额。根据传统经济学理论，乘客会按照自己的意愿输入小费金额，不会被页面上显示的费率选项影响。但事实证明，乘客确实受到了选项的影响。当支付页面上有"15%"这个选项时，乘客支付15%小费的概率是没有这个选项时的6倍。总体而言，车上安装了第二家公司读卡器的出租车司机收到的小费要比车上安装了第一家公司读卡器的出租车司机收到的小费多5%。选择架构的一处小差别让他们得到了更高的收入。[4]

我写这本书的目的，不仅仅是说明设计者可以利用默认选项和其他选择架构工具引导选择者的决策，更重要的是说明选择架构究竟是如何影响决策的。通过理解默认选项对出租车乘客付小费习惯的影响，你可以更有效、更负责地利用选择架构，并且知道它什么时候会起作用，什么时候会适得其反。

我还想提一下过去10年里发生在行为科学领域的另一场变革。科研人员发现，许多著名研究的研究结果都无法重现，于是，再现性的重要性得到了高度关注。一项研究得出的结论意义并不大，只有在多项研究都得出了相同的结论时，这些结论才有意义。除个别研究外，我在书中提到的研究大部分都是可再现的研究。元分析已经成为一种重要的研究方法，利用这种方法，我们可以从大量研究中得出重要结论。本书第5章将对这种方法进行深入探讨。理解个体研究的重要性，并了解科学家们评估大量研究的方法，能帮助我们更好地理解从本书及其他书籍中读到的内容。

选择架构的多种工具

默认选项可能是人们最熟悉的选择架构工具了。但其实在选择设计的"工具箱"里，还有大量其他工具可用。例如，你可以想象一下：你刚接到了一项新工作，要带领一个团队设计一个医疗保险销售网站。

你可以想象自己正站在一大块白板前，把你脑海中网站首页的样子画在白板上。用网页设计的行话来说，你正在画线框图。这是网站设计的第一步。

作为设计者，你和你的团队需要认真思考下面这些问题：

- 应该在网页上显示多少个保险计划？ [5]
- 如果只在网页上显示一部分保险计划，那么筛选标准是什么？
- 应该如何给网页上显示的保险计划排序？是按照字母顺序吗？如果是的话，那些字母排序靠前的保险计划是否会拥有不公平的优势？
- 应该如何介绍这些保险计划？单是介绍它们的费用就已经够复杂了。人们可能连"月保费"、"挂号费"和"免赔额"的意思都不清楚。

画好线框图后，你后退一步，看着自己和团队成员的讨论成果。你感到惴惴不安，你知道你们的决定将影响人们的选择，但又不确定将如何影响。

你看，设计师的工作着实不轻松。上面这个例子，并不是我随便举出的。作为《平价医疗法案》，即"奥巴马医改计划"的一部分，2013年10月，800万美国人第一次为自己购买医疗保险。当时，保险交易网站的技术支持糟糕透顶，奥巴马医改计划本身在政治上也颇具争议，但这些都不是我要说的重点。当时，我带领一个团队，研究了我认为真正具有挑战性的问题，那就是应该如何呈现保险产品，才能让人们以尽可能低的价格买到最符合他们需求的保险。我们跟卫生与公众服务部的官员、各州保险交易所的负责人和多家保险公司进行了交流。起初，他们根本不相信选择架构会有什么影响，但在本书后面的部分你会看到，我们的努力产生了效果。

设计者必须挑选选择架构工具。在设计保险交易网站时，一是要确定选项的数量，二是要确定默认选项。这些要素很可能会相互影响。比如说，选项越多，人们可能就越倾向于选择默认选项。

还要用到其他工具。设计者要确定呈现保险计划的哪些内容以及呈现方式。价格显然是要呈现的，而其他内容则有待确定。在呈现患者满意度时，是采用数字评分、字母评级，还是星级评价？该如何描述保险计划涉及的医疗网络中医生队伍的规模？

最后，既然这是一个网站，我们还可以利用网页的交互性来定制工具、进行计算，甚至帮助人们更好地理解保险产品。我将这些极具潜力的交互环境称为"选择引擎"。搜索引擎能帮助人们找到信息，而选择引擎能帮助人们做出选择。

选择架构是把双刃剑

我在前面曾经谈道，如果设计者选错了工具，就可能导致选择者做出错误的选择。德国车企的网站设计和电子健康档案系统自动填入品牌药药名的功能设计都是例子。然而，并非所有糟糕的选择设计都是无心之失。设计者常常会将自身利益放在首位，而非优先考虑选择者的利益。他们有很多可以实现不良企图的方法。他们可能会为了获利更多而将不符合顾客需求的选项设为默认选项，还可能利用选项的排序引导顾客选择生产成本低的垃圾食品。

2012年9月，苹果公司推出了iPhone新版操作系统iOS 6，该系统增加了"广告标识符"功能。苹果公司称，广告标识符是"非永久性的非个人设备标识符，用户可以通过它限制广告商的广告跟踪。如果您选择'限制广告跟踪'，使用广告标识符的广告平台就不能再收集信息来向您推送定向广告"。[6]

这个功能听上去很不错——如果你真的了解它的使用方法的话。你可以选择拒绝让广告商跟踪自己的网络动向。然而，正如英国认知科学家哈里·布里纳尔所指出的，要真正用上这个功能并不容易。

首先，系统的默认设置是允许广告跟踪的。这是大多数人想要的吗？如果你不想被跟踪，就得手动更改设置。而要更改这个设置，你首先要找到它的位置，这得费一番功夫。你可能以为它在"隐私"菜单里，但事实并非如此。实际上，你得先进入含义并不明确的"通用"菜单，再点击含义同样模糊的"关于本机"选项，然后向下滚动屏幕，找到并点击第六项——"广告"，才能最终找到"限制广告跟踪"的开关按钮，并选择"关闭"。但是，当这个按钮处于关闭状态时，限制广告跟踪功能到底是启用的还是关闭的？记住，双重否定表示肯定，如果你关闭"限制广告跟踪"的开关，就说明你正在接受广告跟踪。后来，苹果公司将这个设置放到了更合理的地方，即"隐私"菜单下，但是，令人困惑的文字表述并没有改变。

这个选择架构是否具有误导性？有调查显示，在认为自己已经限制了广告跟踪的受访者中，有30%的人实际上并没有关闭广告跟踪功能。[7]

问题不仅仅出在广告跟踪上。大部分人在进行与隐私相关的决策时，往往并不了解相关的事项。59%的受访者表示，对于各家公司如何处理从用户那里收集来的数据，他们并不清楚甚至是一无所知。只有1/5的美国人表示他们经常或总是会读隐私政策，其余人都表示他们很少会读甚至从来不读。如果连隐私决策涉及的利害关系都不了解，你就很难做出明智的选择。[8]

然而，用户的选择会对企业的利润产生极大影响。苹果公司并不仅仅依靠设备销售赚取利润。每部iPhone都会预置谷歌搜索引擎，为此，苹果公司能够从谷歌获得可观的收入。2014年，这笔收入为10亿美元。到2020年时，据说这笔收入已经增加到了120亿美元，金额十分庞大。[9]谷歌搜索引擎在美国的广告总收入为400亿美元，而向苹果公司支付的费用占了其利润的14%——21%。

将谷歌搜索引擎预置在iPhone上让苹果公司和谷歌获得了相当巨大的收益。2020年10月，美国司法部联合11个州向谷歌提起了美国数十年来最大的反垄断诉讼之一。苹果与谷歌之间的协议是这起诉讼的焦点，该协议被《纽约时报》称为"控制互联网的协议"。在众多搜索引擎中，谷歌搜索引擎或许确实是个佼佼者，但如果iPhone预置的是其他搜索引擎（比如微软的必应），谷歌搜索引擎的市场份额将会大减。你可能认为，你选择谷歌搜索引擎是出于个人偏好，但实际上，选择架构在背后起到了很大的推动作用。

我是个乐观主义者，所以，在这本书中，我通常会假设设计者总是会以选择者的最佳利益为先，并选择能够增进选择者福祉的设计工具。但是，如前所述，选择架构也有可能被用于实现不良企图。如果设计者和选择者的目标不一致，那么设计者很有可能抵制不住诱惑，为了自己的利益而牺牲选择者的利益。这是一个很严重的问题，因为正如本书后面将要讲到的那样，选择者往往意识不到选择架构的影响。我谈到的几乎所有选择设计工具都是双刃剑，既可能帮助选择者，又可能损害选择者的利益。

有两个术语可以用来描述会对选择者造成伤害的选择架构。第一个术语是"阻滞"，指会阻碍选择者选出最符合其利益的选择的选择架构。如果有人不想被广告商跟踪，那么让他难以做到这一点就是阻滞。

另一个术语是"黑暗模式"，它源于用户体验研究，是由哈里·布里纳尔在2010年提出的，指的是让选择者意外选择他们本来无意选择的选项的设计要素，比如让用户意外订阅垃圾邮件或购买某些商品的设计要素。黑暗模式主要关注的是网页设计的负面影响，但它也常被用于描述设计者让选择者更容易做出不符合其最佳利益的选择的情况。如果你很容易就接受了某个线上产品的免费试用，却没有意识到自己为此签了一年的付费使用合约，那么你很可能掉入了黑暗模式的陷阱。

这两个术语虽然来源不同，却密切相关。它们都涉及选择架构的巨大影响。无论你是设计者还是选择者，阅读本书后，你都能更好地理解选择架构的负面影响。

选择架构，无论好坏，都有一个共同点：它能改变我们看到的信息，改变我们调动起的记忆。表面上看，选择架构似乎只涉及字体、颜色和排版等，但它之所以如此重要，是因为它能改变我们调动起的记忆。本书将详细介绍各种选择设计工具及其作用原理，并说明它们是如何共同发挥作用的。如果对选择架构没有深入的了解，我们就不可能成为负责任的设计者。了解选择架构的作用原理能帮助我们创造出新的更有效的选择设计工具。

决策

2

合理路径
"切负荷"助你做出关键决策

2009年1月15日下午，我和妻子在纽约拉瓜迪亚机场准备登机，我们即将乘坐全美航空公司的航班飞往丹佛。在不远处的另一个登机口，有乘客正在等待登上全美航空 US1549 航班，该航班将在半个小时后起飞，飞往北卡罗来纳州的夏洛特市。4个小时后，我们乘坐的航班平安着陆。飞机滑行期间，乘客们习惯性地打开手机查看消息，各种提示音此起彼伏。很快，机舱里传出了惊讶之声。我旁边的乘客大声叫嚷着："天哪，全美航空有一架飞机坠入哈得孙河了！"所有人都在发抖。我们心中充满了后怕，如果出事的是我们乘坐的航班呢？

我们心神不宁地下了飞机。大家没有像往常一样急匆匆地去取行李、赶出租车，而是驻足在机场大厅，盯着头顶上方的大屏幕，看美国有线电视新闻网对这场事故的报道。奇迹般地，那架飞机并没有解体下沉。在不断重放着的画面中，我们看到，几乎安然无恙的乘客和机组人员登上了救援船只。US1549航班起飞6分30秒后成功在哈得孙河紧急迫降。对纽约人来说，这是极其惊人的一幕。

如果事发时我是在纽约的家中，而不是在飞机上，我就可以透过客厅的窗户看到紧急迫降的全过程。

选择架构无处不在，就连要把乘客安全送到目的地的飞行员也深受其影响。在飞行训练中，飞行员要学着做决策。正如某飞行训练项目的负责人所说的那样："我们不是在培养飞行员……我会告诉学员们，我们正在把他们培养成决策者，恰巧会开飞机的决策者。"[1]人称"萨利机长"的切斯利·萨伦伯格在决定迫降地点时非常果断。从两台发动机遭遇一群加拿大黑雁撞击同时熄火到飞机迫降，总共只有208秒的时间，也就是3分钟多一点。萨利机长说，他当时没有时间去仔细分析摆在自己面前的3个选择：（1）返回拉瓜迪亚机场，那个机场的跑道很短，尤其不适合紧急迫降；（2）飞过一片人口稠密区，在哈得孙河对岸稍小一些的泰特伯勒机场降落；（3）在哈得孙河迫降。

萨利机长首先要做的是确定自己该如何决策。他不假思索地迅速完成了这一步。事故报告显示，他非常清楚自己的决定，却不那么清楚自己到底是如何做出这个决定的。时间太紧迫了。一切都在他的掌控之中，而他的大脑几乎是在自动运转，仿佛进入了"自动驾驶"模式。

在上一章中，我在谈到对决策方式的选择时提到了合理路径，即我们决策时所使用的策略。任何决策都有多种不同的决策方式可以选择。首先，我们必须确定要关注哪些选项和信息，以及如何将眼前的信息综合到一起。更重要的是，我们要确定忽略哪些信息。我们的想法可能会变，但总得先选择一种决策方式。萨利机长必须要确定关注哪些信息、忽略哪些信息以及如何解读信息。不出片刻，他就确定了选择降落方式的合理路径。我们将会看到，选择架构通过影响选择者选取的合理路径而发挥作用。换句话说，驾驶舱控制面板的选择架构让萨利机长选择了带来好结果的合理路径。

在谈到自己的决策时，萨利机长透露，他很快就确定了重要事项：

> 我迅速确定了优先事项，通过"切负荷"找到问题的根本，很好地完成了为数不多的必须要完成的事情，同时也做好了牺牲的准备。我知道，最重要的是挽救生命，为此，我很快就做好了放弃飞机的准备。对我来说，这是一个很容易做出的决定，尽管正如副驾驶杰夫·斯基尔斯后来跟我说的那样："你把一架价值 6 200 万美元的飞机开进了河里，人们还视你为英雄。这真是个伟大的国家，不是吗？"[2]

"切负荷"是萨利机长借用的一个电力专业术语。它指的是当用电需求超出供电能力时，电力公司可能会将部分负荷从电网上断开，以保障更重要的供电，比如切断对工厂的供电以保障对医院的供电。飞行员所说的"切负荷"指的是他们在急不暇择时，忽略掉一些他们认为不重要的事情。确定合理路径就是一种"切负荷"：它涉及确定哪些信息对实现目标至关重要、需要考虑，哪些信息无关紧要、可以忽略。

信息的呈现方式会影响选择者对合理路径的选择。谈到这次紧急迫降时，人们都在称赞萨利机长、副驾驶斯基尔斯和 3 名空中乘务员的勇敢，却忽视了驾驶舱控制面板的作用。萨利机长驾驶的这架飞机是一架空客 A320 飞机，其主电子显示器位于飞行员座位前方。这个显示器在 US1549 航班的紧急迫降中发挥了至关重要的作用

（但它并没有像US1549航班的机组人员那样获得纽约市市长赠送的城市钥匙）。如果没有它，US1549航班的结局可能会完全不同。

基于大量的模拟飞行试验以及对人为因素的深入研究，驾驶舱仪表设计已经发展成为一门精密科学。飞机显示器的设计者会对其设计进行多次测试，以保证显示器能够尽可能简单明了地呈现出最关键的信息。一家大型企业建议，在决定是否要在显示器上呈现某一信息时，先确定一下这些问题的答案："它是不是飞行员需要的信息？是否只在飞行员需要它的时候呈现？它的呈现方式是否足够直观、明确、易懂？如果不能同时满足这几个条件，它就是干扰信息。"[3]

萨利机长没有时间多想，但他的目标很明确。他要让飞机在失去动力的情况下安全滑翔足够远的距离，直到能够安全着陆。只要飞机还在空中，他就还有时间选择着陆地点。让我们通过图2-1看看当时萨利机长座位前方的主显示器空速速度带上显示的信息。

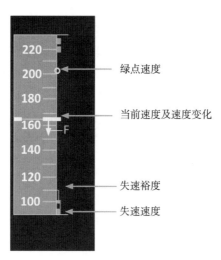

图 2-1　空速速度带的选择架构[4]

　决策

为了让飞机飞得更远，萨利机长必须关注两项数据：飞行速度和飞行角度。通过保持一定的飞行速度和飞行角度，他可以尽量延长飞机在空中飞行的时间，从而为自己争取更多的决策时间。虽然像他这样经验极其丰富的机长完全可以自行判断应该保持多高的飞行速度和多大的飞行角度，但空速速度带还是能够帮到他，为他提供绿点速度数据，即能够让飞机飞得最远的最佳升阻比速度数据。同时，他还要确保飞机的飞行速度不降到失速速度，否则飞机将会立即坠毁。

　　图中的圆圈位于时速约200英里[①]的位置，它在实际的空速速度带上显示的颜色是绿色。这个圆圈帮飞行员计算出了能使飞机飞得最远的最佳速度。飞行员只需要确保飞机的飞行速度与这一绿点速度一致即可。图中的白色横条也很重要，它显示的是飞机的当前时速——160英里。与白色横条相连的箭头显示的是速度变化和飞机将在10秒后达到的飞行速度。图片显示，当时飞机正在减速，如果飞行员不改变飞行角度，飞机的飞行时速将在10秒后降至150英里。为了让飞机飞得更远，萨利机长可以改变飞机的飞行角度，这样一来，白色横条就会朝着绿点的位置移动。[5]

　　空速速度带能够引导飞行员关注特定的信息。它同时显示了萨利机长必须时刻关注的两项数据——飞行速度和飞行角度。箭头的方向表示飞行速度相对于绿点速度的变化趋势，它让飞行员能够了解应该如何操作才能让白色横条回到绿点位置。这些信息大大减轻了飞行员的信息处理负担，让飞行员得以"切负荷"。虽然萨利机长自己也能完成这些计算，但空速速度带上显示的信息减轻了他

---

① 　1英里≈1.6千米。——编者注

的负担，让他能够把精力放在更重要的事情上，比如思考该在哪里迫降。

我们可以将这种信息呈现方式和其他不那么有用的信息呈现方式进行对比。比如，设计者可能会让显示器分别显示飞机的当前速度和最佳速度，还有可能会再另外显示当前飞行角度和最佳飞行角度。我们或许会认为，这些信息都非常重要，应该被单独显示出来，这样它们才更容易被看到。同时，由于萨利机长驾驶空客A320的飞行时间已经达到约5 000小时，有着丰富的经验，我们可能会认为，他能够轻松估算出飞机的绿点速度，并且凭直觉判断出飞机的加速或减速速度。但是，空速速度带替萨利机长完成了这些计算，给他争取了十分宝贵的时间，让他能够考虑其他事情。

萨利机长对A320的空速速度带非常熟悉，并表示他在这次迫降中频繁使用空速速度带。[6]他清楚它的重要性。A320的驾驶舱是"玻璃驾驶舱"：与传统驾驶舱不同，它使用的不是机械仪表，而是在正常情况下依靠飞机发动机供电的电子显示器。US1549航班的发动机遭遇加拿大黑雁撞击后，萨利机长在两秒钟内就启动了辅助动力装置，以确保重要显示器的正常运行。他打破常规，在无指令的情况下独立完成了这一操作，这是非常了不起的。当时，副驾驶斯基尔斯正在查看双发动机失效的处置程序，这份3页长的处置程序清单默认双发动机失效的情况只会发生在距离地面6千米以上的高空中，飞行员有充足的时间去查看清单并按照指示启动辅助动力装置。但实际上，从US1549航班双发动机失效到飞机最终迫降，斯基尔斯连读完清单第1页的时间都没有。

在空速速度带的辅助下，萨利机长思考了哪些信息，忽略了哪些信息？空速速度带是怎样帮助萨利机长"切负荷"的？萨利机长说，他当时主要考虑的是水上迫降的具体位置。当时正值1月中旬，哈得孙河河水冰冷，水温只有5摄氏度而气温只有约零下7摄氏度，机上人员随时有失温的危险。即使他们成功在水上迫降，飞机也只能在水面上漂浮很短的时间。萨利机长知道，曼哈顿西岸有许多船只经过，附近还有一个轮渡码头。"切负荷"后，他不仅有时间选择安全的迫降地点，还能够考虑迫降后的问题，比如获得救援的可能性。空速速度带的辅助让他有时间选择迫降地点，使机上人员在迫降后能够尽可能快速、成功地得到疏散和救援。

驾驶舱控制面板是经过精心设计与反复测试的，旨在帮助飞行员采取正确的操作。但我们并不总是拥有这样的决策条件。我们的决策环境往往并未经过精心设计。我们在日常生活中看到的信息没有像飞机驾驶舱显示器上的数据那样经过广泛的模拟测试。你的朋友在向你推荐餐厅时可能只是随意说出了他当时首先想到的餐厅的名字，那里的东西你可能并不爱吃。医生在向你建议治疗方案时可能只是在列举他常做的手术，而这些手术对你并不合适，并且，医生的介绍有可能过于烦琐，或是充满了（对你而言）深奥难懂的术语。在浏览雇主指定的保险网站时，你可能会看到很多与你无关的选项，比如针对子女的保障计划（而你还没有孩子）和大量关于孕期保障的信息（而你是个单身男性）。

我们遇到的选择架构通常缺乏对信息呈现方式的认真考量，信息的排列杂乱无章，往往只是出于设计者的直觉。设计者们通常并没有意识到选择架构会影响人们的选择方式和最终的选择结果。但好的选择架构就像经过精心设计的驾驶舱一样，能让决策者迅速看到重要信息，忽略不重要的信息，并将相关信息综合到一起。

让我们将空客A320的驾驶舱与我们平时使用的网络购物平

台做个比较。以备受赞誉的大型零售网站亚马逊为例，在将"洗衣粉"输入搜索栏之后，我会得到20页的搜索结果，每页显示15个商品和12条广告（其中甚至包括男士除臭香体产品和垃圾袋的广告！）。想一想这样的网页设计是否符合那家设计驾驶舱显示器的大型企业的建议：页面上是否只显示了我需要的信息？信息的呈现方式是直观、明确、易懂，还是杂乱无章？当然，亚马逊和许多选择架构师的目标可能并不是确保消费者做出最佳选择。但不管怎样，这样的对比都是相当有意义的，它表明了一些微妙的事实，比如，网页显示的选项数量可能会改变消费者的选择。

小设计，大影响

"合理路径"一词来源于我们在实际生活中的决策。想象一下，我们是正在公园里聊天的朋友。聊着聊着，我们决定到公园外面去买冰激凌。[7]我们有很多条路线可以选择。我们可以先走到街上，再走一段长路过去，也可以从旋转木马区附近抄近路，甚至还可以为了走捷径而直接穿过旋转木马区。但是，如果公园里有一条漂亮的小石子路，我们可能会沿着它走过去；即使翻越路边0.3米高的树篱能缩短路程，我们也不会那么做。这些都是我们在一瞬间就能做出的决定。在做出这些决定时我们并不会想太多，但这些决定影响了我们接下来要走的路线。事实上，如果有人问我们为什么要走这条小路，我们可能很难说出缘由。我们就像萨利机长一样，自动选择了合理路径。

沿着小路往前走时，我们也不会再去想自己选择走这条路是否正确。我们有别的事情要做，比如和朋友聊天，或是回忆不久前和某人的一次会面。这表明我们最初选择的合理路径是具有"黏性"的：虽然我们仍然有可能改变路线，但我们最初的选择是有惯性的。这就像我们开车时选择导航路线一样。虽然可以在途中变更路线，但我们往往忙着专心开车（但愿如此），无暇考虑选择其他路线。

如果你曾到过哥本哈根机场，就会发现自己面临着类似的路线选择问题。从行李提取处拿到行李后，如果有需要支付关税的物品，你可以靠左走，经过海关申报柜台后从出口离开；而如果没有需要支付关税的物品，你就可以靠右走，直接从出口离开（如图2-2"改造前"所示）。人们在机场选择的行走路线可能会为他们节省时间，也可能会造成人流拥堵。近90%的旅客会选择从右边的那扇门走出去，因为他们没有需要申报关税的物品，想要避开左边的海关柜台。而这个最初的合理路径选择带来了一个问题：为了

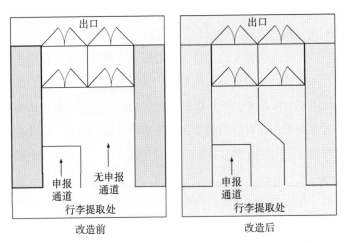

图2-2　哥本哈根机场入境通道改造前（左）后（右）对比[8]

避开海关柜台而选择靠右走的人会一直靠右走，这就导致右边排起了长队，耽误了所有人的时间。左边的那扇门其实是向所有人开放的，但选择了靠右走的人很少会再走到左边去，他们往往只会排在右边那扇门前的队伍里沮丧地等待。

那么，怎样才能让人们考虑不同的合理路径呢？一家专注于行为科学研究的咨询公司给出了解决方案。如上图"改造后"所示，他们使用了暗绿色的通道标线，还增加了标识，告知旅客两边皆可通行。结果，走左边那扇门离开的旅客增加了54%。而在他们把通道标线和标识的颜色换成更明亮的荧光绿后，走左边那扇门离开的旅客比"改造前"增加了128%。[9]

如此巨大的变化并不是由成本或信息驱动的。如果人们真的很在意因为排队而增加的时间成本，那么改造也就没有必要了。大多数人在选择从哪扇门离开时并没有想太多，但在改造后，明亮的荧光绿标线让人们意识到，还有一条同样具有吸引力的合理路径可以选择。简单的荧光绿标线带来的变化揭示了行走路线与合理决策路径的一些共同之处。

一些看似无关紧要的设计元素会对行走路线及合理路径的选择产生影响。哥本哈根机场入境通道增加的绿色标线看上去几乎微不足道，人们只要想跨过就可以随意跨过它，但它仍然大大影响了人们对行走路线的选择。建筑师在设计建筑时做出的看似最无关紧要的选择也会产生同样的影响。我们通常会就近走楼梯或搭电梯上下楼，而建筑师在多年前设计建筑时就确定了楼梯和电梯的位置。同样，选择架构师的选择也会产生巨大的影响，他们的很多选择虽然看似无关紧要，却会影响人们的决策。

这些影响在决策初期更有分量：它们在决策过程中出现越早，

作用就越大。合理路径的选择可以说是"一劳永逸"的，一旦被选定，它就不会被重新审视（除非意外遭遇重大困难）。一旦被选定，合理路径往往就不会被改变。当然，我并不是想说合理路径不能被改变。我们当然可以通过监控手段的运用纠正早期的错误。但是，早期的影响，比如选项的排序、字体以及那些决定了人们最初便利感知度的影响因素的作用是极大的。

这些影响往往不易被察觉。大多数选择架构都是在不知不觉中发挥作用的。这显然涉及选择架构的伦理问题，本书的最后一章将对此进行探讨。

因为合理路径的众多决定因素的影响都难以察觉，所以在设计合理路径时，许多可以用的评估表格、选择界面等的常用方法就不那么适用了。你当然可以直接询问人们喜欢怎样的网页设计，或是给出选项让他们选择，他们会回答你的问题，但给出的答案很可能和那些真正影响了他们决策的因素并不相关。

影响耐心的要素

当我们选定了合理路径时，就已经受到了选择架构师的影响。他们引导我们关注和忽略特定的信息，从而影响了我们的选择。

面临选择的时候，我们必然先要确定决策方式。我们的大脑瞬间就会开始同时从多个维度评估问题。我们会迅速对自己面临的选择形成概括性的看法。如果我们看到的是一个网页，就会不自觉地注意到它的颜色，注意到其文字的字体是否易读，并且注意到留白的空间大小（是否不足）。如果我们面对的是一个正在向自己建议晚餐聚会地点的朋友，我们不仅会关注到他给出的选项，还会听出一些言外之意。比如，他在介绍那家新开的寿司店时是否显得有些犹豫？他是不是在暗示他不想去太远的地方？我们会对自己面临的选择的复杂性形成一个整体印象：选项多不多？选项是否涉及多种属性？标签和内容是否通俗易懂？这一印象会影响我们对合理路径的选择。

我们来看一个非常简单的选择，这个选择只有两个选项，并且每个选项也只涉及两种属性。如图2-3所示，选项是两张亚马逊的礼券，左边的一张金额较小，但到账较快；右边的一张金额较大，但到账较慢，要多等4周。在决策研究中，这两种选项分别被称为"收益小而早"选项和"收益大而迟"选项。

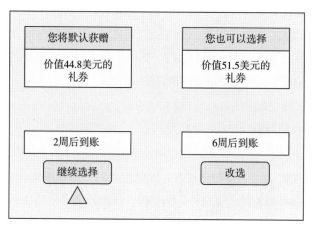

图2-3　两种礼券构成的简单选择

收益小而早选项非常具有诱惑力，60%以上的人都会选择这种选项。在关于自控能力的研究中，这种选项十分常见。在我们看到的这项关于亚马逊礼券选择的研究中，为了确保参与者能够认真对待自己的决策，部分参与者会收到真实的亚马逊礼券，其金额和到账时间与选项当中呈现的信息是一致的。

即使是这样一个简单的决策，也有多条合理路径可以选择。你仍然需要确定自己关注和解读信息的方式。不同的合理路径会将你带向不同的选择。

你可以将礼券的价值与到账时间结合起来考虑，问问自己，等两周收到44.8美元的感受如何。我们将这条合理路径称为"整合"。大约有一半的参与者选择了另一条合理路径，他们会算出两种礼券的差额——6.7美元，并思考为了这6.7美元多等4周是否值得。我们将这条合理路径称为"比较"。

我和克丽丝特尔·雷克（现为天普大学教授）及丹·沃尔（卡内基－梅隆大学研究生）一起对这两条合理路径进行了研究。我们利用眼动追踪技术追踪了人们决策时关注信息的顺序。眼动追踪并没有听上去那么困难。我们在电脑显示器上方安装了眼动仪，它看上去就像我们开视频会议时使用的网络摄像头一样。人坐在电脑显示器前，眼动仪聚焦于人双眼的瞳孔与虹膜，利用红外光悄然追踪人的眼动。图2-4显示了整合（上图）与比较（下图）的典型眼动轨迹。

研究人员可以根据眼睛注视的位置来确定人们正在关注的信息。令人惊讶的是，在眼球的移动过程中，人是什么都看不见的，只有在眼球静止时，人才能看见东西。人眼就像一台拍下了许多快照的相机，而我们的大脑会将这些快照拼接在一起。利用眼动追踪技术，我们能知道人们关注的是什么信息，知道人们是先看了收益小而早选项的礼券金额，还是先看了收益大而迟选项的礼券到账时间。虽然我们无法以此判断人们是否在努力抵制某种诱惑，但可以判断出人们是在对选项进行整合还是比较。我们能够看到人们用眼睛"拍下"并传送给大脑的"快照"，所以能够判断出人们采用了

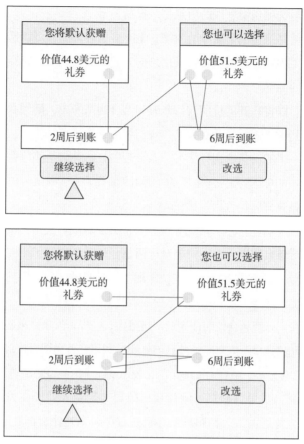

图2-4　整合（上图）与比较（下图）的眼动轨迹

哪条合理路径。

　　不同的合理路径会造就不同的选择。我们观察了数百名参与者的决策方式，发现采用比较路径的参与者会横向阅读信息，他们往往更有耐心，几乎有50%都选择了收益大而迟选项。而采用整合路径的参与者会纵向阅读信息，他们当中只有不到30%的人选择了收益大而迟选项，因为尽早得到礼券所能带来的立竿见影的愉悦感似乎对他们更有吸引力。相比之下，采用比较路径的人会注意到少等待4周，收益会少6.7美元。

在决策中，人们一旦确定了合理路径，似乎就不会再更改。（我教的一些工商管理硕士生把这个决策当成数学问题对待，把收益大而迟选项所带来的收益率换算成了年化利率。使用计算器或Excel表格进行计算当然也是一条合理路径，不过大多数人都不会采用这条路径。如果采用了这条路径，你就会发现，多等待4周能得到1.1倍的利息。）[10]

近50年来，这种被称为"跨期选择"的决策颇受关注，它涉及大多数决策者在进行与时间相关的决策时所面临的根本挑战。跨期选择的每个选项都具有两种属性：一是收益的金额，二是收益的到账时间。决策者必须在更快的收益到账时间与更高的收益额之间做出取舍，两者不能兼得。

跨期选择之所以备受关注，原因之一是它在我们的生活中十分常见。现实生活中的一些决策明显是这些研究问题的映射。比如，我们是决定现在就把一笔钱花掉，还是决定把这笔钱存到退休后再花，就是一个跨期选择。而现实生活中还有很多其他重要的跨期选择问题。抽烟会带来即时的快感，但长期吸烟会危害身体健康。我常常提醒学生，他们晚上可以选择出去聚会，也可以选择留在学校学习。如果选择学习，他们就会得到延迟回报（希望如此）：他们的成绩会变得更好，这会让他们有可能找到更好的工作，拥有更高的收入。

对跨期选择的研究表明，即时成本与收益会对决策产生巨大影响。收益小而早选项如果能立即生效，其吸引力会大幅提升。心理学家将这种对即时结果的过度重视称为"即时倾向"。即时倾向解释了人们喜欢购买享有初期优惠费率的产品或服务的原因。这样的产品或服务虽然一开始很划算，但后期费用会大幅升高。这在手机套餐与有线电视套餐中特别常见。比如，我家的有线电视服务供应商最近推出了一个新套餐，首次购买该套餐只需要花49美元就能够享受6个月的网络提速。至于6个月后要花多少钱才能够继续享受同样的网速，就很难找到相关信息了。

我们在任何决策中都有可能受到即时倾向的影响。如果想要选出最佳选项，获得更多长期收益，我们就必须在当下付出更多努力。我们固然有可能为了初始优惠利率而办一张不好的信用卡，但我想说的是，我们之所以会做出错误的选择，可能还有另一个原因，那就是单纯地觉得其他选项可能带来的额外收益不值得我们耗费精力去进行评估。

我并不是在说我们总是不愿意为决策投入太多精力。在挑选新车和购买新外套、新背包时，我们可能会非常愿意去做功课，但这通常是因为我们很享受评估这些产品的过程，这是我们喜欢做的事情。而在大多数情况下，决策并不那么有趣，所以我们往往会努力减少即时成本。

对亚马逊礼券的选择体现了合理路径的重要性。如果我们能够改变人们对合理路径的选择，或许就能帮助他们做出更好的决策。那么，在不改变选项涉及的收益额与收益到账时间的情况下，我们是否真的可以通过改变合理路径来改变决策呢？

事实证明，要影响人们对合理路径的选择非常容易。我们重新进行了实验，但这次我们做了一些调整，增加了随机选中的参与者进行整合或比较的难度。我们短暂延迟了信息的呈现时间。如果参与者想要进行比较，我们就会延迟呈现比较所需的信息；如果参与者想要进行整合，我们就会延迟呈现整合所需的信息。这种短暂的延迟足以改变人们对合理路径的选择。人们的耐心程度会因为这个小的变化而改变。[11]

这只是影响合理路径选择的一个例子。即使是这样一个简单的跨期选择问题，选择架构师也有很多可以影响人们合理路径选择的办法。

大多数时候，我们面临的选择问题要复杂得多，它们往往不止两个选项，每个选项也不止涉及两种属性。例如，我们在OpenTable（美国网上订餐平台）或Yelp（美国点评网站）上选择餐厅时，会看到非常多的选项和信息——星级评价、人均消费、菜单、距离、招牌菜及点评等。合理路径能影响简单决策，也能影响我们使用Yelp做出的各种复杂决策。我们生活的世界非常复杂：超市的货架上摆放着上百种麦片，交友网站上有几千个人符合我们的筛选条件，大学里有数百甚至上千门课程可供我们选择。面对这些复杂决策，我们更加需要确定该关注哪些信息，以及该如何简化决策，而这些决定对我们最终的选择也会产生更大的影响。这时，选择架构就更加重要了。稍后，我们将会关注选择架构师在复杂决策中必须做出的各种决定，但首先，让我们先来看看选择者究竟是如何选择合理路径的，这很重要。

如何提高流畅性

我们可能会认为，选择者在选择合理路径时，理想的做法是仔细考虑选定一条路径后他们在整个决策过程中需要花费多少精力。但实际情况并非如此。事实证明，在需要付出精力时，人们的即时倾向比涉及金钱收益时更为强烈。这就意味着，人们在决策初期对于自己需要付出的精力的认知极为重要。[12]

这有助于解释我们为何能够改变人们对礼券的选择。通过略微增加获取特定信息的难度，我们让另一条合理路径比他们原本打算选择的合理路径更容易遵循，从而改变了他们对合理路径的选择。而这种合理路径选择在决策最初的一瞬间就完成了。

但是，让某一合理路径看起来更易遵循的方法有很多。我要借用一个心理学术语——"流畅性"。在这里，流畅性指的是我们对采用某一合理路径的难度的初始感受与主观认知。[13]它与我们对语言流利度的体验类似。没有什么能妨碍我们读懂这本书：我们能够理解所有文字的含义，不会像在读外语书时一样，因为不熟悉某个动词的词义或词形变化而分心。

"主观"是流畅性的关键词。人们不会拿着秒表去计算执行某条合理路径需要多长时间，而是会依靠主观感受去判断这条合理路径的执行难度。人们能够轻松理解口头语言，所以能够轻松听懂广播与对话的内容，但客观地说，对非人类的人工智能而言，这是非常困难的。在人工智能发展的早期，我曾经和100个人一起坐在一个密闭的房间内观看Hearsay语音识别系统的展示，这是世界上最早的语音识别系统之一。当时，该系统用几分钟的时间才识别出了一句简单的国际象棋术语，却让在场的人惊叹不已。要知道，国际象棋可是该系统专攻的识别领域，美国国防部高级研究计划局与卡内基-梅隆大学合作，为后者提供了数百万美元的经费，才研发出了Hearsay语音识别系统。对人类来说，要识别这么简单的术语可以说毫不费力，但对机器来说，这是一件十分困难的事情。相反，即使是性能最差的中央处理器也能迅速完成两个十位数的乘法计算，而大多数人却要花费好一番功夫才能算出结果。决策的流畅性并没有客观的判断标准，而是决策者的主观感受。

选择架构的许多元素都可以轻松影响到流畅性。哥本哈根机场的荧光绿标线改变了人们的路线选择，礼券信息的延迟呈现改变了人们的耐心程度。一本书所使用的字体也是一个很好的例子。希望这本书的字体能够让你获得流畅的阅读体验，这样你才能专注于文字的含义，无须费力辨认文字。并非所有的字体都能给读者带来流畅的阅读体验。同一个句子用两种不同的字体呈现，效果可能完全不同：Helvetica是一种易于阅读的字体，所以十分常用，而**Haettenschweiler**字体则不易阅读（且可能不易发音），因而很少被使用。

用Helvetica字体或**Haettenschweiler**字体呈现选项并不会改变选项的信息，而只是改变了选项的阅读难度。但选项阅读流畅性的改变可能会改变人们对合理路径的选择。把**Haettenschweiler**字体换成其他不易阅读的字体，比如**Impact**字体或*Bradley Hand*字体，也会产生同样的影响。

心理学家亚当·奥尔特和丹尼·奥本海默列了一份流畅性影响因素清单，其中包括文字与背景的对比度。文字颜色越趋近于白色的背景色，文字就越难识读，阅读的流畅性就越低。数字的写法也会影响阅读的流畅性。对大多数人来说，"12%"比"百分之十二"阅读体验更流畅。同样会影响流畅性的还有名称的发音。研究显示，对英语国家的人来说，与Yoalumnix相比，他们更喜欢Barnings这个产品名称，因为后者的发音更简单。

然而，流畅性有时也具有迷惑性，会让我们低估一件事的难度。心理学界曾有多项这样的研究：研究人员要求参与者尝试记住一些文字，有的文字以较小的字号呈现，就像这样，有的文字则以很大的字号呈现，就像这样。

接下来，研究人员会询问参与者，他们认为自己能回忆出多少看过的内容。参与者们普遍认为，自己更能记住字号较大的文字内容。然而，事实证明，虽然大号文字更易于阅读，但就便于记忆而言并不比小号文字有多少优势。[14]

当我们必须选择合理路径时，我们对决策初期需要付出的精力的认知会发挥巨大的作用。根据流畅性选择合理路径不一定完美，但流畅性确实非常重要。如果设计者都能像空客A320驾驶舱的设计者一样，让正确的合理路径变得流畅，我们就可以像萨利机长一样"切负荷"。但现实往往并没有那么美好。有些设计者根本不知道应该采用什么样的合理路径，也有些设计者会故意引导我们去选择不符合我们自身最大利益的合理路径。并且，正如我们即将看到的那样，还有一些设计者在最为传统的人类活动中增加了技术元素，反而让合理路径变得更差，最终促成了糟糕的决策。

令人失望的约会对象

我的爱人埃尔克·韦伯是一位著名的数学心理学家，我们的相遇十分传统，彼此遇见时不是在网上，而是在一次线下会议上。她的研究和写作与另一种决策相关，涉及气候变化这一十分重要的议题。可以想见，我们进行了许多严肃的对话。但她还有一个非常有意思的爱好，那就是阅读《纽约时报》周日版的《誓言》栏目。在她的影响下，我也逐渐养成了这个习惯。完全不同的人们相识、恋爱和步入婚姻殿堂的故事非常引人入胜。当然，这个栏目讲到的每段爱情故事都有美满的结局。

有一次，一对特别的夫妻引起了我的兴趣：妻子埃丽卡·伍兹来自亚拉巴马州伯明翰市，是一个出身于专业人士家庭的非洲裔美国人，在时尚界工作，身高约1.65米，爱穿约10厘米的高跟鞋。她的新婚丈夫阿萨夫·凯德姆是《投资写作手册》一书的作者，比她年长10岁，是个以色列人，长相英俊但身材矮小，身高只有不到1.58米。这样一对差异巨大、自称"有着天壤之别"的夫妻是怎样相遇的呢？

在某种程度上，是合理路径及交友网站的选择架构促成了他们的相遇。具体而言，是交友网站"咖啡遇见百吉饼"的设计者做出的一些决定促成了他们的相遇。

在线交友已经发展成为一个巨大的产业。美国有4 000万人在使用在线交友平台，这几乎占了美国单身人口的1/3。这一产业创造的年收入达到了25亿美元，而在线交友服务巨头Match Group公司的估值更是高达218亿美元，Tinder、Match.com及OkCupid等交友平台均为其旗下资产。在线交友已经成为当代长期情侣最常见的相识途径，39%的情侣是在网上认识的，而通过朋友介绍认识的只有20%，还有27%的情侣是在酒吧或餐厅认识的。[15]

在美国，大型交友网站的数量不算多，但全世界的交友网站加起来有5 000多个，其中有许多是面向特定群体的。有面向迪士尼粉丝的（Mouse Mingle）、面向小丑爱好者的（Clown Dating）、面向农民的（Farmers Only），还有面向嘻哈文化爱好者的（Bound 2）。在2016年美国总统大选期间，甚至还出现了专门面向伯尼·桑德斯支持者的交友网站BernieSingles。[16]该网站约有1.35万名会员，致力于"超越社交媒体,帮助进步人士建立联系,让这些对未来拥有相似愿景的人碰撞出爱情的火花"。当时,该网站还声称"在这个选举季,最富裕的1%的美国人并不是唯一一群'被耍'的人"。现在回想起来,这个一语双关还真是讽刺。

但大多数人在寻找伴侣时并没有如此明确的目标指向,而大多数交友网站正在做的事情就是帮助会员选择约会对象。交友网站的设计师就是选择架构师,他们在设计过程中的许多决定会影响到会员对聊天对象、约会对象甚至是最终的结婚对象的选择。即使是一些看似微不足道的元素,比如网站展示的条件匹配对象的数量,也可能会给在线交友者的生活带来巨大的变化。

在OkCupid上,每一页搜索结果会显示12个条件匹配对象,但用户得到的搜索结果会有很多页。而在Tinder上搜索出的条件匹配对象的数量简直可以说无穷无尽,只要一直滑动屏幕,用户就能一直看到新的条件匹配对象。这样的操作会让人感到筋疲力尽。《城市词典》甚至有一个专门的词条叫"Tinder拇指",指"因过度使用Tinder而产生的局部疼痛",这种疼痛之所以会产生,是因为"用户在看到条件匹配对象的照片和(通常毫无用处的)个人简介后,手指需要在屏幕上不停地左右滑动,选择'喜欢'或'不喜欢'的选项。一开始,这还有点像玩游戏,但到后来,用户往往会累到手抽筋,开始接受"我们都将孤独终老"。

前面提到的那对看起来并不般配的夫妻,埃丽卡和阿萨夫,就是在当时刚刚创建不久的交友网站"咖啡遇见百吉饼"上认识的。创建该网站的三姐妹决心打造一个全新的交友平台。作为设计者,她们一开始就做出了一个非常重要的决定。三姐妹之一的阿鲁姆·康说:"我们不会让我们的会员被海量的低质量条件匹配对象信息所打扰，我们会替他们进行筛选，让他们每天只需要花一分钟就能够选出约会对象。"[17]三姐妹创建该网站的部分原因在于，她们认为女性渴望拥有一种全新的挑选约会对象的方式。男性浏览交友网站的时间通常是女性的两倍，他们发起聊天的可能性也远高于女性（但得到回复的可能性比女性低）。"咖啡遇见百吉饼"的目标就是要让用户更认真地对待每一个条件匹配对象，摆脱"广撒网"的心态。阿鲁姆·康和她的姐妹们做的一个重要决定使网站实现了这一目标。这个决定就是，用户每天只能看到一个条件匹配对象。

"咖啡遇见百吉饼"成了一个对女性更为友好的交友网站。通常，交友网站的男女会员比例为65:35，而通过对网站选择架构的改变，"咖啡遇见百吉饼"几乎实现了这一比例的翻转。

想象一下，如果埃丽卡或阿萨夫（如果你愿意的话，也可以想象成你自己）用的是Tinder，结果会是如何？他们会看到数百个条件匹配对象，但是他们会怎样对待这些条件匹配对象呢？是会认真考虑每一个条件匹配对象，认真了解每一个条件匹配对象的详细信息，还是会在看到对方的照片、年龄或（自报的）身高后，就匆匆做出判断呢？在Tinder上，人们似乎很容易在不停地滑动屏幕中错过可能合适的约会对象，因为他们做出决定的依据只是每个条件匹配对象的一两个显著特征。而"咖啡遇见百吉饼"的网站设计让埃丽卡和阿萨夫能够更加认真地了解条件匹配对象的信息。他们对网站每天推送的唯一的条件匹配对象充满了兴趣，会更认真地了解对方的信息，并最终发现自己与对方之间存在出人意料的共同点。事实证明，埃丽卡和阿萨夫都喜欢节奏蓝调和摩城唱片公司出品的音乐，都收藏了许多唱片。

因选项繁多而进行的快速评估叫作"筛选"。因为看上去十分流畅，在选项繁多的情况下，许多人都会采取这条选择路径。通过阅读文字信息去了解某个人的喜好与需求要麻烦得多，而快速浏览照片则很轻松。但是，这种轻松的操作不一定能让用户做出最佳选择。

举个例子，在传统的交友网站上，假设一位身高约1.7米的女士设定的筛选条件是忽略任何身高约1.83米的男性，那么身高只有约1.8米的乔治·克鲁尼就永远不可能在网站上通过这位女士的最初筛选，他们两个人永远都不可能产生联系。但是，在"咖啡遇见百吉饼"这个平台，如果这位女士某天收到了乔治的信息推送，她可能会觉得他有趣的背景和自身的魅力能够弥补他身高的不足，她可能会告诉自己，他迷人的微笑值得她打破标准，或许为他穿跟低一点的鞋子也无妨。

在这个例子中，乔治是否有机会成为这位女士的约会对象，并不取决于他们两人自身的意愿，而是取决于交友网站的选择架构。在"咖啡遇见百吉饼"上，乔治有机会成为这位女士考虑的约会对象，还有可能会收到她的聊天消息，但是，在OkCupid上，乔治没有机会。同样，在OkCupid上，埃丽卡和阿萨夫可能也会快速跳过彼此的信息，转而关注与自己条件更相似的匹配对象，根本不会花时间仔细阅读彼此的个人资料。

有些网站甚至明确设置了自动筛选功能，Tinder就是如此。用户要在页面上设置他们能够接受的约会对象的年龄范围和约会地点的最远距离。这种自动筛选可能会让情况变得更糟，因为这样一来用户就不可能再看到不符合这些筛选条件的约会对象的任何其他信息。如果是手动筛选，你还有可能会注意到乔治迷人的微笑，但如果是自动筛选，哪怕他与你的距离只比你设置的约会地点的最远距离远3米，他也不可能出现在你的条件匹配对象名单上。

在我们的人生中，很少有哪些选择比对伴侣的选择更重要，而如此重要的选择竟然会受到呈现给我们的选项的数量的影响，这似乎很奇怪。但这就是选择架构的力量：一个小小的调整就能影响我们对合理路径的选择，从而改变我们的重大决策。

作为研究人员，我们可以深入了解人们是如何使用交友网站的，因为这些网站会收集用户每次访问的信息。有了这些网站流量数据，我们就可以观察到人们在寻找约会对象时注重的是哪些方面，而无须再向客户询问答案。你可能没有意识到，当你在使用交友网站时，你的浏览信息会被网站记录下来，就好像在你的额头上绑了一台小型摄像机一样。对用户选择约会对象的方式感兴趣的研究人员可以看到用户搜索条件匹配对象的方式，还可以看到用户给谁发送了消息。即使用户最终没有点开查看其他用户的详细信息，研究人员也可以看到他们曾经想要查看哪些用户的信息。在超市里看见开心果冰激凌时，人们可能会多看几眼，但这并不意味着他们一定会把这种冰激凌放进购物车里。同样，在交友网站上，人们也有可能会在浏览了某个人的信息后选择不给这个人发送消息，但交友网站会收集这些浏览数据。既然你注意到了开心果冰激凌或某个条件匹配对象，就说明其中有吸引你的地方，但你最终没有选择这些，就说明其中有一些你不能接受的特质。我们可以把那些促使你排除某个选项的特质叫作"选择破坏因素"，把那些促使你坚持选择某个选项的特质叫作"选择促成因素"。

通过观察一个人购物或是选择约会对象的过程，我们可以了解这个人的思维方式。这些网站流量数据揭示了人们在选择（和拒绝）条件匹配对象时使用的合理路径，我们可以从中了解人们是如何搜索约会对象的，以及选项数量的变化是如何影响人们的选择的。

我们从交友网站的流量数据中获得了哪些发现呢？为了探寻是哪些因素决定了用户是否会仔细阅读条件匹配对象的详细信息以及他们是否会向某个条件匹配对象发送消息，密歇根大学的社会学家伊丽莎白·E.布鲁赫与统计和营销专家弗雷德·范伯格及李基延一起对某知名交友网站上的110万组选择数据进行了分析。他们发现，筛选普遍存在。[18]

该网站每页搜索结果会显示至少12个条件匹配对象（用户可以上调显示数量），几乎所有（90%）的条件匹配对象都有照片和一些简单的个人信息，比如身高、年龄和体重。布鲁赫及其团队抓取了一个搜索结果页面，记录下了全部12个条件匹配对象的所有特征，然后仔细分析了哪些特征会让这些条件匹配对象的信息得到进一步关注。用户点击查看条件匹配对象更多信息的行为叫作"浏览"。如果用户对这些信息感到满意，就可能会向对方发送消息。基于用户的浏览及信息发送数据，布鲁赫及其团队能模拟出这些行为的促成因素。他们可以看到普通用户在寻找伴侣时看重的是哪些特质。

在这个交友网站上，选择破坏因素与选择促成因素都有哪些呢？毋庸置疑的是，人们的喜好各不相同。因此，研究团队按性别与喜好将用户分成了若干小组，并分别进行研究。一个用户数量庞大的男性小组表现出了明显的特征。这些用户的平均年龄为39岁，但他们很少给同龄女性发信息，相反，他们更喜欢与比自己年轻10岁的女性聊天。对于比自己大4岁的女性，他们发起聊天的可能性几乎为零。可见，他们采用的是按年龄进行筛选的合理路径。

同样，有一个用户数量庞大的女性小组是按身高筛选条件匹配对象的。在这个小组里，几乎所有女性都更喜欢联系比自己高的男性，而且身高差距越大，她们就越有可能联系对方。与只比她们高约5厘米的男性相比，比她们高约15厘米的男性更有可能成为她们的联系对象，后者的概率是前者的8倍。而她们主动联系与自己一样高或比自己更矮的男性的概率几乎为零。研究团队认为，这是一种"高跟鞋效应"：女性希望与足够高大的男性约会，这样即使自己穿了高跟鞋，对方还是比自己高。对这组女性而言，如果一位男士和自己一样高，那么其身高就是一个选择破坏因素。

　　筛选能使决策过程更加流畅，因为你只需要根据潜在约会对象的某个特征（如照片、身高或年龄）就能决定与谁进一步交往。但这条合理路径也有缺陷，这些缺陷在约会时会显现得非常明显。

　　或许你可以想到，有些男士是会谎报身高的。而诚实的男士则会如实填写身高。因此，男士们在网站上填写的身高与不诚实的品质之间存在着某种关联。资料上填写的身高越高，这名男士就越有可能在撒谎。因此，按身高进行筛选会造成一个可怕的后果，你可能会遇到更多不诚实的人。初次与他们见面时，你可能会感到万分尴尬，因为你很可能会发现，对方的实际身高和他在网上填写的身高完全对不上！

　　当两个重要属性存在负相关关系时，筛选就会带来很大的问题。这种情况十分常见：保费低的保险免赔额往往更高，高收益的投资风险也高，便宜的产品质量往往不好。使用筛选路径，选择者很可能会错过一些能在两个负相关属性之间保持良好平衡的选项。因此，选项太多可能会导致人们采用筛选路径，而这又可能会导致他们和不诚实的人约会、购买高免赔额的保险以及选择高风险的投资。

这就是选择架构令人不安的地方。它能产生巨大的影响，甚至可能决定你对伴侣的选择，但网页设计师和选择者往往并不了解这些影响。流畅性可能具有欺骗性，可能导致我们选择错误的合理路径，高估某些选项的价值，而忽略了其他可能完美的潜在选项。按身高或年龄筛选约会对象虽然更简单，但同时也会让我们错过一些我们可能会很喜欢的人。

优先聚焦重要事项

认识合理路径非常重要——它决定了我们会关注哪些信息，忽略哪些信息。如果一条合理路径能让我们把注意力放在应该关注的信息上，专心考虑真正重要的事情，那么我们就能更好地决策。我们在决策伊始根据流畅性选择合理路径，这些初期判断影响巨大。

大多数时候，人们不会关注自己选择的合理路径。与科研人员不同，普通人没有眼动仪，也无法获取网站流量数据。但合理路径会影响决策。去超市购物也涉及对合理路径的选择。如果不经过清洁用品区，你就不会看到洗衣皂，就不可能购买它。事实上，如今，许多公司都在超市购物车上安装了定位跟踪装置，以便了解消费者购物时的行走路线。但是，当你在超市里看到一个熟悉的品牌时，你会是什么反应呢？你一般不会停下来阅读产品包装上的信息，而是会想起你所了解的关于这个品牌的信息，以及你是如何看待这个品牌的。你不会从外界获取信息，而是会从你的记忆中调取信息。而我们会想起哪些信息也会受到选择架构的影响。为了理解这一点，让我们走进记忆的世界。

3

组合偏好
记忆如何被调取与操控

　　达伦·布朗是一位极具个人魅力、极其成功的英国魔术师。凭借多年来一直深受观众喜爱的个人节目和收视率极高的特别节目，他让"读心师"这一职业重新流行了起来。[1]与其他通灵师或心灵感应师不同的是，布朗并不声称自己拥有特异功能。但是，他似乎能够预测他人的想法和行为，而且准确性高得惊人。

　　在一期节目中，两名广告公司经理——托尼和马丁——乘坐出租车来到布朗的看起来平平无奇的办公室与他见面。一阵寒暄过后，布朗请他们在半个小时内为一家不同寻常的新企业——一家经营动物标本的连锁店——设计一幅平面广告。广告中必须包含企业的商标、名称和一句广告语。布朗告诉他们，他从小就对动物标本制作很感兴趣，还向他们展示了一些动物标本。离开办公室前，布朗告诉托尼和马丁，他已经将自己为这家动物标本连锁店设计的平面广告放进了一个密封好的信封里。他把信封放在桌子上，上面还压了一只猫的标本，这样就没人能碰到信封了。接着，他便走出了办公室。

半个小时后，布朗回到了办公室。托尼和马丁向布朗展示了他们的设计成果。他们将这家连锁店的商标设计为一只坐在云上弹奏竖琴的大熊，大熊身后是一道铁门。他们将这家连锁店命名为"动物天堂"，将广告语设计为"动物去世后的最佳归宿"。

布朗请马丁拿出压在猫标本下面的信封并将其打开，将自己之前的设计草图展示出来。布朗的设计竟然与托尼和马丁的设计惊人地相似。布朗将这家连锁店命名为"生灵天堂"，而他为这家连锁店设计的商标几乎跟托尼和马丁设计的一模一样，广告语也只有两字之差。

布朗的预测竟然如此准确，这让托尼和马丁及所有的观众都感到不可思议。他看上去是不可能使用了障眼法的，因为在这半个小时里，他与托尼和马丁没有任何交流，并且，他用猫标本压住信封后就再也没有碰过那个信封。他到底是如何影响托尼和马丁的广告创作的？与一般的魔术师不同，布朗不会对魔术背后的奥秘守口如瓶，会揭晓（也可能是声称揭晓）这些奥秘是他节目的特色之一。

在这期节目中，他展示了他的团队是如何在事前让托尼和马丁在不经意间看到他们后来用到的设计元素的。托尼和马丁乘坐的出租车曾经路过伦敦动物园。当时，为了给一群正在过马路的学生让行，他们的车停在了动物园的铁门前。每个过马路的学生都穿着天蓝色的T恤衫，上面印着伦敦动物园大门的图案。接着，他们还路过了一个酒吧，酒吧外面贴着一些标识牌，上面写着"已逝动物的最佳归宿"。后来，出租车还缓慢驶过了一家咖啡馆，咖啡馆门口的黑板上画着一双天使的翅膀，还写着"生灵天堂"几个字。另外，布朗在办公室里向托尼和马丁展示的动物标本之一就是熊的标本。因此，在托尼和马丁进行广告设计之前，与他们的设计相关的每个概念都已经被巧妙地植入了他们的脑海，在后来的设计活动中，他们很容易想到这些概念。因此，他们几乎不可能不在设计时用到这些概念元素。

布朗的揭秘清楚地表明，他并不是预测了未来，而是操纵了未来。与其说布朗是读心师，不如说他是"写心师"。他提升了某些已知概念浮现在人们脑海中的概率。心理学家将人们想到某事物的容易程度称为"可达性"。布朗所做的就是提高了铁门、天使、云朵和已逝动物的欢乐形象的可达性。

有时，我们可以马上回答出某些问题。例如，我们十分清楚自己不喜欢吃哪些食物。如果有人问我喜不喜欢吃动物的肝脏，我会马上回答不喜欢。但是，如果有人问我喜不喜欢吃寿司，我的回答则要取决于我当时想到的是什么。如果我想到的是精致鲜美的三文鱼，我可能会说我喜欢；但如果我想到的是很老的海胆，我就会迅速回答不喜欢。

我们的偏好取决于我们调动起的记忆。有时，我们以为知道自己想要什么，但实际上，我们常常要面对以往没有经历过的选择。这时，我们就会试着去回想过往相似的选择，据此形成对当前面对的选项的感受。我把这些记忆及其所唤起的感受称为"组合偏好"。你可能以为，人们在面临选择时都知道自己想要什么，只要确定哪个选项是自己心中所想，便可以做出选择。但实际上，真正困难的一步在于确定自己想要的是什么。为此，我们会回忆过往的经历，调动与当前决策相关的记忆。

这意味着，我们的偏好并不总是稳定不变的，而是根据大量相关记忆随意构建的。虽然我们有一些偏好是固定不变的，就像我对动物肝脏的厌恶，但很多时候，我们的偏好不过是自己当下所想的映射，会随着具体情况和记忆可达性的变化而改变。如果没有外部影响，我们的选择确实不会有多大差别。但就像达伦·布朗一样，选择架构师也是"写心师"，他们的设计决策会改变不同概念的可达性，进而改变我们作为读者或消费者的选择。

为了更好地理解选择架构师的这种能力，让我们来看看艾奥瓦州艾奥瓦城的一个研究团队是如何改变了美国人无比熟悉的牛肉饼的可达性的。

"25%肥肉"还是"75%瘦肉"

如果你在20世纪80年代末走进艾奥瓦大学的心理学实验室，你可能会觉得那里的味道闻起来更像是餐馆或汽车餐厅，而不像是研究和教育场所。烤架上牛肉饼的香味常常飘满整条走廊。不过，这味道本身并不是正在进行中的研究重点，它只是研究的副产品。当时，该实验室正在研究标签对于人们对牛肉质量与味道的认知的影响。实验室里肉香四溢，研究负责人欧文·莱文教授甚至担心同事们会以为他在地下室开了一家麦当劳。

莱文的实验非常简单。首先，他请两组本科生对生的牛肉饼样本进行评价。第一组学生看到的生牛肉饼样本上贴着"25%肥肉"的标签，而第二组学生看到的生牛肉饼样本上贴着"75%瘦肉"的标签。莱文发现，第二组学生对生牛肉饼样本的评价更为积极。与第一组学生相比，他们对生牛肉饼的质量、肥瘦程度和味道都做出了更高的评价。实际上，两组学生看到的是一样的生牛肉饼样本，肥肉与瘦肉的比例加起来正好是100%。但是，介绍肥肉比例和瘦肉比例的不同标签影响了学生们对生牛肉饼的评价。

接下来，莱文测试了标签内容对牛肉饼品尝体验的影响。他和研究团队的成员们穿上围裙，在参与测试的学生们面前把生牛肉饼烤熟了。在品尝牛肉饼前，一半学生被告知牛肉饼里含有75%的瘦肉，而另一半学生则被告知牛肉饼里含有25%的肥肉。结果，被告知牛肉饼里含有25%肥肉的学生对牛肉饼质量、肥瘦程度和肥腻程度的评价更低。即使是那些在品尝过牛肉饼之后看到了标签的学生对牛肉饼的评价也没有多大的变化。

莱文在与从事市场营销研究的同事共进午餐时产生了做这项研究的想法。他告诉我，标签增强或减弱了牛肉饼相关概念的可达性，从而改变了学生的组合偏好。"75%瘦肉"的标签可能会让学生想到牛肉饼鲜嫩多汁、肉香浓郁的口感，他们的脑海中可能会浮现出夹着新鲜生菜叶和西红柿片的牛肉汉堡，汉堡旁边或许还有一碗沙拉。他们还可能会想起曾经在上个月吃过的美味、多汁、品质上乘的有机草饲牛肉饼。

而"25%肥肉"的标签则更有可能让学生注意到"肥肉"这个词，并产生与之相关的负面联想，比如油腻、酸臭味、奶酪所含的高热量、正在烤箱里加热的软趴趴的薯条，以及养殖场里圈养的待宰的母牛等。简而言之，两组学生会想到两种不同的牛肉饼，想到牛肉饼的不同方面，而这取决于他们看到的是哪种标签。[2]

人们关于牛肉饼的联想丰富且复杂，有好也有坏。针对人们在看到某个词时会首先联想到的另外3个词，"词汇小世界"网站收集了近9万条回复。看到"牛肉饼"一词时，有些人会想到一些褒义词，如"美味""多汁""好吃"等，但也有些人会想到一些贬义词，如"油腻""肥腻""恶心"等。[3]

这些联想会随着选择架构的变化而改变。在决策中，我们不会立即想起我们知道的所有信息，而只会想起我们知道的一部分信息，而正是这部分信息成了我们决策的参考信息。即使是像生牛肉饼包装上的标签这样简单的信息，也会影响我们的组合偏好，而这些组合偏好影响了我们的选择。

在莱文团队的实验中，标签上的内容就像在布朗的节目中出现的熊标本、天使翅膀和动物园大门一样，能调动起人们的某些记忆，而不同的标签内容会让人们产生不同的联想。莱文及其艾奥瓦大学研究团队的成员可能并没有意识到，在向学生们展示不同的标签时，他们其实是在设计或创造学生的反应。我们在做选择时，往往并不是坚定地持有某个观点；在某种程度上，我们的观点是即时形成的。萨利机长在紧急迫降时受到许多信息的干扰，需要"切负荷"，专心考虑重要的问题；同样，在莱文团队的实验中，学生们也要考虑很多方面的问题，因此，他们需要专注于他们当时所能调动起的记忆。

在讲到人们选择合理路径的方式时，我多次提到"流畅性"一词，它指的是人们对采用某一合理路径的难度的初始感受与主观认知。我们通常会选择自己认为不麻烦的合理路径。但我们的记忆中有不同的内容。大多数时候，我们会联想到什么内容并不受我们的控制，而是自动形成的反应。当你看到牛肉饼包装上"25%肥肉"的标签时，你很难不产生负面的联想。无论何时，你的联想都是由许多因素决定的，比如你的饥饿程度、空气中弥漫的气味和牛肉饼外包装看上去的油腻程度等。

标准的经济学模型完全无法解释参加莱文团队实验的学生们对牛肉饼的评价。按照标准的经济学模型，人们知道自己想要什么，他们只需要探索外部环境，找到自己想要的东西。事实上，按照标准的经济学假设，对于牛肉饼，我们的认知中有一个"保留价格"。在看莱单时，我们会留意牛肉饼的标价是否低于我们愿意支付的最高价格。如果是，我们就会买它。按照标准的经济学观点，人们可能很难找到他们想要的东西，但他们知道自己想要什么。相比之下，心理学家则认为，人们通常有很多选项可选，但很难弄清楚自己真正想要什么。

组合偏好的存在可能是标准经济学难以对选择架构做出解释的原因之一。从心理学的角度看，许多决策的难点在于确定何为好的选择。心理学往往将选择视为人们对自身喜好的预测，而做出这些预测需要人们调动自己的记忆。

当我们的偏好十分稳定时，可达性几乎没有任何意义。例如，在看到"肝脏"这个词时，我马上就会想起我对肝脏味道的厌恶。然而，如果我们的偏好是在决策时临时形成的，可达性就变得十分重要了，因为我们的决策可能会受到各种因素的影响，比如包装上的标签。我们有很多与牛肉饼的质量和味道相关的记忆，其中有好的记忆，也有不好的记忆。因此，在决策时，我们可能会因为调动起的记忆内容不同而做出完全不同的选择。就像沃尔特·惠特曼在《自我之歌》中写的那样：

> 我自相矛盾吗？
> 那好吧，我自相矛盾，
> （我心胸宽广，我包罗万象。）

可达性与记忆调取

在访问一家企业的网站时，我们几乎总会看到艺术性十足的精美网页，但网页上的内容往往与企业的产品或服务关联甚少。例如，打开音乐流媒体服务平台 Qobuz 的主页，我们会看到一个留着胡子、头戴昂贵耳机、沉浸在音乐中的男人，或是一个抱着老式木吉他、紧闭双眼站在麦克风前的年轻流浪歌手，这感觉像极了 20 世纪 40 年代的电台演播室。这些图片更像杂志封面而不是网页图片，它们与企业的产品并不直接相关。那么，企业为什么要额外耗费时间与金钱去制作这些高质量的图片或是购买它们的使用权呢？

作为一款大获成功的膳食减肥与健身应用程序的开发者，丹麦 Arono 公司的经验给出了这个问题的答案。该公司一般通过广告邮件及 14 天的免费试用期吸引新用户。试用期结束后，用户可按月、按季或按年订购服务。起初，该应用程序用户注册页面的背景图是一个身材匀称健美的模特，页面的背景色是平淡无奇的灰色。但如今，页面上的背景图变成了一份看上去美味可口的健康餐，里面有大量的牛油果和绿色蔬菜，还有一点儿美味的奶酪。图片上配有文字，询问潜在用户是否想要拥有自己专属的饮食计划。Arono 公司为什么要做出这样的改变呢？事实证明，与模特的图片相比，健康餐的图片对潜在用户更有吸引力，变换背景图片后，该应用程序的注册用户增加了 53%。

Arono 公司对两张背景图片的吸引力进行了对比测试，随机向一半潜在用户展示以模特图片为背景的注册页面，向另一半潜在用户展示以健康餐图片为背景的注册页面。那么，为什么健康餐的图片比模特的图片更有吸引力呢？一个可能的原因在于，这两张图片分别增强或减弱了不同记忆内容的可达性，使潜在用户更容易或更难调动起某些记忆。看到这些图片时，我们会回想起自己过去的减肥计划和控制体重的经历。这两张图片分别让我们想到了不同的方面：模特象征着减肥的长远好处，而健康餐则象征着一份可以即时获得的美味奖励。如前所述，可达性越强的记忆越容易被调动起来——我们会觉得健康餐是触手可及的，而苗条健美的身材离我们十分遥远。我们大多数人都不是模特，如果我们从未有过如此苗条的身材，就无法调动起相关的记忆，因为这样的记忆根本不存在。但是，我们大多数人都吃过美味的沙拉，可以轻松联想到生菜清脆鲜嫩的口感、牛油果的香甜、奶酪的浓郁。这些可达性很强的记忆让我们生出了对美味健康餐的渴望。于是，我们在手机上安装了这个应用程序。[4] 可见，网页背景图能够改变不同记忆的可达性，从而影响我们的决策。

21世纪初，互联网开始成为一种商业媒介，网络购物开始兴起，但购物网站的设计往往并不美观。亚利桑那州立大学教授娜奥米·曼德尔当时还是一名研究生，她向我提到了一个想法。我不得不承认，当时我认为她的想法并不可行。娜奥米这个疯狂的想法是：通过改变网页背景图影响网站访问者记忆的可达性，从而改变他们的选择。有些背景图能与商品的某些属性产生关联，使用这些背景图会让浏览网页的人更容易想到商品的某些属性，从而增强这些属性在他们心中的重要性。

例如，娜奥米认为，如果一个家具销售网站的背景图上布满了蓬松的云朵，人们就更有可能认为舒适度是网站销售的沙发的一个重要属性。娜奥米推断，改变网页背景图会改变顾客对沙发的选择。为了证明我的怀疑是错的，创造力十足且精力充沛的她开始了自己的行动。

她为同一个网站设计了多个不同的背景，有的背景上满是蓬松的云朵，也有的背景上布满了美钞。她的另一项研究证明，云朵会增强舒适度的可达性，而美钞则会增强价格的可达性。

接下来，她邀请实验的参与者到该网站购物。这些参与者要在两张沙发之间做出选择，一张沙发昂贵奢华，另一张沙发价格相对便宜，但舒适度相对较差。也就是说，这是一项对比实验。如果舒适度的可达性对于看到云朵的参与者来说有所增强，他们是不是就会花更多的时间想象坐在一张舒适的沙发上的美妙感觉，从而愿意为了享受这种舒适花更多的钱呢？[5]

事实证明，娜奥米的推断是正确的。看到云朵背景的人有61%选择了价格更贵但更舒适的沙发。相比之下，看到美钞背景的人只有52%会做出这样的选择。网页背景的变化只是一个很小的调整，与沙发的属性和外观毫不相关，但显著改变了顾客的消费选择。

我们向那些购买了价格更贵但更舒适的沙发的实验参与者提出了一个问题，那就是网页背景图是否影响了他们的选择。虽然事实已经证明，网页背景图的影响是实实在在的，但他们都给出了否定的答案。就像许多决策受到了选择架构的影响一样，实验参与者的行为受到了网页背景图的影响，但他们自己没有意识到这种影响。他们可能永远都不会意识到自己受到了影响。可达性的变化改变了他们的组合偏好，从而改变了他们的选择。

当然，继娜奥米的实验之后，对比实验已经成为企业网站设计中的重要环节。然而，会对可达性产生影响的不仅仅是网站设计。日常生活中我们早已司空见惯的很多事物都会影响我们的可达性。例如，天气不仅可以改变我们的可达性，甚至还可以改变我们本来坚定持有的一些观点，包括我们对气候变化的看法。2010年2月5日至6日，一场暴雪席卷了美国东海岸，弗吉尼亚州、马里兰州和华盛顿特区的降雪厚度达到了6—10米。媒体将这场暴雪称为"末日暴雪"。短短4天之后，又一场暴雪来袭，这场暴雪被称为"大毁灭暴雪"。

受到这两场暴雪的影响,当地企业、州政府及地方政府不得不关停数日。人们不得不待在家里,应对暴雪带来的种种不便。有媒体宣称,全球变暖已经结束,还有媒体断言,这两场暴雪证明气候变化只是一场骗局。著名的气候变化怀疑论者,参议员詹姆斯·英霍夫甚至在美国国会大厦前建起了一座冰屋,上面插了一个手写的牌子"艾伯特·戈尔①的新家"。一场关于气候危机的会议因暴雪延期举行,这让那些否认气候变化的人得意不已。[6]

英霍夫的观点虽然完全没有科学依据,但似乎也是可以理解的。看着窗外约1米厚的积雪,我能够理解为什么有人难以相信全球变暖的真实性。我与加州大学河滨分校的李烨及哥伦比亚大学的丽莎·扎瓦尔一起,做了一个简单的在线调查,向受访者提出了两个问题,一是"你有多相信全球变暖的真实性?",二是"今天的气温是高于还是低于正常水平?"我们根据受访者提供的邮政编码来确定其所在位置的实际温度。

我们发现,相对温度(当日气温与平均气温之间的温差)与受访者对气候变化的看法之间存在着显著的关联,受访当日受访者所在地的气温对受访者是否相信全球变暖的真实性产生了重要影响。为了与全球变暖相区别,我们将此称为"局部变暖"。宏观而言,在人类面临的气候危机面前,任何一天的天气情况都微不足道,但由于当日的气温真实易感,极具可达性,人们往往会给予它过度的重视。

---

① 美国前副总统,曾因其在全球气候变化与环境问题上的贡献获得2007年诺贝尔和平奖。——译者注

这一发现已经多次得到证实。在一些实验室研究中，在询问实验参与者对气候变化的看法时，研究人员会悄悄调节室温，使其高于或低于正常值。[7]事实证明，室温的升高会提升参与者对气候变化真实性的相信度，而室温的下降则会降低参与者对气候变化真实性的相信度。室温的高低甚至还对参与者的行为产生了影响。在一项类似的研究快要结束时，我们询问参与者是否愿意将他们参与研究获得的部分报酬捐出，为应对人为造成的气候变化做贡献。结果发现，那些感受到了远低于正常水平的室温的参与者平均只捐赠了大约0.75美元，而那些感受到了远高于正常水平的室温的参与者平均捐赠了大约2.25美元，是前者的3倍。

天气还会改变与可达性相关的各种消费行为。选择架构师或许无法改变天气，但他们无疑能够改变可达性。包括梅根·巴斯、德温·波普、贾伦·波普和豪尔赫-席尔瓦-里索在内的一些经济学家和市场营销学者利用一个包含4 000多万条美国汽车销售数据的数据库，比较了敞篷汽车和四轮驱动汽车在晴天和阴天的销量。就像前面提到的研究中当日当地气温会影响受访者对全球变暖的真实性的看法一样，购买汽车时的天气影响了消费者对汽车的选择。巴斯等人发现，天气晴朗时，人们购买敞篷汽车的可能性增加了12.6%。而四轮驱动汽车的销售情况则正好相反：天气不好时，这类汽车的销量反而更高。实际上，在一场地面积雪厚度达到25.4厘米的降雪过后的2—3周里，四轮驱动汽车的销量增长了大约6%。[8]

其他商品的销售也存在类似现象。经济学家迈克尔·康林、特德·奥多诺霍和蒂莫西·福格尔桑发现，当天气特别寒冷时，人们更有可能购买厚外套等御寒衣物。但与购买汽车不同的是，如果觉得自己购买的厚外套没有必要，人们很容易纠正错误，把厚外套退掉。不足为奇的是，他们发现，在极为寒冷的天气过后，御寒衣物的退货率会显著提升。通常，如果消费者购买厚外套当天的气温比平时低约1摄氏度，退货率就会提升4%。[9]

抑制效应与查询理论

在理解记忆与组合偏好的关系时，还有一点需要注意。当我们因为可达性而调动起某些记忆时，还有一件令人意想不到的事情正在发生，那就是其他相关记忆的调动会变得更难，即使那些记忆能为决策带来帮助。心理学家将这种现象称为"抑制"。可达性让一些想法或经历更容易被想起，但回想这些想法或经历的过程会让我们调动其他记忆的能力减弱或丧失。

抑制时常发生。例如，你在换了电话号码的第二天走进你常去的干洗店。当工作人员问你电话号码是多少时，你努力地回想着。但在你马上就要把新号码说出来时，他为了提醒你而找到了你上一次的订单，并问你"是不是212……"。在他说完最后一位数字后，新号码在你的脑海里完全消失了，除了原来的电话号码，你再也想不起任何其他的电话号码了。听到旧的电话号码后，你似乎已经完全不可能再想起新的电话号码了——旧号码可达性的增强抑制了新号码的可达性。你只好放弃挣扎，一脸尴尬地从口袋里掏出一张写着新号码的纸条。当你试图回想起的信息与已经回想起的信息属于相似信息时，这种状况尤其容易发生。新的电话号码不会抑制无关的记忆。如果工作人员问，你的结婚纪念日是哪一天，你很可能马上说出答案。

著名的智力竞赛节目《危险边缘》能帮助我们进一步认识抑

制现象。"终极危险边缘"是该节目最激动人心的环节，在该环节中，所有参赛选手都必须回答同一个问题，而且这个问题通常难度很高。2020年，《危险边缘》举办了一场重量级比赛——《危险边缘：王者之战》，3位多次获得冠军的传奇选手要在比赛中一决高下，看谁能成为王者中的王者。那场比赛是在圣诞节和新年过后不久举行的，媒体对其进行了广泛的报道。比赛创下了极高的收视率，数百万观众见证了《危险边缘》最激动人心的时刻。最终的获胜者是肯·詹宁斯，他在《危险边缘》总共赢得了超过450万美元的奖金，是该节目历史上获胜次数最多的选手，曾在2004年连续获得74场胜利。但我感兴趣的是他的第75场比赛，他因为答错了一个似乎相当简单的问题而输掉了那场比赛。

在那场比赛的"终极危险边缘"环节中，主持人公布了这样一条线索："该公司有7万名季节性白领员工，他们当中的大部分人一年只工作4个月。"听到这条线索时，很多人自然会想到典型的季节性用工时间，如寒假或暑假，因为学生们经常会在寒暑假打临时工。詹宁斯当时也是这样想的。他说："我认为答案应该与夏季或假日季有关。"我们和詹宁斯一样，都在思考哪些公司必须雇用季节性员工来应对这些季节性的工作量激增。会是百货公司、亚马逊或邮局吗？但我们很快就能将这些答案排除，因为它们需要招聘的员工大多数都不是白领员工。那还有什么类似的公司吗？詹宁斯给出的最终答案是"联邦快递"。

当他亮出答题板时，观众席发出了一阵惊呼。很多人都知道他答错了，他将在连胜74场比赛后被打败。你可能觉得正确答案显而易见，是布洛克税务公司。但詹宁斯说，他完全没有想到问题中的"季节"指的竟然是报税季。虽然他知道布洛克税务公司，但

决策

是这家公司完全没有出现在他的脑海中。为什么他会犯这样的错误呢?

这是因为他想到了假日季,这导致他更容易想起假日季期间的雇主。亚马逊、实体零售商和救世军慈善商店可能都曾经出现在他的脑海中,就像它们都曾经出现在我们的脑海中一样。但与此同时,在抑制的作用下,报税季、人口普查季和其他临时性的就业季就难以被想起了。在专注于当前浮现在脑海中的记忆时,我们不知不觉抑制了其他记忆。对詹宁斯来说,假日季产生了抑制作用,使他无法想起报税季。

选择架构师经常在有意或无意间将选择者的注意力和记忆引导至某个特定方向,从而使选择者忽视其他方向。我在前面写到,《危险边缘》那场重量级的比赛是在圣诞节和新年过后举行的。我之所以会这么写,就是为了让你像詹宁斯一样更容易想起假日季,而难以想到报税季。相反,如果我告诉你,詹宁斯是在4月15日,也就是报税截止日期那天输掉比赛的,你可能就会想到报税季,而忽略假日季。通过这个例子,我们可以看到,环境不仅会影响我们能调动起哪些记忆,还会影响我们无法调动起哪些记忆。

如果我让你写下美国50个州的名称,你觉得你能写出多少个?埃默里大学的本科生平均只能写出40个,你觉得自己会比他们写出的更多吗?有些州是很容易被想起的,比如你所在的州。现在请你想象一下,如果我向你提供一点儿帮助,在测试开始前给你5分钟的时间,让你看一份列出了25个州名称的清单,你会看吗?想必看总比不看好,因为毕竟这份清单已经给出了一半的答案,能够确保你一半的正确率。

但实际上,我这样做并不能帮到你。虽然你会记住更多个出现在清单上的州，但你能够想起来的州的总数会因此而减少。看这份清单会增强清单上的25个州在你记忆中的可达性，但同时会让你更难想起不在清单上的那些州。通常，看过这份清单的人会"丢掉"3—5个州，只能写出大约36个州而不是40个州的名称。看过清单后，虽然清单上的州名更容易被想起，但抑制效应也会让人更难想起不在清单上的州名。[10]

当我们很难记住一件事时，我们往往会把这件事记到纸上。这个方法确实有用。著名的出版商、发明家、散文家和外交官本杰明·富兰克林曾经以他提出的一套决策体系而闻名，而纸和（鹅毛）笔都是其中的重要工具。事实证明，他早就充当过选择架构师的角色，预见到了抑制效应对组合偏好的影响。

发现了氧气并发明了苏打水的英国化学家约瑟夫·普里斯特利曾经面临一个重要的抉择，他不确定自己是否应该到一个富绅家中做家庭教师和私人助手。这份工作将给他带来稳定的收入，这正是他迫切需要的，但他的研究时间可能会因此而缩减。他找到富兰克林征求意见，而富兰克林给他的建议现在已经广为人知，那就是让他自己列一份利弊清单。但人们往往忽略了这个故事中很重要的一部分，那就是富兰克林担心普里斯特利列出的"利"会抑制他想到"弊"，反之亦然。富兰克林写道：

> 两难境地之所以两难，主要是因为我们在权衡利弊时，无法进行全面考虑。我们有时会想到利的一面，有时又会想到弊的一面。在想到利的一面时，弊的一面就会被忽略；而在想到弊的一面时，利的一面就会被忽略；因此，不同的目的与倾向会交替占得上风，这种不确定性会让我们深感困惑。[11]

对此，富兰克林提出了一种解决方法：

> 我会花3—4天的时间进行考虑，在此期间，我会在利弊两栏简短记录下我在不同时间想到的不同动机。

富兰克林将这一决策过程称为"道德代数"，这在一定程度上是因为他需要将所有利弊汇总起来，权衡它们的重要性并据此做出决定。

为什么不一次性列出利弊，而要花3—4天的时间进行考虑呢？富兰克林似乎是在担心抑制效应的影响。实际上，他认为调动记忆的过程是决策中最困难的部分。把利弊记到纸上非常重要，因为与人类的记忆不同，纸张不会受到可达性及抑制效应的影响。人类的记忆是有起伏的，一些记忆会时而浮现，时而消失，迅速被其他记忆取代。当某些记忆的可达性增强时，其他记忆就会受到抑制。因此，如果我们总是在第一时间就做出决定，不用利弊清单做指导，那么我们首先考虑到的因素就将占据主导地位。

富兰克林的利弊清单能够最大限度地避免这种情况的发生。他不仅意识到了人们的偏好是组合而成的，还意识到了记忆的调动十分微妙。在谈到富兰克林的建议时，大多数人往往会忽视记忆的影响，只关注他对利弊的汇总。若是如此，我们就没有看到这份利弊清单的实质。它其实是一种选择架构，一种能够消除记忆缺陷对组合偏好的负面影响，从而实现决策优化的选择架构。随着时间的推移，最初占据我们脑海的记忆的可达性逐渐减弱，最初被抑制的记忆会逐渐浮现在我们的脑海中。

记忆不会永久被抑制。走出干洗店后，你终究会想起新的电话号码。正如富兰克林所言，几天之内，"先前没想到"的事会再次浮现在你的脑海里。在回忆50个州的州名时，我们可能一时会想不起北达科他州，但不会永远都想不起来。思考一段时间后，这个位于美国中西部，紧邻明尼苏达州、南达科他州、蒙大拿州和北部邻国加拿大的州终会浮现在我们的脑海里。如果肯·詹宁斯在"终极危险边缘"环节有更多的时间来思考，那么他最终会说出"太简单了，显然是布洛克税务公司"。如果你是填字游戏爱好者，可能也有过同样的感受。你一时可能想不起与提示内容吻合且符合填空要求的单词，想起来的单词不是太长就是太短。但如果你半个小时后再重新来看提示内容，就会突然发现正确答案显而易见。

抑制的暂时性表明，人们可能会因为首先调动起的记忆或关注的属性不同而形成不同的观点：面对同一块牛肉饼，如果你首先想到的是它里面的肥肉，你就会认为它不够健康；但如果你首先想到的是它里面的瘦肉，你对它的评价就会好得多。我和埃尔克·韦伯等杰出学者曾经尝试将这一理论融入一个与偏好的形成方式有关的模型，我们将这一理论称为"查询理论"。[12]

查询理论的基本观点是，决策时，人们会考虑各个选项的不同属性，形成组合偏好。我们会先考虑选项的一组属性，再考虑选项的另一组属性。我和韦伯将这一过程视为对记忆的"查询"，因而将该理论命名为"查询理论"。在可达性的作用下，与第二次查询的结果相比，第一次查询的结果对决策的影响更大。将注意力集中在不同的查询上，我们会形成不同的组合偏好，从而影响我们的最终选择。在前面提到的关于牛肉饼的实验中，标注肥肉比例的标签使人们更容易想到牛肉饼不健康的一面，而抑制效应会导致人们更难想到牛肉饼健康的一面。标注瘦肉比例的标签的作用则正好相反。在这个简单的实验中，参与者既考虑到了牛肉饼健康的一面，也考虑到了牛肉饼不健康的一面，但是他们看到的不同标签决定了他们查询记忆的不同顺序，从而影响了他们的决策。查询理论是可达性与抑制效应在选择架构中的具体应用。

我无意夸大查询理论的作用，但它或许能够让你变得更加长寿……或者至少能够让你觉得自己会更加长寿。死亡并不是一个令人感到愉快的话题，所以人们通常不会去想这个话题，尤其是在自己还年轻的时候。但是，"我会活到多少岁？"是一个很好的问题，它能让我们调动起一些记忆，根据这些记忆组合出一个答案。

在进行长期理财规划时，寿命是我们要考虑的最重要的因素之一。对自身寿命的判断能帮助你选择贷款利率，决定何时退休，还能帮助你决定该如何支取和使用退休金以及该如何利用退休金进行投资。预期自己将会长寿的人可能会计划在退休前存下更多的钱。但是，即使是在回答关于寿命的问题时，我们的答案也是在不自觉中形成的，会受到提问方式的影响。我们的组合偏好可能会在不知不觉中对我们的理财决策产生巨大的影响。

对于自己的寿命，我们有两种完全不同的思考方式。例如，如果你想知道自己是否能活到85岁，你可以这样问：

我活到 85 岁的可能性有多大？

也可以这样问：

我活不到 85 岁的可能性有多大？

这两个问题的答案显然是相互关联的。在你85岁那一年，你要么还活着，要么已经去世。如果你认为你能够活到85岁的概率是70%，那么你活不到85岁的概率就是30%。

但是，以不同的方式询问你对于自己寿命的预期，你可能会调动起不同的记忆，想到不同的事，或关注不同的属性。想象一下，如果我问你，你活到85岁的可能性有多大，你可能会首先思考为什么你有可能活到85岁。你可能会想到一些长寿的亲戚，比如活到了103岁的贝齐姑姑；也可能会想到自己偶尔会锻炼身体并且已经戒烟多年；还可能会想到医学与科学在21世纪的飞速发展。你会想到的是这些积极的因素，而不是那些会让你觉得自己可能活不到85岁的消极因素。

现在，再想象一下，如果我接着问你，你活不到85岁的可能性有多大，你还会产生和前面一样的联想吗？很可能不会。相反，你会首先思考为什么你有可能活不到85岁。你完全不会想起你亲爱的长寿的贝齐姑姑，而是会想起你的莫特叔叔，他在53岁时曾经突发严重的心脏病。你也不会想起自己偶尔锻炼的习惯和早已戒烟多年的事实，相反，你会想起自己超重20磅①，并且胆固醇水平近年来一直在攀升。你可能还会想起你读过的一篇文章，那篇文章说人体对抗生素的耐药性正在不断增强。或许，你还会想到这个世界正在变得越来越暴力。你在被问到"你活到85岁的可能性有多大时"所产生的各种乐观的想法可能都很难再被想起，这些想法已经被抑制了。

问题的措辞改变了你思考答案的顺序。"活到"两个字会让你首先想到积极的因素，增强了积极因素的可达性，抑制了消极因素

---

① 1磅≈0.5千克。——编者注

的可达性。而"活不到"3个字的作用可能正好相反,它让消极因素占了上风。

我曾经与多名研究人员一起,对几千名45岁以上的美国人对自己寿命的预期进行了调查。为简单起见,我们在问题中设置了一个固定的概率,问他们"你认为自己有50%的概率活到多少岁?"当我们问受访者,他们认为自己能"活到"多少岁时,他们的回答是"认为自己有50%的概率能活到85岁"。但当我们问他们,他们认为自己会在多大年纪去世时,他们的回答是"认为自己有50%的概率只能活到75岁"。同一个问题在措辞上的细微区别竟然让受访者给出了相差10岁的不同答案。[13]

为了确保这样的反馈结果是由于受访者查询了不同的记忆而产生的,我们还让他们写下了在估算自己的预期寿命时想到的事情。在回答他们认为自己能"活到"多少岁的问题时,他们更多想到的是长寿的父母、姑姑和叔叔,他们的身体是多么健康,以及现代医学取得的突破。而在回答他们认为自己会在多大年纪"去世"的问题时,他们想到的事情就大不相同了。他们想到的是英年早逝的家庭成员和家庭曾经遭遇的各种不幸,还有各种可能让人在年纪轻轻时就离开这个世界的无法预测的危险,比如恐怖主义袭击。受访者需要把每个想法单独写在一行里,每写完一个想法后就按一次回车键,这样我们就能统计出他们想到了多少个因素。我们发现,每多想到一个与长寿有关的因素,受访者对自己寿命的预期就会增加4.6年。

这些发现让我们注意到,关于选择架构,我们还必须牢记另外一点,那就是并非每个设计者都会考虑我们的最佳利益。这一点是非常重要的。"你认为自己能活到多少岁"和"你认为自己会在多大年纪去世"本质上是同一个问题，但不同的提问方式会让受访者给出不同的答案，这就意味着，与消费者的寿命挂钩的产品或服务的销售人员可以利用可达性与抑制效应来进行营销，推销他们的商品。让我们以年金保险为例。其实，年金保险更应该被称为"长寿保险"，因为它是一种能够保障你在有生之年有收入的保险计划。购买年金可以让你避免陷入晚年无钱可用的境地。简单地说，年金保险的规则是，你先向保险公司支付一定数额的保费，然后保险公司会按月向你返还年金，直到你去世为止。

如果你觉得自己这一生将会是健康长寿的，那么年金保险显然是个不错的选择。但实际上，推销年金保险是十分困难的，因为许多潜在客户对年金保险持怀疑态度。一些优秀的销售人员认为，查询理论或许能够帮助他们改变潜在客户的看法。一个面向金融服务销售人员的网站提出了以下建议：

> 你是否一直在寻找将自己与潜在客户的谈话引入正轨，尤其是引入对退休后保障的探讨的方法？你可以使用以下措辞……将谈话引向深入，引导潜在客户花一点时间来"预测"他们的寿命，思考长寿对他们来说意味着什么……当你与潜在客户四目相对时，不妨向他们提出一些发人深省的问题。比如：
>
> "让我问你一个问题，你家有没有长寿的基因，是不是有很多家人活到了80多岁或90多岁，甚至更为长寿？"
>
> "你家有没有人活到了100岁以上？"
>
> "你是否期望自己能成为家里最长寿的人？"

"如果我问你，你认为自己退休后还能再活多少年，你会怎样回答我？"[14]

这样的提问已经不是理论层面的查询，而是将查询理论切实运用到实践中了。该网站还建议销售人员控制潜在客户回答这些问题的顺序，让潜在客户按照销售人员希望的顺序回答问题，而不是让他们随意决定回答问题的先后顺序。通过控制潜在客户的记忆查询顺序，销售人员不仅能使潜在客户更容易想到他们能够健康长寿的原因，还能让他们更难以想起自己可能不会那么长寿的理由。如果销售人员用这种方法向错误的客户推销年金保险，那就无异于在销售中使用"暗黑魔法"。

虽然查询理论关注的是人们如何说服自己，但该网站提出的保险销售建议表明，销售人员同样可以利用查询理论去说服他人，比如他们可以向潜在客户提出一系列问题，组合潜在客户的记忆和看法，让他们相信自己会长寿，从而决定购买年金保险。

偏好非一成不变

我们的偏好并不都是组合而成的。世界上没有任何一个选择架构师能让我变得喜欢吃肝脏。但是我们都很忙碌，面临着很多从未遇到过的决策。要么是决策的细节与以往不同（比如在不熟悉的餐厅里对着菜单点餐），要么是决策涉及我们很少考虑的问题（比如对寿命的预期和换工作）。当我们将注意力集中在记忆中的某一方面而忽略了另一方面时，我们的选择就会受到影响。这本身没有什么问题，问题在于我们并不总是能意识到外部因素对我们的影响。决策者几乎总是会否认天气、提问方式和网页背景等因素对其决策的影响。这在某种程度上是因为我们对记忆的工作原理以及它对决策过程的影响的理解太过幼稚。或许，这本书最大的作用就在于，它能够让读者了解设计师和选择架构师如何通过操纵选择者的记忆来达到自己的目的。对"写心术"的认识或许能让我们比设计者领先一步。

4

架构目标
流畅性与正确性的考量

在2020年的早春，所有人都想和自己的医生谈一谈。新冠肺炎疫情带来了很多改变，但在那时，很多人有一个共同的疑问，那就是："我感觉自己出现了新冠肺炎的症状。我该怎么办？"实际上，这个问题是一个决策问题，它的选项包括不采取任何行动、自我隔离（同时远离家人）、尝试进行检测和去急诊室。

和这个决策相关的信息不少。事实上，当时广泛流传着大量和新冠肺炎有关的新闻、理论、信息、事实和猜测。在新冠肺炎危机暴发初期，一切都充满了不确定性，人们难以流畅地进行决策。要确定应该关注哪些信息是十分困难的。与此同时，找到正确的行动方案，即选择出正确的选项又显得至关重要。我们都觉得自己需要一场有益的对话。

所有选择架构都是设计者与选择者之间的对话。有些时候，这种对话是面对面的，比如你和汽车销售员之间的交流。还有些时候，这种对话是虚拟的，比如当你访问某个网站时，和你对话的人离你很远，甚至可能已经不再参与这个网站的设计。网站设计者能够和数百、数千甚至数百万名选择者对话，而汽车销售员只能和一个人对话。但是，汽车销售员和网站有一个共同点：他们都需要了解你，才能为你提供信息和选项。

对话往往涉及信息的交换，好的对话能让参与者相互学习。我们都知道优秀的对话者和糟糕的对话者分别有哪些特点。当你和优秀的对话者对话时，他们可能会告诉你"这里的杂货店刚调整了营业时间，为老年顾客安排了专门的营业时段"。而作为回报，你可能会和他们分享你了解的在亚马逊购物平台上订购食品杂货的技巧。相反，一个糟糕的对话者在对话时似乎根本领会不到你的意思，只会和你分享大量无聊且无用的信息。他可能会不停地抱怨疫情毁掉了他的假期旅行，而你对这个话题没有丝毫兴趣。和新冠肺炎相关的对话以及一般的对话都有两个重要的目标，这两个目标也是选择架构的核心目标：

- **流畅性**：好的对话是流畅的，能够让我们专注于对话的实质内容。实际上，我们经常说，好的对话是"流畅"的。最重要的是，我们会根据对话流畅与否来决定是否要参与对话以及要让对话持续多久。如果医生对你说的话充满了晦涩难懂的术语，让你感到一头雾水，那么你们之间的对话就是不愉快的。现在，你或许已经看到了好的对话和好的选择架构之间的相似性。无论是在对话中还是在决策中，我们往往都会努力回避缺乏流畅性的情况。更重要的是，设计者可以利用流畅性引导我们采用正确的合理路径，从而做出更好的决策。但是，到底什么样的决策才是好的决策呢？
- **正确性**：好的对话能够帮助我们选出对自己最有利且最符合

当下情况的选项。在新冠肺炎疫情期间，和医生对话能够帮助我们确定是否应该针对自己出现的症状采取特定的措施。医生应该帮助我们找到最佳选项，无论是在眼下还是在未来都让我们觉得最好的选项。在不必要的情况下到急诊室看病会增加我们的感染风险，还会占用真正需要治疗的病人的医疗资源。这样的决策结果并不理想，或者说并不"正确"。接下来我们将会看到，决策的正确性并不总是那么容易界定，但它对于了解选择架构的效果至关重要。

有时，这两个目标是相互矛盾的：一场非常详尽的讨论可能不够流畅，但可以帮助人们做出更正确的选择。本书将会对此进行探讨，但首先，我们必须进一步理解流畅性与正确性。

为了理解这两个目标，我们可以思考一下，一场好的医患对话应该是什么样子的。为此，我们可能需要了解患者（即选择者）和医生（即设计者）分别掌握着哪些信息。患者会向医生描述自己出现的症状，比如是否发烧和是否咳嗽等。他们还有可能告诉医生自己的基本信息、近期的行程轨迹和密切接触者。医生则知道哪类人群有感染风险，哪些症状表明患者需要接受进一步的检测，以及不同情况下专家的指导意见。除此之外，好的医生或许还能让患者的情绪变得好一点。

在新冠肺炎疫情期间，由于病人太多而医生太少，医患对话有时只能通过手机应用程序进行。2020年3月27日，为了方便疫情期间的医患对话，苹果公司发布了一款名为"Apple COVID-19"的应用程序。在应用程序上回答一系列问题后，用户就能得到相应的参考行动方案。当时我正住在纽约，面对疫情带来的巨大压力，我自然也想和这款应用程序进行一场"对话"。这场对话简直就是流畅性的写照：应用程序的每个页面上都只显示有用的信息。我将这款应用程序和纽约州政府运营的一个功能相似的网站进行了对比。后者除了在网页上列出问题，询问我的症状，还提供了大量无用信息。每个网页上都会列出州长和州卫生专员的名字，还会列出网站使用的文件格式。当然，在疫情之下，当时并不是该关注网站的细枝末节的时候，但是，在访问网站时不得不主动忽略这些无关信息确实影响了流畅性。如果说苹果公司发布的应用程序就像是一个专心听你说话并且只为你提供有用信息的医生，那么纽约州政府运营的网站就更像是一个喋喋不休、说话找不到重点的人。

苹果公司的应用程序不会显示公司总裁的名字，而是会直接进入正题。它会首先确认你是否已经出现了必须立即前往急诊室就诊的症状。确认完毕后，它和你的"对话"才正式开始。它会先询问你的年龄，但选项的呈现方式十分高明。对于同类问题，许多网站提供的都是下拉菜单，菜单里包含从2020年开始一直回溯到一个多世纪以前的所有年份，用户可能需要滚动浏览数十个年份后才能找到自己的出生年份。这种操作并不十分流畅。相比之下，苹果公司的应用程序只给出了3个选项，分别是"18岁以下"、"18—64岁"和"65岁及以上"，因为这3个选项已经足够了。接下来，页面上列出的是7个只需要回答"是"或"否"的简单问题。最后还有3个问题，回答完这3个问题后，你就可以得到应用程序给出的建议行动方案。这款应用程序取得了相当大的成功。在发布后的第一周里，它在保健类应用程序中排名第一，在所有应用程序中排名第四。[1]一款与它相似的应用程序，由伦敦国王学院、盖伊医院、圣托马斯医院和ZOE Global Limitied公司联合开发的"新冠肺炎症状追踪器"，成了英国排名第一的医疗应用程序，在英国和美国拥有超过260万的用户。该应用程序要求用户每天报告自己出现的新冠肺炎症状，可以帮助用户进一步了解哪些症状有助于新冠肺炎的诊断。[2]

这两款应用程序都提供了很好的对话平台。我只要回答一些非常简单的问题，就可以获得十分有用的信息，使用体验十分流畅。并且，美国疾病控制与预防中心表示，这两款应用程序提供的信息都是正确的。

何时领取养老金

几乎所有美国人到了一定年龄之后都必须面对一个体验并不流畅的决策，这个决策就是应该从什么时候开始领取社会保障金。事实证明，这个看似平常的决策是美国人随着年龄增长而面临的最重要的财务问题之一。为了解释这个决策难在哪里，我想以我最喜欢的舅舅和叔叔为例，将他们两人的情况做个对比。

在这里，我将称他们为唐舅舅和约翰叔叔。他们都不是富人。唐舅舅在一个大家庭里长大，单身的他善于交际。他的父母并不长寿，都是在75岁之前就去世了。约翰叔叔也是单身，但他性格更安静，甚至可以说是沉默寡言。和唐舅舅不同，约翰叔叔不是在大家庭里长大的，但他的亲人大多比较长寿。约翰叔叔的父母（我的祖父母）都活到了90多岁，而且一直都身体健康、头脑敏锐。虽然我希望我能像他们一样长寿，但我更喜欢和唐舅舅在一起，因为他会召集更有趣的聚会！

和其他所有即将满足社会保障金申领年龄要求的人一样，我的舅舅和叔叔也曾经面临同样的选择。他们最早可以在62岁生日当天申请领取社会保障金，这样他们每个月可以领到大约1 334美元。他们也可以再等一等，到年满70岁时再申请领取社会保障金，由于每晚申领一年，社会保障金的数额就会增长约8%，届时他们每个月就可以领到2 347美元。这个选择对许多美国人退休后的生活至关重要，但令人惊讶的是，他们往往会做出十分糟糕的决定。

我们假定，同美国的中等收入家庭一样，我的舅舅和叔叔的401(k)退休金账户里的钱不是很多，并且，他们没有其他类型的退休金账户。美国中等收入家庭的退休金账户里大约只有7.6万美元，而这7.6万美元要担负18年的退休生活开支，相当于每个月只有350美元可用。无论你生活在哪里，这笔钱都不算充裕。这意味着，无论是对我的舅舅和叔叔而言，还是对中等收入的美国家庭而言，社会保障金都十分重要。对大多数美国人来说，他们退休后的收入绝大部分都来自社会保障金，而他们自己的储蓄只是退休后收入中很小的一部分。

何时开始申领社会保障金对美国人退休后的经济状况有很大的影响。如果唐舅舅和约翰叔叔选择早申领，他们每年能领到的钱就会比较少——如果从62岁就开始领社会保障金，他们每年就只能领到约1.6万美元。但如果等到70岁再开始领社会保障金，他们每年就能领到大约2.8万美元。那么，他们应该多等一等吗？事实上，这个问题非常复杂，催生了许多相关的学术论文。

在决定早申领还是晚申领社会保障金时，唐舅舅和约翰叔叔或许都曾经访问过社会保障管理局的官方网站，但没有得到多少帮助。那个网站上有很多让他们感到奇怪和陌生的术语（如"超额收益"和"延迟退休积分"）以及与他们无关的信息。还有一个更奇怪的术语叫作"全额退休福利年龄"，这个年龄是美国政府根据历史情况确定的，本身并没有什么特别之处。它不是一个固定的年龄，而是由每个人的出生年份决定的。过了这个年龄再申领社会保障金，每晚一年申请，申请人领到的社会保障金就会增加8%。

有一个因素显然非常重要，那就是你的寿命将会有多长。你的寿命越长，你就越应该延迟申领社会保障金。如果你知道自己只能活到75岁，那么在62岁时申领社会保障金就是一个明智的选择，在去世前你一共能领到20.8万美元。如果你在70岁时才申领，你总共就只能领到14万美元。在62岁时申领比在70岁时申领能多领到近50%。虽然延迟申领每个月能领到的更多，但领取的时间变短了，只有5年。

大多数美国人都比较长寿。在活到85岁（这是一个合理的预期）的情况下，如果你从62岁开始领社会保障金，那么你总共将领到大约36.8万美元。但是，如果你等到70岁再开始领，你总共将会领到42万美元。别忘了，唐舅舅和约翰叔叔可以根据父母的寿命和自身的健康状况对自己的寿命做出一定的预测。因此，他们可能需要做出截然不同的选择。

预计将在未来10年内退休的3 100万美国人面临着类似的决策。[3]这个决策比以往任何时候都更加重要，原因有两个：一是由于提供企业养老金（正式名称为"固定收益计划"）的公司越来越少，企业养老金的重要性正在下降；二是美国人的寿命更长了。如今，美国人退休后平均还能再活19年，和20世纪50年代相比，这个时间延长了大约60%。[4]尽管早申领会导致领到的社会保障金总额减少，但许多美国人还是会这样做。大约一半的美国人都会在64岁之前申领社会保障金。

他们的决定是不是错的？他们的选择是否正确？这里说的"是

否正确",指的是"选择者是否选择了对自己最有利的选项"。而要界定什么是"对自己最有利的"并不容易,毕竟不同的人想要或需要的东西不同。你可能想建议所有人都延迟申领社会保障金,因为这样人们就能领到更多的钱。但这可能并不是一个好主意。

唐舅舅可能不会像约翰叔叔一样长寿,因此,对他来说,早申领社会保障金可能并不是一个错误的决定。如果他曾经使用寿命计算器(通过提问来估算寿命的在线程序)预测过自己的寿命,他可能会发现他的预期寿命只有75岁。按照这一预期,如果他62岁就开始领取社会保障金,那么他能领到的社会保障金总额将比他等到70岁再开始领取多6.8万美元。

但寿命并不是他要考虑的唯一因素。他没有结婚,所以不需要考虑伴侣的福利。而且,他并不喜欢自己的工作,一直都想辞职。当他将这些因素纳入考虑范围后,早申领社会保障金的决定就更合理了。综合考虑过后,唐舅舅可能会得出一个明智的结论,那就是延迟申领社会保障金不符合他的最佳利益。

相比之下,延迟申领社会保障金可能更符合约翰叔叔的利益。他可以先靠自己的退休储蓄和其他收入来维持生活,尽可能延迟申领社会保障金的时间。这相当于是在进行一项风险极低、回报率却高达8%的投资。

唐舅舅和约翰叔叔的例子说明,社会保障金的申领时间必须根据个人情况而定。要想做出正确的决策,必须综合考虑寿命等各种因素,而这些因素因人而异。对一些人(比如约翰叔叔)来说,62岁就申领社会保障金是一个错误的选择。如果对申领社会保障金的人没有更加深入的了解,我们就无法判断谁做出了错误的选择,谁做出了正确的选择。当我第一次了解到有许多人都选择早申领社会保障金时，我以为我能给出解决方案，那就是把默认申领年龄推迟，比如可以推迟到70岁。但唐舅舅和约翰叔叔的例子让我明白了一个简单的道理。推迟申领年龄对一些人来说可能是有利的，但这无疑也会损害其他一些人的利益。这个例子说明了选择架构为何必须将不同的情况考虑在内，类似的例子比比皆是。

找到适合的选项

唐舅舅和约翰叔叔的故事反映了本书的一个重要主题。选择架构的目标并不是让所有人都选择同一个特定的选项，比如在70岁时申领社会保障金，而是帮助人们选出最适合自己的选项。我们可以用一个简单的表格来说明这一点，如表4-1所示。表格的第一行是两个选项，一个是在62岁时申领社会保障金，一个是在70岁时申领社会保障金，下面两行则分别分析了这两个选项对于唐舅舅和约翰叔叔的适用情况。选择架构的目标是让他们每个人都做出最适合自己的决定，也就是让他们找到显示了正确选项的方格。

表4-1　关于社会保障金申领时间的正确决定和错误决定

	早申领（62岁申领）	晚申领（70岁申领）
预期寿命短（唐舅舅）	正确决定	错误决定
预期寿命长（约翰叔叔）	错误决定	正确决定

大多数决策都可以被绘制成类似的表格。表格中可能包含更多的选项，比如我们之前谈到的针对新冠肺炎的应用程序包含自我隔离和寻求治疗等多个选项。对每个人来说，都有一个相对更好的选

项，而这个应用程序的任务就是要让每个人都找到那个选项。

有时候，我们很容易找到正确选项。例如，我们可以想到，在退休储蓄的问题上，大多数美国人都必须在增加储蓄和减少储蓄之间做出选择。别忘了，我们之前提到过，中等收入的美国人在65岁时只有大约7.6万美元的退休储蓄。对大多数人来说，这笔钱是不够的。有64%的工人表示，他们的实际退休储蓄情况没有完成计划目标。因此，对大多数人来说，"增加储蓄"是正确的决定。早期很多选择架构都出现过这样的情况：大多数人都在决策中犯了同样的错误，所以很多人最后都做出了同样（错误）的选择。虽然让所有人都增加退休储蓄对一些人来说可能是一个有些错误的决定，但这对大多数人来说是有利的。对那些已经拥有足够退休储蓄的人来说，增加储蓄虽然不是理想的选择，但很可能不会带来什么坏处。之所以要推动所有人的决策朝着同一个方向倾斜，往往是因为这样做能够以很小的成本换来很大的收益，让大多数人选择同一个选项（比如选择增加储蓄）能够增进许多人的福祉。虽然有少数人会因此而储蓄过多，但这只是很小的代价。[5]

但在其他一些情况下，一刀切的干预措施可能弊大于利。行为科学家用"异质性"一词来描述不同的人拥有不同需求的事实。在优化社会保障金申领时间的决策时，我们固然可以尝试延迟所有人的申领年龄，但这会带来另一个问题。这样的做法或许能够帮到约翰叔叔，让他领到更多的社会保障金，但也可能会让唐舅舅错过本来正确的选择（早申领），做出错误的选择（晚申领）。如果唐舅舅只能活到75岁，那么这个错误的选择就会给他造成5万美元的损失。这是一个非常糟糕的选择，不要忘了，他只有大约7.6万美元的退休储蓄，而且在62—70岁的8年里，他是没有社会保障金的。[6]如果他退休后不再继续工作，还要等到70岁才开始领社会保障金，那么在70岁之前，他每个月的生活费将不足800美元。

人们对个性化帮助的需求说明，"助推"不应该被视为选择架构的同义词。"助推"经常被解读为一种让所有人的行为都朝着同一个方向改变的做法。但我们是可以让选择架构个性化的。理查德·塞勒和卡斯·桑斯坦将此称为"个性化助推"，即在不同的人身上应用不同的选择架构，从而鼓励每个人都做出正确的选择。在一些决策中，人们有着截然不同的偏好和需求，一刀切的选择架构会损害部分选择者的利益，唐舅舅和约翰叔叔关于何时开始申领社会保障金的决策就是一个例子。如果可以的话，我们应该采用更加个性化的设计，让每个人都能做出正确的选择。

重要决策上的错误选择

让我们将目光转回到唐舅舅和约翰叔叔身上。如果他们访问美国社会保障管理局的官网，将会看到这些内容：

谁能使用退休金估算器？

使用退休金估算器需要满足以下条件：

- 您已经拥有足够多的社会保障积分，有资格领取社会保障金，并且：
  - 您当前没有凭借自己的社会保障记录领取福利；
  - 您当前没有尚在等待回复的福利申请或老年人医疗保障申请；

· 您未满 62 岁，并且没有凭借他人的社会保障记录领取福利；

· 您没有资格领取社会保障未覆盖的职业养老金。

接下来，他们将会在"应用程序使用指南"中看到以下内容：

"下一页"和"上一页"按钮分别位于每一页的顶部和底部，点击相应按钮即可前往下一页或返回上一页。点击"下一页"按钮后，您进入的页面可能需要您填写信息。

您还可以点击页面顶部的标签，迅速切换至不同的内容板块。

重要注意事项：

不要使用键盘上的回车键或在下拉菜单中做出选择。

不要点击浏览器的"后退"按钮。

不要关闭浏览器或通过点击"×"按钮退出应用程序。

网站的访问体验并不流畅，对吗？访问者无法专注于自己正面临的决策本身，而是需要先理解"社会保障记录"和"社会保障积分"等术语的含义（并且需要点击超链接，进入另一个页面才能弄清楚"社会保障积分"的含义！）。访问者还需要记住不能使用浏览器的"后退"按钮和键盘上的回车键，而这些都是在其他网站上常常会用到的按钮和按键。显然，在访问社会保障管理局的官方网站时，访问者要考虑很多对决策而言无关紧要的事情。[7]

流畅性决定合理路径，但有一条合理路径我们还没有讨论过，那就是干脆不做决策。流畅性的缺失会增强人们避免决策或延迟决策的倾向。[8]也就是说，当决策过于困难时，人们有可能根本不做决策。提高决策的流畅性至少能够促使人们做出决策。

与退休相关的决策即使不是完全被避免，也常常被延迟，因为这些决策给人们带来了许多不必要的烦恼。虽然人们都知道退休生活终将到来，但他们不愿意面对退休规划。多项对新近退休的人进行的调查显示，约22%的人是在退休前一年真正开始考虑退休相关事宜的，还有22%的人在退休前6个月才开始考虑这方面的事情。[9]显然，有些决策，比如该为退休后的生活存多少钱，应该更早做出，并且，考虑到复利的因素，在离退休还有很多年时就开始储蓄才是最有效的。

为退休后的生活做规划是件难事。人们总觉得退休后的生活十分遥远，而且不愿意想象自己老去时的模样。当进行退休规划所必需的决策工具极其难以使用时，人们避免这个决策的倾向就会更加强烈。鉴于与退休后的生活相关的决策事关重大，这个问题应该得到解决。

衡量正确性的3种方法

在约翰叔叔和唐舅舅面临的决策中，正确性的含义相当明确：能够让他们过上舒适的退休生活的选择，就是正确的选择。但是，正确性的含义并不总是如此明确。如果我们认为在有生之年领到的社会保障金越多越好，那么我们就可以轻松判断出人们是否选错了申领社会保障金的年龄。但是，社会保障还有另一个好处，那就是只要你活着，就能一直领社会保障金，所以，社会保障是一种保险。即使你的实际寿命超过了预期寿命，你也仍然能领到社会保障金。[10]

选择架构师怎样才能判断出人们是否做出了错误的决策？我们怎样才能对两种选择架构的正确性做出比较？研究人员往往会根据优越性和一致性来进行判断，还会运用一种被我称为"决策模拟器"的方法。

简单来说，优越性是指一个选项在各个方面都优于（或者至少等同于）另一个选项。这是最简单的识别错误决策的方法。想象一下，你正在一个旅游网站上购买机票。你有两个航班可以选择：一个是直达航班，乘客不多，座位宽敞，机票的价格为450美元；另一个是中转航班，飞行时间更长，机票价格更贵，座位更拥挤，乘客也更多。在这种情况下，第一个航班是正确的选择，因为它在各个方面都优于第二个航班。第二个航班是错误的选择，因为它在各个方面都更糟。我们可以将第一个航班称为"优势选项"，将第二个航班称为"弱势选项"。

如果要对影响这一决策的选择架构进行测试，我们该怎样判断该选择架构是否帮助人们做出了最佳选择呢？假设网站上显示了10个航班。我们希望选择者能够选择优势选项，回避弱势选项。如果其中一个航班在各个方面都优于其他航班，那么不选择这个航班显然是个错误的决定。我们可以十分肯定地说，没选择该航班的人做出了错误的选择。如果选择者选择了优势选项，回避了弱势选项，就说明他的决策是正确的。这是一个很好的衡量决策正确性的标准。但是，正如你将在本书后面的章节中看到的那样，在现实生活中，确实会有人错过最佳的优势选项，而选择了最糟糕的弱势选项。此外，并非所有决策都有优势选项和弱势选项。对于这些决策，我们需要通过其他方式来判断其正确性。

识别错误决策的第二种方法是看决策的一致性。如果我们改变了选择架构，你的选择会发生变化吗？如果会，那就说明你至少有一个选择是错的。事实上，这恰恰说明了选择架构为何如此重要：如果用不同的方式呈现完全相同的信息会导致人们做出不同的选择，那就说明选择架构正在影响决策。但是，根据一致性进行判断存在一个问题，那就是我们不知道哪个选择是错误的。

让我们再次以选择航班为例。假设你在一个像亿客行（Expedia）这样的知名网站上选择了一个美国航空公司的航班。而在另一个网站上，比如在谷歌航班（Google Flights）上，你选择了一个美国联合航空公司的航班。假设这两个网站都提供了这两个航班的信息。两个航班各有优势，其中一个航班机票更贵，但飞行时间更短或座位更好。正是由于各有优势，这两个航班不可能同时成为你的最佳选择。在理想的情况下，你在两个网站上的选择应该是一致的，你会选择同一个航班。但是，你并没有这样选。为什么？一定是因为这两个网站使用了不同的选择架构。我们无法判断哪个航班是错误的选择，但可以确定你在决策中犯了错误，即使我们并不知道你错在哪里。显然，其中一个网站的选择架构将你引入了歧途。

在过去的40年里，证明不一致性的存在一直是决策研究的核心，也一直是行为经济学发展的重要推动力量。

在证明人的偏好存在不一致性的研究中，最早且最有影响力的一项研究涉及对赌博游戏的评估。假设你需要在两种赌博游戏中选择一种：

- 赌博游戏 A：有 75% 的概率会赢得 14 美元
- 赌博游戏 B：有 25% 的概率会赢得 41 美元

你会选择哪一种？如果你和大多数人一样，很可能会选择游戏A，毕竟这种玩法赢到钱的概率很高。

现在，想象一下，你走在街上，看到了保罗经营的赌场并走了进去。在现实的赌场中，有各种各样的赌博项目，比如说轮盘赌，你可以选择任何金额下注。但现在，在保罗的赌场里，你只能玩赌博游戏B。保罗问你愿意下多少赌注。你看了一下，开始在脑海中组合你的偏好。你觉得能赢得41美元着实不错，几乎没有考虑到你有75%的概率会一无所获。于是你说，你愿意下11美元的赌注。离开保罗经营的赌场后，你又走进了萨拉经营的赌场，在那里，你只能玩赌博游戏A。你看了看，萨拉问你愿意下多少赌注。你最多只能赢14美元，但你赢钱的概率很高，于是你说，你愿意下9美元的赌注。

你看到这当中的不一致了吗？起初，你更愿意选择游戏A，而不是游戏B。但是，在保罗的赌场里，你说你愿意为游戏B下11美元的赌注，而在萨拉的赌场里，你却只愿意为游戏A下9美元的赌注。这就意味着，与萨拉赌场里的游戏A相比，你更愿意玩保罗赌场里的游戏B。但是，当你需要在两者之间选其一时，你却说你更喜欢游戏A！在这两个赌博游戏中，必然有一个游戏是更好的选择，但你似乎并不知道是哪一个。

在这个例子中，我、保罗和萨拉让你表达偏好的方式就是我们为你构建的选择架构。我是让你做出选择，保罗和萨拉则是让你下赌注。你的偏好本来应该是一致的，但是，对大多数人来说，事实恰恰相反。[11]

这个例子来源于萨拉·利希滕斯坦和保罗·斯洛维奇的一项研究。同样的实验已经被重复了很多次，结果十分稳定。我也会将这个实验应用于课堂，因为我相信它总是能够成功。利希滕斯坦和斯洛维奇甚至在位于里诺的"四皇后"赌场里再现了他们的实验。这个实验的结果让经济学家们感到十分苦恼，因为毕竟，按照经济学的观点，无论是选择还是定价，人的偏好都应该是一致的。当然，选择架构本身就让经济学家感到相当苦恼，因为许多本应无关紧要的事物最终都会影响人们的选择。在检验与选择架构相关的理论时，这种不一致性发挥了重要作用，但在优化决策方面，它的作用就没有那么显著了。为什么呢？因为它只能说明我们的决策存在错误，却无法告诉我们正确的选择是什么。当我们不知道哪个选择是正确的时，就很难去优化选择架构。如果能够克服不一致性，识别出更优的选项，选择架构就能使人受益。

还有第三种可以识别错误决策的方法。在这里，我化用"飞行模拟器"一词，将这一方法称为"决策模拟器"。飞行模拟器是在设计驾驶舱时使用的。我们在第2章中谈到的飞机驾驶舱是数百个小时模拟飞行测试的产物，通过模拟测试，设计者才能确保操纵装置与显示器的设计和布局是合理的。像萨利机长这样的专业飞行员在获得实际驾驶空客A320飞机的资质之前，要先在空客A320飞机的飞行模拟器上进行很长时间的模拟飞行训练。飞行模拟器能够模拟飞机对飞行员操作决策的响应。通常，在模拟飞行训练中，飞行员需要完成指定的任务，比如驾驶空客A320飞机从希思罗机场的09R跑道起飞，或者驾驶赛斯纳"奖状"CJ4飞机在泰特伯勒机场的19号跑道着陆。错误的决策会造成严重的后果，比如坠机，但由于是在进行模拟飞行训练，飞行员的错误决策不会造成实际的损失。

就像飞行模拟器能够测试飞行员驾驶飞机从纽瓦克自由国际机场飞往得梅因国际机场的能力一样，决策模拟器能够测试你实现某个决策目标的能力。这个目标可以是买到最便宜的产品，可以是尽可能实现价格与品质之间的最佳平衡，也可以是找到最合适的选项。这就像是在给朋友买礼物，你不是在给自己买东西，而是要设法买到最能让你的朋友高兴的东西。

让我们试着用决策模拟器来对交友网站进行评估。假设你是某个交友网站的用户，而这个网站的设计者想要了解网站选择架构的效果。他们可能会请你想象一下你的理想约会对象，并在网站上选出最接近你理想条件的匹配对象。例如，你可能对约会对象的身高、外貌和性格有一定的要求。或许你的理想约会对象是一个喜欢极限运动、瑜伽和歌剧的高个子金发男人。那么，设计者的目标就是看你选择的条件匹配对象和这个理想约会对象之间的差距有多大。差距越小，选择架构的效果就越好。他们希望自己设计的选择架构能够帮助你找到尽可能接近你理想条件的约会对象。

为人们的决策设定目标似乎不太现实，但我们可以通过这种方式了解选择架构能否帮助你找到正确的选择。如果飞行模拟器显示，一种驾驶舱设计能够让飞行员驾驶飞机顺利着陆，而另一种驾驶舱设计会让飞行员感到困惑，甚至差点导致飞机坠毁，那么，我们就能肯定地说，第一种驾驶舱设计更好。同样，如果与其他选择架构相比，有一个选择架构能够帮助我们做出更好的选择，那么，我们就可以认为这个选择架构的设计更优秀。在对比不同的选择架构的效果时，决策模拟器尤为有用，因为它能让我们看到人们是否找到了自己想要的选择。以我们在第2章中提到的交友网站为例，网站的设计者需要确保网站的选择架构能够让埃丽卡和阿萨夫找到彼此。当然，在确定某个选择架构是最好的选择架构之前，我们还需要确定这个选择架构能够满足多个不同的目标。我们希望通过飞行模拟器找到一种既适合短途飞行，又适合长途飞行的驾驶舱设计，同样，我们也希望通过交友模拟器找到一种能够帮助目标不同的用户找到最佳约会对象的网站设计。[12]

决策模拟器有一个很好的应用实例，那就是经济学家塞德希尔·穆来纳森、马库斯·内特和安托瓦妮特·朔尔的研究。专门负责提供投资建议的理财顾问就是活生生的选择架构。这几位经济学家想要看看理财顾问究竟能为客户提供多大的帮助。于是，他们聘请演员扮演"神秘客户"，让这些"神秘客户"去拜访理财顾问。你可以把理财顾问想象成一个网站。理论上，他们应该通过对话识别出你的需求，并帮助你选择正确的投资方案。但是，他们真的能帮到投资者吗？[13]

经济学家们想要确保他们对理财顾问的评估不会受到客户类型的影响。因此，他们让演员扮演了不同类型的客户。例如，其中一名演员扮演的客户犯了一个典型的错误，他一直在投资前一年的热门股票。这样做的问题在于，虽然这些股票前一年的表现很好，得到了媒体的好评，但它们今年的表现往往比不上市场上股票的平均水平。这种行为甚至有一个专门的称谓，叫作"追逐回报"，而好的理财顾问会让客户停止这种行为。还有一名演员扮演的客户会买入低成本的共同基金，借此持有多只股票。从专业角度来看，这种投资方法其实是正确的。理财顾问或许会建议这位客户对自己的投资进行微调，但他们也应该让客户知道自己的投资方向是正确的。当代金融理论对大多数人在不同情况下应该如何投资已经有了相当明确的解释，这是非常有益的。

每名演员都造访了为较低财富阶层服务的不同银行、投资公司和独立理财顾问。在每一次沟通中，他们都会严格按照自己手中详细的剧本与理财顾问对话。

那么，这些对话进展如何呢？这么说吧，如果把这些对话比作模拟飞行训练，那么这些训练大多数都会以坠机收场。绝大多数理财顾问都会告诉那位优秀的投资者，她的投资方向是不对的；只有2.4%的理财顾问支持她的投资策略。相反，竟然有20%的理财顾问认同那位追逐回报的投资者错误的投资策略。

从投资者的角度来看，这些对话并没有让他们获得正确的投资建议。为了让客户向公司和投资顾问个人支付更高的费用，投资顾问们往往会提出更贵的投资方案。例如，扮演那位优秀投资者的演员被告知，她应该卖掉所有低成本的指数基金，并用60%以上的资金购买更贵的主动管理型基金。经济学家们认为，如果投资者听取了这些投资顾问的建议，将会为错误的投资付出高昂的代价，她每年向投资公司支付的费用将会增加500—1 000美元。

这一估算体现了决策模拟器真正的优势所在：你知道正确的选择是什么，所以你可以判断出选择架构造成了多大的错误。在我们刚刚提到的这个例子中，投资者和理财顾问的对话给投资者造成了巨大的损失。

做出符合最佳利益的选择

如果对话难以进行，我们往往会避免对话。然而，即使对话十分流畅，也并不意味着我们正在获得有用的信息。同样，选择架构不应该只关注决策的流畅性。我们可以让唐舅舅看到一个预先勾选了在70岁时申领社会保障金的页面，从而使让他的决策变得流畅，但是，这样做可能会导致他做出不正确的选择。

这再次说明，将丘吉尔对下议院建筑的评价与选择架构进行类比是十分恰当的：建筑师需要努力让建筑兼具美观性和实用性，而选择架构师必须努力让选择架构同时实现流畅性与正确性两个目标。美观性和实用性在最好的建筑中相辅相成：一座美观的建筑能够吸引人们前来参观使用，而一座实用的建筑能让人们在进入后轻松实现他们的目标。同样，最好的选择架构能够吸引决策者进行决策，同时也能引导决策者做出最符合他们利益的选择。

5

默认选项
成本与收益间的权衡

为什么没有更多的人成为器官捐献者呢？我对这个问题产生兴趣是在20年前，在曼哈顿乘地铁前往纽约长老会医院的路上。当时，我被诊断出霍奇金淋巴瘤晚期（四期）。现在，在经历了两次干细胞移植后，我已经康复了。

幸运的是，我可以做自己的干细胞捐献者。干细胞会发育为血液系统和免疫系统的细胞。在治疗霍奇金淋巴瘤的过程中，这些细胞非常重要。治疗开始后，药效极强的化疗药物会被注入患者的体内。如果幸运的话，这些药物能够杀死癌细胞。但同时，患者的骨髓和免疫系统也会受到损害。因此，在化疗开始前，医生会从患者身上提取干细胞。化疗结束后，这些干细胞会被重新注入患者体内，以形成新的免疫系统。在患者体内循环几天后，这些干细胞就会像一群归家的候鸟一样，回到脊髓的空洞中并形成脊髓。

在乘坐地铁前往医院进行干细胞采集的途中，我做了一件以前从未做过的事：和地铁上遇到的一个陌生人交谈了起来。那是一位年轻的女士，她打破了车厢内的沉默，问我（显然，她的社交习惯和我截然不同）："到纽约长老会医院是不是应该在第168街站下车？"我说是的，而且，由于我也要在那一站下车，便主动提议在下车后为她指路。

纽约长老会医院的建筑群十分庞大，走出地铁站后，我问她具体要去哪个地方。她说了自己要去的具体建筑和楼层。我知道，那里是专门做器官移植手术的地方。在交谈中，她告诉我，她打算捐肾给她的姐姐，现在正要去接受评估。

后来，在采集干细胞的过程中，我有很多时间可以进行思考。这个过程很长，在医生将骨髓采集导管插入我颈部的大静脉后，我需要静卧好几个小时。我的血液会流经一台很大的机器，干细胞会被分离出来。在血液流出又返回我体内的过程中，我只能盖着毯子躺在病床上，什么也做不了。而且我太紧张了，就连小睡一会儿都做不到。我想起了那位决定给姐姐捐肾的女士，她的慷慨之举意味着，她的姐姐将不必再长期接受频繁的透析治疗，并且寿命也有可能会延长。我想，这一定是一个人在一生中面临的最艰难的决定之一。人生来就有两个肾，这一定是有原因的。将其中一个肾捐出去是有风险的，即使是为了挽救亲人的生命，也需要极大的勇气。这是一个艰难的取舍：捐肾能给别人带来巨大的帮助，但捐献者要承受一场大手术带来的焦虑和不适，并且，捐肾之后，捐献者的健康状况可能会变差，甚至出现长期的后遗症。那么，捐献者是如何做出捐献器官的决定的？有哪些因素在影响着他们？

这让我想起了几个月前和几位学者的一次对话。在那次对话中，我了解到关于器官捐献的三个严酷事实。第一，每天大约有20个美国人因为没有匹配到器官而死亡；有10.7万人在等待器官移植。第二，大多数人（调查显示为85%的人）认为器官捐献是件好事，也认为人们应该捐献器官。但是，在调查中对器官捐献表示赞同是一回事，采取实际行动挽救生命是另一回事。只有不到28%的人表示愿意成为器官捐献者。这是令人惊讶的，因为成为器官捐献者非常简单。在大多数州，人们只需要在更新驾照时勾选一个方框就可以成为器官捐献者。[1]第三，在不同国家，器官捐献率大不相同。图5-1直观体现了这一点。一些国家的人十分谨慎。例如，只有大约4%的丹麦人同意在死后捐献器官。而慷慨的瑞典人则和丹麦人形成了鲜明的对比——近86%的瑞典人都同意成为器官捐献者。只有12%的德国人同意成为器官捐献者，而他们的近邻奥地利人却几乎全都同意捐献器官。

后来，在做完干细胞移植手术的康复过程中，我开始思考，为什么很多美国人不愿意成为器官捐献者？为什么看似十分相似的两

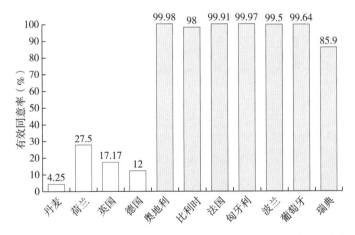

图5-1　各国公民登记成为器官捐献者的比例：低登记率国家（白色显示条）和高登记率国家（黑色显示条）的对比

资料来源：约翰逊和戈尔茨坦，2003年。

个国家的人，比如丹麦人和瑞典人、德国人和奥地利人，会做出如此不同的选择？像我在地铁上偶遇的那位女士一样成为活体器官捐献者确实需要很大的勇气，但同意在死后捐献器官似乎并不是一个多么艰难的决定，而且这样做还能给他人带来很大的帮助。

点点鼠标，救人一命

在接下来的几个月里，我有很多时间可以用来思考。接受移植手术后，我在无菌病房里住了几周。我住的病房的通风系统经过了专门的设计，病房内的空气只会向外流动，这样可以避免刚刚接受完器官移植的患者受到外部细菌的感染。利用这大量的空闲时间，我把我的疑问转变成了一个研究项目。在那段时间里，我构思了一系列研究，想要对上图中体现出的差异做出解释，并对提高器官捐献率有所助益。

不久之后，刚刚成为哥伦比亚大学博士后的丹·戈尔茨坦开始和我一起展开调查，让受访者写下他们在决定是否要成为器官捐献者时考虑的因素。鉴于成为活体器官捐献者需要很大的勇气，我们关注的是一个可能会有更多人愿意接受的决定，那就是在去世后捐献器官。受访者们给出的答案十分有趣，也充满了矛盾。比如，他们会关心"这会给器官接受者带来怎样的帮助？"或"这是否符合我的宗教信仰？"。还有受访者会因为想到了器官移植手术的画面而深感不安。当我们向受访者提出这个问题时，我们似乎是在让他们组合偏好，而对他们当中的大多数人来说，这是一件很不愉快的事。因为这会让他们想到自己的死亡，而他们更愿意回避这样的想象以及与此相关的决策。

这或许能够解释为什么人们会回避这一决策，但无法解释不同国家器官捐献率的巨大差异。造成这种差异的原因究竟是什么？不同国家的人对器官捐献的看法不同吗？为什么会不同？

我经常会提起这项研究，并展示上面的对比图。现在，这张图已经有了它自己的生命，成了社会科学领域最著名的图表之一。[2]每当我向人们展示这张图时，我都会请他们解释图中的差异出现的原因。大多数人都给出了自己的猜测。有些人认为，造成这种差异的原因是各国的宗教信仰不同，比如奥地利人比德国人更信奉天主教。有些人则猜测，这种差异之所以会出现，是因为不同国家的人对医学和科学持有不同的态度。还有些人认为，一些国家的人拥有更强的社区意识是这种差异存在的原因。

事实上，真正的原因非常简单。这种差异在很大程度上仅仅是由人们在不做选择时所面临的结果造成的，这种结果被称为"无行动时的默认选项"，简称"默认选项"。在位于图5-1左侧的那些国家，人们需要主动做出选择才能成为器官捐献者，而在位于图表右侧的那些国家，人们需要主动做出选择才能不成为器官捐献者。因此，如果不主动做出选择，你在德国会被默认为非器官捐献者，而在奥地利却会被默认为器官捐献者。

我和丹想要进一步理解这一现象。首先，我们邀请了一些美国人作为参与者，让他们在网页上完成选择，确定自己是否同意成为器官捐献者。这些参与者被分成了3组。第一组是"选择加入组"，他们被告知的选择情境是，他们刚刚来到一个新的州生活，在这个州，所有居民都被默认为非器官捐献者。如果他们想要成为器官捐献者，可以点击鼠标取消默认勾选。第二组是"选择退出组"，他们面对的是和第一组相同的选择情境，但是，他们看到的默认选项是默认同意成为器官捐献者。如果他们不想成为器官捐献者，可以点击鼠标取消默认勾选。第三组是必须主动做出选择的组，他们必须主动勾选一个选项，选择同意成为器官捐献者或者不同意成为器官捐献者，勾选完毕后才能进入下一个页面。这种没有默认选项的中立选择被称为"强制选择"。这种选择十分重要，因为它能让我们知道，人们在被迫做出选择时会怎么选。

默认选项产生了巨大的影响：当人们需要主动做出选择才能成为器官捐献者时，只有42%的人同意成为器官捐献者，但当人们需要主动做出选择才能不做器官捐献者时，82%的人都同意成为器官捐献者。最耐人寻味的是强制选择组的选择：79%的人表示他们同意成为器官捐献者，这个比例和"选择退出组"的同意比例几乎相同。两组唯一的区别在于，强制选择组的参与者必须主动勾选一个选项才能进入下一个页面。结果表明，在必须做出选择时，大多数参与者都会同意成为器官捐献者。但是，如果有默认选项，那么无论默认选项是什么，大多数参与者都会选择接受默认选项。

这一结果让人印象深刻，但现实情况如何呢？我们研究了多个国家10年来的器官捐献数据，其中大多数国家都是欧洲国家。利用统计技术，我们得以控制各国在不同方面的差异对数据产生的影响，这些差异包括进行器官移植手术的医疗设施质量、教育水平和宗教信仰等。研究结果显示了一些让人意想不到的关联性。例如，谁能想到罗马天主教徒更有可能同意成为捐献者呢？但最重要的是，我们发现，改变默认选项（即不主动做出选择时所产生的结果）似乎能够增加器官捐献者的数量。每位器官捐献者都能提供多个能够挽救他人生命的器官，比如心脏、肾脏和眼角膜等，因此，每位器官捐献者都能帮助到很多人。

器官捐献能够挽救生命，改善生存质量，不难理解为什么各国要投入大量的资金和精力来鼓励器官捐献。1998年，荷兰政府向1 200万个家庭寄出了鼓励人们成为器官捐献者的动员信，同时，还通过电视、广播和印刷媒体开展了大规模的宣传教育活动。如果看一下前面的图表中荷兰人同意成为器官捐献者的比例，你会觉得这些措施似乎产生了效果，但不明显。在采用加入机制的国家中，荷兰人同意成为器官捐献者的比例是最高的，但是，和默认选项的影响相比，荷兰政府所采取的措施产生的影响很小。例如，在采用退出机制的邻国比利时，98%的人都同意成为捐献者，而在荷兰，只有不到28%的人同意成为捐献者。

自那时起，已经有很多不同的研究人员利用不同的数据和模型对采用加入机制和采用退出机制的国家的器官捐献率进行比较。一些经济学家认为，[3]通过改用退出机制，国家能够从整体上"显著缓解"器官短缺问题，甚至能完全解决心脏等重要器官的短缺问题。还有一些经济学家估算，改用退出机制的国家的实际捐献者数量会增加25%—30%，并且，即使考虑到活体器官捐献的因素，肾移植和肝移植的总体数量也有所增加。[4]近期对多项相关研究的回顾表明，默认选项会影响人们是否同意捐献器官的决策。与"明确同意"机制（加入机制）相比，"推定同意"机制（选择退出机制）下的同意捐献率、捐献率和移植率都更高。但同时，人们是否同意捐献器官的决策还会受到其他一些重要因素的影响，我和丹·戈尔茨坦对此都表示赞同。[5]

自从20年前我在地铁上偶遇那位慷慨为姐姐捐肾的女士以来，已经有多个国家改变了它们的器官捐献政策。2004年，新加坡修订了法律，对大多数公民实行器官捐献退出机制，2009年，该国又进一步将退出机制的适用对象扩大至所有公民和永久居民。2005年、2010年和2015年，阿根廷、智利和威尔士先后修订法律，改用退出机制。2017年初，法国改为采用退出机制。从2020年起，英格兰、荷兰和加拿大的新斯科舍省也改变了器官捐献的默认选项。2021年，苏格兰也加入了转而采用退出机制的行列。[6]目前，爱尔兰和其他一些国家也正在为采用退出机制而努力。

尽管如此，我们也不应该只是简单地提倡改变默认选项，而不做其他努力。首先，很难确定捐献率的变化是不是由默认选项的改变所造成的。我和丹给我们的论文拟定的标题是《默认选项能够挽救生命吗？》，这是因为我们认为，出于多种原因，对于这个问题，我们还无法给出完全肯定的回答。当一个国家开始实行某项新政策时，媒体会对这项新政策进行大量的报道，政府往往也会做进一步的宣传。可以理解的是，到目前为止，还没有人能够完成一项实验，随机让每个人在加入机制或退出机制下做出选择，并观察捐献率由此产生的变化。

其次，成为器官捐献者的过程涉及许多步骤，除了改变自动勾选项，还可以采取很多有助于改善器官捐献现状的措施。改变默认选项确实能够增加登记在册的器官捐献者的数量，但这并不能保证他们会成为真正的器官捐献者。在潜在捐献者去世后，任何器官移植手术的进行都需要获得直系亲属的同意。当然，这可以成为选择架构的另一个用武之地。[7]西班牙在鼓励器官捐献方面尤为成功，从1989年到2014年，每100万西班牙人中器官捐献者的数量从14人增加到34人，增幅达到了143%。尽管西班牙通常被视为采用退出机制的国家，但其国内相关部门的负责人并不都认为这一机制是该国成功背后的关键。他们认为，西班牙成功的秘诀在于，重点确保逝者家属同意捐献逝者的器官，并且确保对潜在捐献者的准确识别。西班牙在这方面做得相当成功，只有16%的逝者家庭拒绝捐献逝者的器官。西班牙有受过专业训练的移植手术协调员，通常由医生担任，他们会向逝者家属提出捐献请求。许多医院都安排了专门的房间，供协调员和逝者家属沟通器官捐献事宜。这种"西班牙模式"已经先后被多个拉美国家、澳大利亚及意大利借鉴采用。[8]

与逝者家属沟通的方式也是一种选择架构。在征求逝者家属的意见时，协调员可以明确征求家属同意，也可以推定家属表示同意。推定家属表示同意会提高逝者家属表示同意的可能性。这种沟通方式假设逝者家属对器官捐献知之甚少，强调器官捐献对受捐者的好处，强调器官捐献或许能够挽救他人的生命。谢尔登·津克和斯泰西·韦特利布在《重症监护护士》杂志上撰文指出："通过强调器官捐献的好处，请求者可以将谈话的基调从不适和怀疑转变为同情和可能……让逝者家属把器官捐献理解为一次了不起的机会。"[9]在我看来，虽然这种方式有点像是在指挥逝者家属同意捐献，但它确实能够很好地帮助人们在困难时期完成偏好组合。

经常有人会问我，为什么美国到现在为止还没有认真考虑改变目前采用的加入机制？首先，作为一个采用加入机制的国家，美国目前的器官捐献率已经很高并且还在上升。[10]美国之所以能够取得这样的成功，部分原因或许在于改进了提出器官捐献请求的方式，运用了推定同意捐献的沟通方式。其次，美国是一个信奉个人选择权的国家。

从整体上看，不仅有90%的美国人对器官捐献表示赞同，还有55%的美国人支持采用退出机制。此外，近期的一项模拟分析表明，改变美国的加入机制即使不能完全满足器官捐献的需求，也能延长许多人的生命。[11]改变默认选项并不是唯一的解决方案，但它确实能够帮助我们减少由于捐献请求被拒绝而导致的死亡。当然，征求逝者家属同意时所采用的选择架构很有可能更为重要。

器官捐献的替代方案

对于器官捐献不足的原因，人们有很多不同的看法。芝加哥大学的加里·贝克尔和理查德·波斯纳等人认为，这个问题是由激励措施的缺乏所导致的。他们认为，器官对潜在捐献者来说是有价值的，对活体捐献者来说更是如此。以肾脏捐献为例，捐献者会觉得，他们应该得到补偿，因为他们要经历手术、在短期内面临手术并发症的风险，而从长期来看，他们要一直面临由于失去一个肾而带来的风险。因此，支持这一观点的人认为，应该建立一个合法的器官交易市场。如果没有补偿，就没有足够多的人愿意捐献出自己的器官，自然也就无法完成足够多的器官移植手术。禁止器官交易的一个后果就是黑市的出现，许多人在黑市上非法出售自己的肾脏，这些人往往来自那些最贫穷的国家。伊朗是唯一一个将器官交易合法化的国家。非法器官交易已经发展成为价值数十亿美元的产业，现在，一个肾脏的价格已经接近6.2万美元。[12]

支持为器官捐献提供激励的人们的依据在于，人们知道自己的器官的价值。虽然出于无私而捐献器官的人确实存在，但如果捐献器官能够得到补偿，就会有更多的人愿意成为捐献者。这一观点的支持者认为，即使是对遗体器官捐献而言，一定的补偿也能够提高捐献率，因为人们会希望在自己死后给家人留下一笔钱，如果自己的继承人得不到补偿,很多人可能就不愿意在死后捐献器官。而如果有足够多的补偿做激励,人们就会愿意参与器官交易。[13]

但是,如果经济学家们的观点是错的呢?如果我们不知道自己的心脏、肾脏或肺的价值呢?很多人都没有主动考虑过器官捐献问题,往往是在面临决策的那一刻才不得不组合偏好。例如,他们根本没有估算过自己的一个肾值多少钱。如果我不想考虑器官捐献问题,我可能会直接选择默认选项。但如果我不得不去考虑这个问题,比如我在填写驾照申请表时需要做出选择,我就必须当场做出一个合理的选择。我的决定可能会受到提问方式的影响。也许提高捐献率的关键并不在于为器官捐献提供金钱补偿,而在于帮助人们思考这个问题。

理查德·塞勒和卡斯·桑斯坦提出了一种叫作"促成选择"的方法,即在不会让人感到焦虑的环境中,比如在年度体检时,让人们做出选择,因为在这样的环境中,潜在捐献者能够更加认真地思考。我们有理由认为,这种做法比在更新驾照时要求人们在机动车管理局决定是否成为器官捐献者更好。[14]

以色列采取了一种不同的方式,那就是引导人们关注器官捐献的公平性,让人们思考这个问题:不愿意捐献器官的人有什么理由拥有接受器官捐献的资格?在以色列,愿意成为捐献者的人拥有优先接受器官捐献的资格。

虽然这些替代方案都很重要,但与改变默认选项相比,它们要么成本更高,要么需要投入更多的精力。如果要在医院里安排专业人员与逝者家属沟通,请求他们同意捐献逝者的器官,就需要对相关人员进行培训,需要资金的支持。如果让你的医生和你沟通器官捐献问题,就会占用他与你及其他患者进行其他重要交谈的时间。

合法器官交易市场的运行，以及买家和卖家的配型也需要支付手段和基础设施的支持。

精心设计的器官捐献选择架构的目标并不是最大限度地提高捐献率，而是像我们在第4章中讲到的那样，让人们做出正确的选择。如果退出机制能够产生这样的效果，那当然很好，但前提是每个选择者都做出正确的选择。现在，很多人的选择都是错的，他们愿意成为捐献者，但实际上没有选择成为捐献者。

如表5-1所示，美国卫生和公众服务部近期的一项调查显示，70%的人愿意成为捐献者，但只有50%的人登记了。这意味着我们呈现选项的方式导致20%的人做出了错误的选择。调查搜集的其他数据也证实了这一点。在没有登记成为捐献者的受访者中，有一半的人表示他们想要成为捐献者。这说明当前的选择架构是有问题的，许多愿意捐献器官的人没有成为捐献者。他们做出了错误的选择。更正确的选择架构应该能挽救更多的生命。表5-1还说明：在加入机制下，虽然不愿意捐献器官的人也有可能登记成为捐献者，但这种可能性非常小。谎称自己愿意成为器官捐献者的人应该只是极少数。

表5-1　默认选项导致的错误决策：默认选项错误造成的死亡人数

（在调查中表达的）捐献意愿	（器官移植系统中的）实际登记状态	
	捐献者	非捐献者
我愿意成为捐献者（70%）	正确选择（50%）	错误选择（20%）（需要器官移植的患者死亡，捐献意愿没有得到满足）
我不愿意成为捐献者（30%）	错误选择（接近0%？）（意愿没有得到满足，家人感到痛苦）	正确选择（30%）

每一个错误的选择都伴随着代价。如果我想要成为捐献者，但没有在去世后成为捐献者，代价就是我的愿望没有实现，有人因此失去了改善健康状况的机会，甚至失去了生命。但是，在退出机制下，我们可能会看到另一种错误的增多：我不想成为捐献者，却成了捐献者。这样一来，我的意愿没有得到满足，我的家人可能也会因此而感到极其痛苦。不同的默认选项伴随着不同的代价，我们要根据代价的大小和代价产生的概率来识别出正确的默认选项。

归根结底，哪个默认选项是正确的默认选项取决于你如何权衡表格中每种结果的利弊，取决于决策的成本。毕竟，选择默认选项能让你省去考虑如何处置自己遗体的麻烦。

作为一个接受过移植手术的人，我认为挽救器官移植等待名单上10.8万人的生命非常重要。我承认，其他人可能会认为，家人的感受和个人的选择自由更宝贵，但在我看来，如果我们能在采用退出机制的同时，让人们明确意识到他们拥有不做捐献者的权利，并让他们能够在得到尊重的情况下轻松完成相关手续，或许就能挽救更多的生命。在退出机制下，确定自己不愿意做捐献者的人要负责完成相关手续。

有人与我持有不同的观点，比如我的朋友塞勒和桑斯坦。他们认为，退出机制可能会降低人们的捐献意愿。其中一个原因在于，许多国家都无法轻松识别出那些不愿意捐献器官的人。但是，无论你如何看待这个重要的问题，我都希望它能为你提供一个评估默认选项的框架。我们讨论何为正确的默认选项，不是为了分辨谁对谁错，而是为了在各种成本和收益之间权衡取舍。我们应该能达成一个共识，那就是，任何既能让潜在捐献者做出正确的选择，又能尊重捐献者家属感受的选择架构，都是好的选择架构。

如果我们想让人们在这个生死攸关的问题上做出更正确的决策，就应该进一步了解设计者设置的默认选项是如何改变决策者的选择的，这十分重要。

默认选项发挥作用的3个渠道

研究表明，步行有很多益处，不仅能延年益寿，还能提高认知能力。但是，这些益处是如何产生的呢？我们无法给出一个简单的答案，因为步行的益处是通过多种方式产生的。步行之所以能够增进健康，是因为它对身体产生了不同方面的积极影响。用社会科学家的话来说，步行能够通过3个不同的渠道发挥作用。首先，步行能够锻炼腿部，增强腿部肌肉力量。其次，和其他运动一样，步行能够消耗热量，减轻体重。最后，步行还能增强心血管系统功能和心脏功能。步行非常有利于健康，因为它能够同时发挥以上3种积极作用。原则上，我们可以分别通过不同的方式获得上述3种健康效果。例如，你可以通过节食来减少热量的摄入，但是，你无法在节食的同时增强心血管和肌肉韧性。步行的优势就在于它能够同时通过3个不同的渠道发挥作用。

默认选项和步行很像，不是依靠单一渠道发挥作用，而是通过3个渠道发挥作用，每个渠道都能对选择产生影响。和步行一样，在3个渠道协同作用时，默认选项拥有最强大的力量。

默认选项发挥作用的其中一个渠道是显而易见的，那就是它让决策看起来更简单。就像快步走能够让你感到心率加快一样，默认选项能够让你觉得决策变简单了，因为你能够更快地做出选择。

但默认选项的力量不止于此。要理解默认选项，我们还需要了解它发挥作用的另外两个渠道：背书效应和禀赋效应。

我们之前在第 2 章和第 3 章中探讨过这两个渠道的作用原理。改变决策的容易程度会改变选择者采用的合理路径。默认选项可能会促使人们采用最简单的合理路径，那就是不做任何思考，直接选择默认选项。背书效应和禀赋效应会改变偏好的组合方式。一方面，默认选项的设定者是不是你信任的人会让你形成不同的组合偏好；另一方面，当你看到默认选项时，你是否觉得这个默认选项与你自己的想法有所契合，也会让你形成不同的组合偏好。默认选项发挥作用的 3 个渠道分别为：便利效应、背书效应和禀赋效应。让我们先来了解一下便利效应，看看在 iPhone 兴起之初，默认选项如何促进了一个网络巨星的诞生。

渠道一：便利效应

贾丝廷·艾萨瑞克在匹兹堡以南 40 英里的风景山长大，那是一个贫穷的小镇。她的母亲是一名家庭健康护理员，父亲是一名煤矿工人。贾丝廷从小就对计算机和技术怀有浓厚的兴趣。成年后，她搬到了匹兹堡，成了一名喜剧演员和平面设计师。

2007 年 8 月 11 日，星期六，一个默认选项让她在网络上名声大噪。那天，她收到了美国电话电报公司寄给她的账单，那是她开始使用刚上市不久的 iPhone 之后收到的第一份账单。由于那份账单十分不同寻常，她决定拍一段视频发到网上。

那份被装在一个盒子里寄给她的账单长达 300 页，而且每一页都是双面印刷，光是邮费就花了 7.10 美元。如此厚的一份账单记录了哪些重要信息呢？贾丝廷很喜欢发短信，账单里的绝大部分内容都是她的短信记录、网页搜索记录和通话记录。由于她购买的是无限量话费套餐，所以每条记录对应的话费金额都是"零美元"。美国电话电报公司和苹果公司竟然大费周章地把这些毫无意义的信息记录下来，这让她感到哭笑不得。她在一家咖啡馆里拍摄了一段视频。在视频中，伴随着iPhone第一首广告歌时尚明快的旋律，她快速翻阅了那份长达300页的账单。从此，一位优兔（YouTube）红人诞生了。几周之内，那个视频的播放量就超过了300万。网名为iJustine的贾丝廷成了网络上最受欢迎的生活视频博主之一，在优兔上拥有680万订阅者，她的视频播放总量接近5亿次。她客串出演了《法律与秩序：特殊受害者》《犯罪心理》和《吸血鬼日记》，还写了一本登上了《纽约时报》畅销书排行榜的回忆录。她并没有意识到，她在网络上的走红其实是源于美国电话电报公司某个经理或程序员在设计选择架构时所做的一个糟糕选择。

那份账单冗长得令人难忘，但贾丝廷会收到它并不是一个意外。当初，她可以选择不接收纸质账单，所以，从某种程度上来说，是她自己选择了收到那份厚厚的账单。但我怀疑，她事实上根本不知道自己曾经做过这样一个选择。当贾丝廷在网上激活新手机时，网站向她提供了3个与接收账单相关的选项：一是接收详细的纸质账单，这是默认选项；二是接收只显示总费用的汇总账单；三是接收电子账单。当时沉浸在使用新手机的兴奋中的贾丝廷根本没有仔细阅读或是考虑另外两个选项，而是直接接受了默认选项（想必当时换作任何人都会如此）。大多数iPhone新用户都"选择"了接收完整（且完全无用）的纸质账单。他们收到的账单不一定都有300页那么厚，但是，在iPhone上市后的第一个周末，有14.5万人激活了iPhone，他们大多都"选择"了接收冗长的纸质账单。[15]随之而来的大量冗长账单的印刷被《计算机世界》杂志列为"令技术界最无地自容的十大时刻"之一，吸引了全美媒体的广泛报道。[16]

美国电话电报公司的设计者做出了糟糕的设计决策，将错误的选项设为了默认选项。这个决策对客户很不友好，因为没有客户会想要一厚沓满是无用信息的废纸；这个决策对环境也很不友好，因为许多树木因此而无端"牺牲"；这个决策对美国电话电报公司本身更不友好，该公司不仅要为这个错误付出大量的金钱成本，还显得十分愚蠢。iPhone的上市被美国电话电报公司视为品牌重塑的重要机遇。为了成为iPhone的独家运营商，彰显自己的技术领军地位，美国电话电报公司付出了很多努力，但是，大量冗长且无用的纸质账单完全让该公司与其想要塑造的形象背道而驰。

在收到账单后的下一个周三，贾丝廷和所有选择了默认选项的客户都收到了美国电话电报公司发来的一条短信：

> 我们将简化您的纸质账单，不再列出收费细目。如需查看收费细目，请前往 att.com/mywireless。如您仍想接收完整的纸质账单，请致电 611。

同时，美国电话电报公司开始将完整纸质账单的寄送列为收费服务，日后，如果有客户想要接收贾丝廷当初因为选择了默认选项而免费收到的那种纸质账单，需要支付1.99美元的费用。

默认选项发挥作用的方式之一是为选择者提供一条更简单的合理路径。在这个例子中，默认选项提供的合理路径看上去更流畅，所需要的决策时间也更短。和贾丝廷一样，我也在那个周末购买了

iPhone，并且也选择了那条几乎毫不费力的合理路径。我们都没有阅读美国电话电报公司连篇累牍的账单条款，而是直接点击了网页上写着"接受并继续"的按钮。我们都没有意识到，这样做意味着我们同意在当月收到满满一箱的纸质账单。我们会选择这条合理路径，是基于自己最初对其流畅性的判断，即对决策容易程度的主观判断。

如果决策涉及的风险较小，根据流畅性来选择合理路径是可行的，但流畅的决策并不一定是正确的。流畅的决策并不一定能让你得到自己想要的结果。如果设计者用意不良，这种情况就更容易发生。

2015年，美国联邦贸易委员会指控美国直播电视公司滥用默认选项。注册成为该公司的用户后，你可以在3个月内免费收看美国家庭电影台和娱乐时间电视网等付费频道的节目。但联邦贸易委员会称，该公司设置了一个隐藏的默认选项：如果你没有在3个月内主动取消这些付费频道的订购服务，3个月后就需要为这些频道付费。在之前讨论器官捐献决策时，我们将这种做法称为"推定同意"，而律师们则将这种退出机制称为"消极选择"。在最初接受这种免费试用服务的同时，用户接受了一个默认选项，一个可能会让他们在3个月后付出昂贵收视费用的默认选项。尽管这一指控只是联邦贸易委员会发起的一场复杂诉讼中的一部分，并且联邦贸易委员会最终撤销了诉讼，但它后来还是制定了针对此类问题的制约规则。

用意不良的选择架构师可能会利用流畅性来构建黑暗模式的选择架构，某个提供发薪日贷款的公司的网站设计就是一个典型的案例。在填写完申请贷款所需的各种信息后，用户会进入一个显示着优惠选项的页面（如图5-2所示）。如果只是快速浏览这个页面，你很容易注意到页面下方有一个十分显眼的按钮，上面写着"为我匹配发薪日贷款机构！"。按钮上方有4个优惠选项。仔细看第一个优惠选项，你会发现系统已经默认选择了"拒绝"，但是，默认

获取贷款前，先来看看下面的限时优惠！

提高你的信用评分

○接受 ◉拒绝

我希望C Credit修正我的信用报告。

我接受此协议，授权AcademyCredit使用我此前提供的信息。我特此授权AcademyCredit从我的银行账户中扣除97美元，用于开卡并创建一份信用报告。AcademyCredit将在每月收取49.95美元的基础上继续为我提供服务，直至我取消服务。我同意，在我支付初始费用后，AcademyCredit将获取我的信用报告，并对其中不准确、有错误、时间过久及无法验证的内容提出异议。同时，我确认我已经阅读披露声明和取消服务须知，且自愿提供我的数字签名和有限授权委托书以允许Credit完成信用报告审查和验证服务。

领取一张2 500美元的维萨卡

◉接受○ 拒绝

人人都有资格领取一张2 500美元的维萨®预付费借记卡——无须信用审查。

只有使用EverPrivate的维萨®预付费借记卡进行网络购物，才能确保你的信息完全不被泄露。将现金存入卡中即可匿名购物。无须信用审查，无须关联个人信用信息，也不会向您邮寄账单。即申即领！如果您想保护自己的隐私，这就是您的完美选择。选择"接受"即可收到维萨®预付费借记卡，终身免费使用EverPrivate 卡提供的隐私保护工具。您特此授权EverPrivate 卡从您的银行账户中扣除一次性注册费54.95美元。阅读条款和隐私信息。

免费领取一台彩色打印机
○接受◉拒绝

您想要一台附赠无线键盘和无线鼠标的新电脑，还是一台全新的iPod？

"我的电脑俱乐部"能够让会员在购买优质电脑的同时重建良好信用。快来领取为期21天的免费试用权限吧。如果您想要继续维持会员身份，在免费试用期结束后，89美元的年度会员费将会被自动记入您的账户，分两个月扣清（每月扣除44.5美元）。点击这里查看相关条款。

领取现金，购买新车
○接受◉拒绝

我想要一份免费的汽车贷款报价。

无论您需要二手车还是新车，都可以无条件地迅速获取一份免费的汽车贷款报价。零信用门槛。点击下方按钮即表示您同意CarsBlvd的隐私政策和相关条款，且您授权我们的贷款合作伙伴对您进行信用审查，以确定您可以申请哪些贷款。

为我匹配发薪日贷款机构！

图 5-2 带有欺骗性的默认选项

注：只有右上方方框预选的是"接受"选项。

选择的那个圆点实在是太小了，很难被注意到。直接点击页面底部那个十分显眼的按钮是一条非常流畅的合理路径，但几乎没有人意识到，直接点击那个按钮意味着自己接受了页面右上方方框中用阅读起来非常吃力的小字说明的那项服务，因为"接受"已经被设为了默认选项。虽然那一项的标题写着"领取一张2 500美元的维萨卡"，但实际上，你同意开通的是一张初始余额为零但开卡费高达54.95美元的预付费借记卡。（2 500美元指的是用户能够向该卡转账的最高金额！）图5-2来自联邦贸易委员会向法院提交的文件。联邦贸易委员会最终赢得了对该公司的诉讼，该公司向因为采用了流畅的合理路径而选择了默认选项的消费者返还了190万美元。但不幸的是，这个结果并没有看上去的那么好，因为这190万美元要分给11万名消费者，平均每个消费者收到的金额还不到15美元。

如果一条合理路径足够流畅，那么即使没有任何选项被预先勾选，这条路径也能像默认选项一样发挥作用。我们在第1章中提到的出租车读卡器上的小费费率选项设计就体现了这一点。但是，用意不良的设计者也可以利用这一点构建黑暗模式的选择架构，让某个选项比其他选项更容易被注意到。

这种类似默认选项的设计在网络上随处可见。当我想要退订垃圾邮件时，我往往需要进入一个新的页面，在那个页面上，退订按钮既小又难找，但我很容易就能注意到一个询问我是否想要减少邮件接收量的大按钮。我近期还遇到过这样的退订设计，即将法律要求必须提供的退订按钮设为深灰色，并将这个按钮置入黑色的背景图里。联邦《反垃圾邮件法》要求，广告邮件必须提供退订选项。该法案中提到"创造性地调整字体的大小、颜色和位置可以提高清晰度"。但不幸的是，许多商家将这种创造性用在了相反的方向上。

这些都不是默认选项。设计者并没有预先替选择者选择某个选项。用意不良的设计者是在借助便利效应实现他们的意图。通过调整文字的颜色和大小，设计者可以引导选择者点击某个按钮，也能让退订链接难以被发现。这些设计都属于刻意利用便利效应误导选择者的黑暗模式设计。

在不同的决策中，接受默认选项产生的后果的严重程度各不相同。但即使决策涉及极高的风险，默认选项的变更也仍然可能产生巨大的影响，尤其是在变更十分容易实现的时候。人们面临的最重要的理财决策之一就是决定该为退休后的生活存多少钱。2006年，美国国会通过了一项法律，允许雇主更改退休储蓄比例的默认选项。在此之前，员工必须主动做出选择才能加入企业的退休储蓄计划。也就是说，在默认情况下，员工并不会将一部分工资用于储蓄。

尽管不储蓄会严重影响退休后的生活水平，但许多人还是会选择不储蓄。国会通过这项法律后，许多雇主将员工退休计划中的默认储蓄比例从以前的0改成了工资数额的3%。此外，许多雇主还将"在每年年底提高储蓄比例"设为了默认选项。这大大改变了人们的行为。据估计，在2011年，这些默认选项的更改带来了超过70亿美元的储蓄增长。[17]默认选项的一个小更改导致了储蓄的大幅增加。为什么会这样？如前所述，对我们大多数人来说，与退休储蓄相关的决策不仅无趣，决策过程也不流畅。因此，尽管这个决策从长期来看会给我们带来数万美元的收益或损失，但我们还是不愿意花上大约一个小时的时间来做这个既困难又不愉悦的决策。

默认选项的力量部分来源于便利性在决策过程中发挥的重大作用。有时候，决策会让我们感到十分痛苦，决定是否要成为器官捐献者就是一个例子。谁会愿意去思考自己去世后器官的去向呢？如果要在"想象自己的死亡"和"干脆不做决定"之间做选择，你可能会选择后者。这样的决策对人们来说似乎太过困难了。

但是，便利效应并不是默认选项发挥作用的唯一渠道。为了更好地理解这一点，我们需要谈谈另一个热门话题：汽车保险。

渠道二：背书效应

如果把选择架构视作对话，那么我们可能需要考虑设计者的意图，尤其是他们设置默认选项时的意图。设计者可能会将他们认为最符合大多数人利益的选项设为默认选项。但用意不良的设计者也可能会根据自己的最佳利益设置默认选项，我们前面提到的直播电视公司就是一个例子。

如前所述，在1993年，宾夕法尼亚州和新泽西州允许保险公司销售两类不同的汽车保险。一类价格较高，不仅报销医疗费用，还覆盖了对交通事故造成的疼痛和创伤的赔偿，另一类价格较低，只报销医疗费用。两类汽车保险的保费差距并不小。当时我正住在宾夕法尼亚州，两类汽车保险每年的保费差额有300多美元。[18]

当时，我和杰奎琳·梅萨罗斯、霍华德·昆路德及杰克·赫尔希一起，开展了一项关于默认选项的研究，那也是最早关注默认选项的研究之一。[19]我们请参与者在两种车险之间做出选择，不同参与者看到的选项的唯一差别在于默认选项的不同。我们想让真正买过车险的人参与实验，所以我们是在医院的餐厅里而不是在宾夕法尼亚大学的校园里寻找参与者。一半参与者看到的默认选项是价格更贵的全覆盖车险，他们可以主动改选价格更便宜但保障范围较为

决策

有限的车险；而另一半参与者看到的默认选项是价格更便宜的车险。默认选项的不同导致了参与者最终选择的巨大差异。当全覆盖车险被设为默认选项时，尽管该车险价格更贵，还是有53%的参与者选择了它。但是，当另一种车险被设为默认选项时，只有23%的参与者选择了全覆盖车险。

我们想知道，在现实生活中，默认选项是否也会产生这种影响。幸运的是，虽然宾夕法尼亚州和新泽西州都允许保险公司提供这两类车险，但两州之间存在一个重要的差异，那就是默认选项不同。在宾夕法尼亚州，全覆盖车险被设为了默认选项；而在新泽西州，更便宜的车险被设为了默认选项。这与我们在实验中的设置是一样的，但这一次，人们是在做真实的决策，是真的在花钱买保险。事实证明，在现实决策中，默认选项产生的影响更大。只有20%的新泽西人选择了全覆盖车险，而有75%的宾夕法尼亚人选择了全覆盖车险。10年后，我和我的同事丹·戈尔茨坦估算，由于更贵的全覆盖车险被设置为了默认选项，宾夕法尼亚州的车险销售额增加了超过20亿美元。显然，人们受到了便利性的影响。如果要改选其他选项，你必须阅读、填写并邮寄一份满是（难以理解的）保险术语的表格。而在和实验参与者交谈的过程中，我们发现，人们选择默认选项可能还有另一个原因，那就是他们认为州政府已经替他们把最好的选项设为了默认选项。换句话说，他们认为默认选项拥有州保险监管部门的"背书"。

当人们认为设计者在有意无意地为默认选项背书时，默认选项就能影响人们的选择。人们在做决定时，会考虑到默认选项所体现的权威背书，而不会独立思考哪个选项才是适合自己的。[20]人们会将默认选项视为一种建议，视为选择架构师认为他们应该选择的选项。由此，接受建议便成了合理路径——当选择者看到默认选项时，他们可能会断定，设计者替自己预先选择了他们眼中的最佳选项。当选择者看到一条流畅的合理路径时，也会产生同样的想法。

当德国铁路股份公司（德国国有铁路公司）更改关于是否预订座位的默认选项时，人们可能也产生了类似的想法。和大多数铁路公司一样，德国铁路股份公司的火车票只能作为乘车凭证，但不能保证乘客具体会坐哪个座位。如果想要预先确定座位，乘客需要在购票时额外支付2欧元。后来，德国铁路股份公司对购票界面做了调整，把"预订座位"变成了默认选项，如果不想预订座位，乘客可以主动取消勾选。在调整前，只有9%的乘客选择预订座位。而在调整后，有47%的乘客选择了预订座位。据估算，此举使该公司的年收入增加了4 000万欧元。我们从德国铁路股份公司得知，他们对乘客进行的调查显示，新的默认选项提升了乘客的满意度，许多乘客认为，铁路公司做出这样的更改是为了确保乘客能够拥有更加舒适的乘车体验。

再举最后一个例子。还记得大多数公司都将退休储蓄的默认比例设成了工资的3%吗？许多人都认为，这说明3%是公司认为合适的比例，然而，实际情况是，对大多数人来说，这个比例太低了。在这个例子里，背书效应产生了消极的影响。

背书效应的产生条件不同于便利效应。人们是否认为选项拥有背书，取决于默认选项的设定者是谁。如果默认的车险是由保险公司设定的，人们可能会有不同的反应。对保险公司的动机持怀疑态度的人可能会更仔细地阅读相关保险信息。人们信任德国铁路股份公司，所以该公司设定的默认选项能够产生背书效应。而如果一家航空公司不像德国铁路股份公司那样受到信任，它所设定的默认选项可能不会产生同样的效果。如果选择者信任默认选项的设定者，那么他们很可能会受到背书效应的影响，不再考虑其他选项；但是，如果选择者对默认选项的设定者持怀疑态度，可能会更仔细地考虑他们的选择。

渠道三：禀赋效应

发电是美国的第二大温室气体来源。美国1/4以上的二氧化碳排放是在发电过程中产生的。人们可以通过利用可再生能源发电及使用节能产品来减少二氧化碳的排放。但人们往往只是把节能挂在嘴边，并没有落实到行动上。例如，在英国，只有3%的消费者使用的是可再生能源电力。但大多数国家的大多数人都表示，即使价格稍高，他们也愿意使用可再生能源电力。对于绿色能源的使用，人们的意愿和行为之间似乎存在着巨大的差距。但事实证明，当可再生能源被设为默认选项时，人们会选择并持续使用绿色能源。[21]

埃贝林和洛茨针对德国电力消费者进行的实地研究就是一个很好的例子。他们将4.1万余名购电者分为两组，让他们分别到两个网站购电。这两个网站唯一的区别在于：其中一个网站默认的电力供应商收费较高，但供应100%可持续能源电力；而另一个网站默认的电力供应商收费较低，但供应非可持续能源电力（在电力行业，这种供应商被称为"灰色电力"供应商）。人们在这两个网站上做出的决策是真实的决策，他们会付出真实的购电成本。事实证明，默认选项对他们的决策造成了很大的影响。在默认电力供应商为绿色电力供应商的网站，69.1%的购电者选择了绿色电力供应商；而在默认电力供应商是灰色电力供应商的网站，只有7.2%的购电者选择了绿色电力供应商。为了确保人们没有误选默认选项，埃贝林和洛茨还在研究中证明了，85%以上的购电者都清楚自己选择的是哪类电力供应商。这样看来，他们并没有"被骗"选择默认选项。[22]

购电者对电力供应商的选择具有持久性。几乎所有人日后都会继续按照同样的选择购电，即使他们的初次选择受到了默认选项的巨大影响。并且，人们似乎很满意自己的选择。

这个结论可靠吗？露西娅·赖施和卡斯·桑斯坦在全球范围内进行了一项调查，以了解人们是否支持将绿色能源设为默认选项。他们发现，在全球各国，大多数人都支持将绿色能源设为默认选项，支持率在50%—75%。在美国，就连大部分共和党人都支持将绿色能源设为默认选项。

在这个例子中，默认选项是如何发挥作用的？便利效应在这里发挥的作用有限，因为你只需要点击网站上的一个按钮就能改变选择，而且各类电力的价格都是清晰呈现在网页上的。背书效应或许发挥了作用，但每个购电者都信任他们的电力供应商吗？在这个例子中，默认选项是通过第三种渠道发挥作用的，与选择者在选择电力供应商时的偏好组合方式有关。

我们之前对组合偏好、抑制效应和查询理论进行探讨时曾经提到，对于"你认为自己能活到多少岁"和"你认为自己会在多大年纪去世"这两个问题，人们会给出不同的回答。这是因为不同的提问方式让他们产生了不同的联想。当被问及"你认为自己能活到多少岁"时，人们首先会想到那些让他们觉得自己能够长寿的积极因素，然后才会想到他们可能不会长寿的原因。由于和长寿相关的积极因素抑制了消极因素，被问及"你认为自己能活到多少岁"的人对自己寿命的预期，比那些被问及"你认为自己会在多大年纪去世"的人对自己寿命的预期要长。

默认选项发挥作用的方式与此相似。人们会首先考虑默认选项，而这会抑制他们对第二个选项的思考。当绿色的可持续能源被设为默认选项时，人们会首先想到选择绿色能源的理由，这时，选择灰色电力的理由就受到了抑制。人们会首先想到源自风力涡轮机和太阳能电池的电力，想到青少年气候活动家以及子孙后代的未来，这时，灰色电力的成本优势就遭到了抑制。人们还可能会想到核电和煤电的缺点。而当人们再去思考自己为什么要选择灰色电力时，他们可能连灰色电力最大的优势——低成本优势——都想不起来了。相反，如果灰色电力被设为默认选项，那么人们可能会首先想到绿色能源更高的价格，想到自己紧张的预算，想到自己有哪些更需要用钱的地方。结果，他们就很难再想起绿色能源的种种好处了，风力涡轮机可能根本不会出现在他们的脑海里。

我和艾萨克·迪纳、丹·戈尔茨坦及刘开亚一起在一项研究中证明了这一点。在研究中，我们要求参与者在普通的白炽灯泡和更为节能的一体式荧光灯之间做出选择。这两种灯泡各有千秋。白炽灯泡价格更便宜，但使用成本更高。由于发光效率比一体式荧光灯低，白炽灯泡在使用过程中耗电量更大，使用成本更高，而且使用寿命更短，更换更频繁。相比之下，一体式荧光灯虽然长期使用成本更低，但也有很多不足。比如，早期的一体式荧光灯外观不好看，发出来的光是冷光。我们设置了让便利效应和背书效应无法发挥作用的研究情境，并询问参与者，当默认选项发生变化时，他们对这两种灯泡的看法是否会有所不同。[23] 参与者被告知，他们雇了一名承包商对房屋进行翻新，承包商请他们在两种灯泡之间做出选择，而其中一种灯泡被设为了默认选项。我们明确表示，无论他们选择哪种灯泡，承包商都不会有任何意见，并且非常愿意为他们更换灯泡。部分参与者看到的是下面这样的说明：

你信任的承包商刚刚完成了对你的房子的翻新，并在你的房子里安装了一些新灯泡。他说，工人们为你安装了 6 个全新的一体式荧光灯，总价为 18 美元，但他很愿意在明天过来时帮你把这些灯泡换成白炽灯泡，这将为你节省 12 美元。

其他参与者面临着同样的选择，但默认选项变了：

你信任的承包商刚刚完成了对你的房子的翻新，并在你的房子里安装了一些新灯泡。他说，工人们为你安装了 6 个全新的白炽灯泡，总价为 6 美元，但他很愿意在明天过来时帮你把这些灯泡换成一体式荧光灯，只是你需要多付 12 美元。

在两种情境中，选择者面对的都是同样的选项，都需要采取行动，决定是否要让承包商更换已经安装好的灯泡。那么，在不同的情境中，他们的选择会保持一致吗？尽管选项是相同的，但在将一体式荧光灯设为默认选项的情境中，有44%的参与者选择了一体式荧光灯，而在将普通白炽灯泡设为默认选项的情境中，只有22%的参与者选择了一体式荧光灯，从比例上来看，前者是后者的两倍。两种情境只是默认选项不同而已。在这两种情境中，选择者要更改选择是很容易的，并且选择架构师对选项没有偏好，所以我们相当确定，默认选项的巨大影响既不是来自便利效应，也不是来自背书效应。

我们询问参与者在决策过程中想到了什么。我们发现，面对不同的默认选项，他们产生了不同的联想。这是符合查询理论的。当一体式荧光灯被设为默认选项时，人们更多想到的是，一体式荧光灯能为他们节省电费，而且使用寿命也比白炽灯泡要长。而当白炽灯泡被设为默认选项时，人们更多想到的是一体式荧光灯更贵的价格、它们发出的冷光以及难看的外观。不同的联想预示了人们不同的选择，并解释了在这项研究中，默认选项是如何改变人们的选择的。[24]

很多人认为，默认选项是改变人类环境行为的重要因素。[25]例如，在罗格斯大学的一项研究中，研究人员将打印设置里的一个默认选项从单面打印改成了双面打印，打印纸的使用量由此减少了44%，相当于每年节约了5 500万张纸。[26]

在行为经济学中，有一个关于禀赋效应的著名实验，这个实验同样涉及偏好组合方式的改变。每个学期，我都会在第一堂行为经济学课上做这个实验。我觉得自己就像一个魔术师，因为这个实验从来没有失败过，实验的结果总能让学生感到不可思议。

实验的内容是这样的：你走进一个房间，随机给房间里一半的人每人一个杯子，并明确表示你的选择是完全随机的。既然你是在随机发杯子，那么平均来看，有杯子的人和没有杯子的人对杯子的估价应该是相同的。

但接下来，不可思议的事情发生了。你问那些没有杯子的人愿意花多少钱买一个杯子，再问那些有杯子的人愿意以什么样的价格卖掉自己的杯子。因为杯子是随机分配的，所以两组人对杯子的平均估价应该非常接近。

但实际情况并非如此。有杯子的人对杯子的平均估价是没有杯子的人的两倍。拿到了杯子的人对这个实际价值为7美元的杯子的估价是10美元，而那些没有拿到杯子的人认为这个杯子只值5美元。这就是禀赋效应的体现：某件物品的拥有者对物品价值的评价会更高。两位诺贝尔奖得主丹尼尔·卡尼曼和理查德·塞勒在与杰克·尼奇合作完成的论文中对此进行了说明。

有杯子的人和没有杯子的人对杯子估价的不同是源于偏好组合方式的不同。我们不知道这个杯子到底值多少钱，所以我们必须组合偏好，估算它的价格。我和格拉尔德·海布尔及阿纳特·基嫩一起重做了这个经典实验，但这一次，我们要求参与者通过打字的方式将他们脑海中自然出现的想法录入电脑。拿到杯子的人首先想到的是杯子的种种优点，后来才想到他们可以将杯子卖掉，用赚来的钱做点什么。相比之下，那些没有拿到杯子的人首先想到的是买杯子的钱还能用在什么地方。例如，一个没有拿到杯子的人是在上午11点半参与实验的，他告诉我们，自己可以用这笔钱买一顿午餐。晚些时候，那些没有拿到杯子的人才会关注杯子本身的特点，但在抑制效应的作用下，这种关注持续的时间并不长。

我和格拉尔德及阿纳特认为，人们对杯子估价的差异是由偏好构建的差异导致的。我们根据参与者输入的正面联想和负面联想的数量，预测了他们对杯子的估价。我们发现，每条正面联想会使参与者对杯子的估价提高37美分。并且，当我们让参与者改变思考顺序，先去想他们通常后想到的事情时，禀赋效应就消失了。例如，对于拿到杯子的参与者，当我们让他们先输入他们会把卖杯子赚来的钱用在什么地方，再列出他们能用杯子做什么时，禀赋效应消失了，他们对杯子的估价也降低了。[27]

默认选项总能发挥作用吗

默认选项看上去就像一个"三重威胁"，它能够通过便利效应、背书效应和禀赋效应发挥作用。在我们看到的一些例子中，默认选项产生了巨大的影响，提高了器官捐献率，还扩大了绿色电力的消费群体。这就引出了一个重要的问题：默认选项总是能够发挥这么大的作用吗？

我们之所以要问这个问题，有两个原因。首先，让设计者更改默认选项并不总是一件容易的事。不止一次，在请设计者更改默认选项时，我得到的答复都是"我们一直都是这样做的。为什么要改？"。默认选项的更改可能需要经过层层审批，设计者不得不付出大量政治成本，并且，他们想要确保自己投入的资金、时间和精力能够得到回报。设计者需要了解默认选项的更改到底会让人们的行为发生多大变化。更改默认选项后，选择新默认选项的人数是会翻倍，还是只会增加1%或2%？

其次，我们在第1章中谈到了再现性的重要性。要想确定某种效应是否真实存在，我们需要观察大量研究，看这种效应是否能够再现。人们总是会谈到成功的研究，这是很自然的，但成功的研究有时可能只是出于偶然。

幸运的是，自从20世纪90年代我们开始研究默认选项以来，已经出现了很多关于默认选项的研究，也产生了很多总结这些研究的新方法。为了了解默认选项在不同情况下产生的影响，我和乔恩·亚希莫维奇（现任教于哈佛大学）、香农·邓肯（正在沃顿商学院读研究生）以及埃尔克·韦伯（我的妻子，现任教于普林斯顿大学）一起，汇总了所有关于默认选项的研究成果，其中既包括已经发表的研究成果，也包括未发表的研究成果。

我们对这些研究展开了元分析。作为一种统计工具，元分析能够对某个主题的研究成果进行总结。它常被用于医学研究，以让医生们能够迅速概括了解数十项乃至数百项研究的成果。透过元分析，医生们可以了解某项干预措施，比如某种新药或某种新的手术方法的平均效用。在过去10年里，元分析在心理学研究和政策研究中的重要性有了很大的提升，为我们理解改变他人行为的尝试所能产生的效果提供了帮助。

图5-3是一张森林图。它之所以被称为森林图，是因为图中的一些元素看起来就像树一样。但我更愿意以另一种方式理解森林图的名称，那就是它能够帮助我们避免只见树木，不见森林，为简单起见，我在这张图中只呈现了我们总结的58项研究中的12项。圆点的位置表示的是在每项研究中默认选项的影响力。例如，埃贝林和洛茨的研究表明，在默认选项的作用下，选择绿色能源的人增加了62%。圆点的大小表示的是研究的参与者数量，而"水滴"代表的是我们对研究结果可变性的预期。在研究中，随着样本量的增加（圆点变大），水滴会变小甚至消失。[28]

森林图的妙处在于，它能让你大致了解涉及数千名参与者的多项研究。有了森林图，你一眼就可以看到几十项研究的结果。例如，从上面的森林图中，我们可以迅速获取多项信息：

- 在图中呈现的所有研究中，默认选项都产生了重要影响。选择者不会放弃默认选项而选择其他选项。因为只有当圆点位于水平实线下方时，才能说明人们对默认选项没有偏好，但在图中，没有一项研究的圆点是位于水平实线下方的。

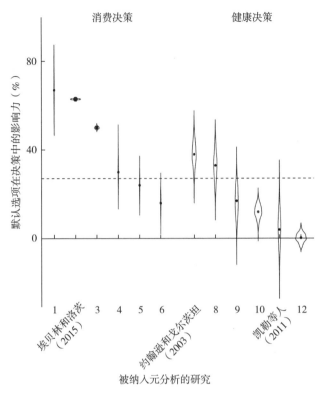

图 5-3 默认选项的更改对决策的影响

- 在图中呈现的大多数实验中，圆点的位置都远高于水平实线，这说明在这些研究中，默认选项产生了显著影响。默认选项改变了人们的选择。
- 我们可以尝试根据规模对这些研究进行加权，以了解默认选项的平均影响力。图中的水平虚线表示的就是默认选项的平均影响力。平均而言，默认选项似乎是一种强有力的干预手段：即使将默认选项没有产生影响的研究包含在加权统计中，统计结果仍然显示，默认选项的简单更改，例如选择架构的 HTML 代码中一个参数的更改，可以将某个选项的被选频率提高 27%。[29]

- 有 3 项研究不具有统计显著性。例如，研究 9 是一项规模非常小的研究，并且它的水滴和水平实线有重叠。因此，我们不能说，在这项研究中，默认选项对选择产生了在统计意义上大于零的影响。换句话说，默认选项有可能不会在统计意义上产生显著影响。

对设计者来说，这些信息非常重要。总体而言，默认选项的更改会对人们的选择产生很大的影响，但在不同情况下，影响程度会有所不同。在应用选择架构时，我们应该对其影响力有现实的预期，这十分重要。我在前面谈到过默认选项在促进绿色能源的使用方面产生的巨大影响（即图中的第二项研究，由埃贝林和洛茨进行的研究）。这是一项有 4.1 万名购电者参与的伟大研究，具有非常显著的统计学意义。但是，这项研究体现的默认选项的影响力并不具有典型性：默认选项更改后，购买绿色电力的购电者人数增加了50%，其影响力几乎是平均水平的两倍。我们可能会问，为什么在这项研究中，默认选项的影响力如此之大？部分原因在于，这项研究的对象是消费决策，一项不需要经常做出，并且一旦做出就很难再更改（或者说，改变选择的过程很不流畅）的消费决策。了解了这一点，设计者就能更加准确地预测默认选项的影响，并更加清楚应该如何强化默认选项的影响。如果你只看了一项关于默认选项的研究，那么你很有可能意识不到，在不同的情况下，默认选项的影响力能有多大的差别；你可能会笼统地认为，你看到的这项研究的结果具有普遍性。

关于这张森林图，还有一点值得关注。左边的6项研究都涉及消费决策，而右边的6项研究都涉及健康决策。如图所示，默认选项对消费决策的影响要大于其对健康决策的影响。这一点非常重要。设计师对消费决策中默认选项的影响力可以有比对健康决策中默认选项的影响力更高的预期。也就是说，在所有其他条件都相同的情况下，与器官捐献决策这样的健康决策相比，在是否购买绿色能源这样的消费决策中，默认选项会产生更显著的影响。[30]

透过元分析，我们能够更好地理解为什么默认选项在一些情况下的影响力会更大。我们的元分析还关注了每项研究中默认选项发挥作用的途径，观察了便利效应、背书效应和禀赋效应对决策的影响。我们发现，总体而言，在这3个效应同时发挥作用时，默认选项产生的影响最大，而如果只有其中一到两个效应发挥作用，默认选项的影响就不会那么显著。

如何设定正确的默认选项

假设你正打算购买一辆汽车，一辆真正好的汽车，并要为此而浏览一家知名德国车企的网站。由于我与这家车企签署过保密协议，不能透露它的名称，所以在这里，我把这家车企称为"德国大型汽车制造商"，简称"德国汽车公司"。

在德国汽车公司的官网上，你可以使用汽车行业的"配置器"来配置自己的汽车。你可以选择汽车的各项配置，包括发动机（有16种不同型号的发动机供你选择）、车漆颜色、内饰和油箱大小等，就连换挡把手所使用的木料都可以选（你可以选择胡桃木、桦木或是枫木）。要完成整辆汽车的配置，你需要做出50多个选择！

德国汽车公司应该如何设定配置器中的默认选项呢？这些默认选项会影响人们的选择吗？德国汽车公司的工作人员听说了我们关于器官捐献决策的研究，他们想让我们看看，默认选项是否也能对人们的购车决策产生重要影响。该公司的一些管理人员认为，默认选项有可能不会对人们的购车决策产生多大的影响。毕竟，买车是一笔很大的开销，大多数德国购车者都会花大量的时间深思熟虑。此外，整个购车过程涉及的不是一个决策，而是很多决策。当消费者需要做出50多个决策时，默认选项可能就无法发挥作用了。

德国汽车公司想要确认默认选项会对购车决策产生重要影响，只有这样，他们才会关注正确默认选项的设置。我没有参加该公司的内部会议，但我能够想象到一些身着深色高级西装的营销主管彼此交换怀疑眼神的场景。

德国汽车公司可以选择设定什么样的默认选项呢？我们想到了至少3种可能：

- 可以将最便宜的选项设为默认选项。
- 可以将利润最高的选项设为默认选项。如果默认选项能够影响购车决策，那么只要对其官网的 HTML 代码稍作修改，将利润最高的选项设为默认选项，德国汽车公司的盈利就能大幅提升。
- 可以将无默认选项时最受欢迎的选项设为默认选项。

你可能会认为，德国汽车公司必然会选择将利润最高的选项设为默认选项，但这种做法可能并不符合该公司的长期利益。他们希望保持顾客的忠诚度，希望顾客以后还会从该公司购车，但如果默认选项为消费者提供的是错误的选择，比如排量太小的发动机、太大的车身或不合适的颜色，德国汽车公司可能会失去长期客户。

有趣的是，德国汽车公司此前一直将最便宜的选项设为默认选项。这个选择看似经过了深思熟虑，但其实不然。当我们向该公司的高管们了解这种做法背后的缘由时，我们发现，这个决策显然不是他们做出的。事实上，有传言说，将最便宜的选项设为默认选项是某个低级别程序员的决定。显然，这个决定不是由公司高层做出的。这让我们感到惊讶，因为我们认为默认选项的设置非常重要，但不了解选择架构的管理者们认为默认选项无关紧要。这种"对默认选项的忽视"可能会给公司造成巨大的经济损失并影响顾客的体验，但也给了我们一个提升企业利润并改善顾客体验的机会。

为什么买到更便宜的产品反而会让顾客的体验变得更糟呢？乍看之下，将最便宜的选项设为默认选项似乎是一个好主意，至少从顾客的角度来看应该是这样的。如果默认选项能够影响决策，那么顾客最终就会买到一辆更便宜的汽车。然而，并不是所有顾客都想购买最便宜的汽车。不同的人有不同的喜好和需求。最便宜的发动机是最省油的，如果顾客在意燃油效率和碳排放量，最便宜的发动机就是一个好的默认选项。但这个选项并不适合那些追求速度的顾客，他们需要的是排量更大的发动机。当默认选项是最便宜的发动机时，他们最终很可能会买到对他们来说动力不足的汽车。在不限速的德国高速公路上，汽车的行驶时速会超过180千米，车子动力不足会造成安全隐患。那些需要用汽车牵引拖挂房车或船只的顾客可能也需要排量更大的发动机。就汽车许多方面的配置而言，最便宜的选项可能并不是最明智的选择。如果一味地选择最便宜的配置，顾客最终买到的车可能只配有最基本的安全气囊，没有儿童安全座椅固定装置，也没有急救箱。便宜的默认选项可能会降低汽车的安全性。如果默认选项能够影响决策，那么将最便宜的选项设为默认选项就会带来问题。

为了了解默认选项是否会影响顾客的购车决策，德国汽车公司邀请我们进行了一系列研究。能让真实的顾客参与实验，是研究人员梦寐以求的事。对德国汽车公司来说，在配置器中设定默认选项非常重要，在德国市场尤其如此。与美国市场不同，在德国市场上，大多数汽车都是先订购后生产，而不是先生产后销售的。我与包括安德烈亚斯·赫尔曼和马克·海特曼（他们二人现在分别是圣加仑大学和汉堡大学的教授）在内的一个团队一起，为德国汽车公司的配置器设计了多个克隆版本。我们变成了真正的选择架构师，影响着真实购车者的购车决策。我们让德国汽车公司的一小部分顾客使用了我们设计的克隆配置器，而非官网的配置器。我们给不同的克隆版本设置了不同的默认选项，以观察默认选项是否会改变购车者的选择。

默认选项产生的影响非常大，大到连我们自己都觉得不可思议。接下来，我将重点说说购车者需要做出的50多个选择中的一个，那就是对发动机的选择。市场研究显示，对大多数人来说，对发动机的选择是买车时最重要的选择。它对汽车价格的影响也很大。最贵的发动机比最便宜的发动机要贵1.8万欧元。我们为德国汽车公司的配置器设计了3个克隆版本，第一个版本没有默认的发动机选项，第二个版本将最受欢迎的发动机设为了默认选项，第三个版本将最便宜的发动机设为了默认选项（和德国汽车公司官网当时的默认选项一致）。购车者会被随机引导到其中一个克隆版本的网站上。与没有设置默认选项的情况相比，在被设为默认选项后，最便宜的发动机变得更受欢迎了。仅此一项就使德国汽车公司售出的汽车的平均价格下降了476欧元。相比之下，在将最受欢迎的发动机设为默认选项的情况下，这款发动机以及其他更贵的发动机变得更受欢迎了，购车者所选择的发动机的平均价格因此而提高了302欧元。在有默认选项的情况下，一半以上购车者的选择受到了影响。最终，德国汽车公司的管理层认可了默认选项的重要性，但新的问题出现了——哪个选项才是正确的默认选项？当我们解释说，他们需要考虑不同的默认选项带来的成本和收益时，他们对我们的回答并不满意。他们问我们是否可以给出更好的答案。[31]

德国汽车公司表示，他们想要提升官网访问的流畅性，让顾客能够顺利完成汽车配置。他们不希望顾客因为觉得公司官网上的配置器使用起来太麻烦，转而选择自己竞争对手的产品。德国汽车公司还表示，决策的正确性至关重要，他们希望顾客对自己购买的汽车感到满意。在汽车行业，顾客满意度非常重要。一些公司甚至会把顾客满意度作为宣传亮点。如果顾客买到的汽车无法满足他们对速度或安全性的需求，德国汽车公司就会遇到麻烦。所以，德国汽车公司想让每位顾客都做出正确的选择，并且不是只做出一次正确的选择，而是要做出50多次正确的选择。但到底什么样的汽车是正确的选择是因人而异的，因此这个任务对该公司来说极具挑战性。要克服这些挑战，我们需要意识到，默认选项有不同的类型。批量默认选项和个性化默认选项是两种基本类型。我们可以使用批量默认选项，向所有人呈现相同的默认选项，也可以使用个性化默认选项，向不同的人呈现不同的默认选项。

和许多公司一样，德国汽车公司当时采用的是一刀切式的批量默认选项。设计者们通常都会选择批量默认选项，所以，如果选择者不主动做出选择，最终每个人的选择都将是相同的。

应该如何设定批量默认选项呢？我们给德国汽车公司的一个建议是，可以将没有默认选项时顾客最常选择的选项设为默认选项。比如在车身颜色的选择上，我们可以将默认选项设为最受欢迎的颜色，因为它符合大多数顾客的喜好。如果在没有默认选项的情况下，大多数顾客都会选择一种普通的方向盘，我们或许就应该将这种方向盘设为默认选项。如果默认配置和最优配置之间的差别就像黑色方向盘和深灰色方向盘之间的差别一样小，那么默认选项就不太可能让顾客感到不满，在这种情况下，这种设置就更为合理了。这种默认选项可以被称为"良性默认选项"，一是因为即使选择者在默认选项的影响下做出了错误的决定，设计者和选择者付出的成本也很小，二是因为这种默认选项的设置是经过考量的。

但是，并非所有的批量默认选项都是良性的。购车时，大多数顾客可能都会选择不加装儿童安全座椅的固定装置，但对那些有孩子的顾客来说，这个错误选择会造成严重的后果。人们对许多商品和服务都有着截然不同的需求。把最辣的酱汁设为墨西哥卷饼的默认酱汁可能会让一些顾客感到高兴，但即使它是最受欢迎的酱汁，也必然会有顾客不喜欢。经济学家和营销人员认为，这些都属于"异质偏好"。

这是批量默认选项面临的挑战。在器官捐献决策中，改变默认选项或许能够挽救生命，但如果捐献者并非真的愿意捐献器官，其器官捐献就会给其家人造成痛苦。这其中的得失实在是难以权衡。事实上，这种困境让我们不禁会想，要是还有其他类型的默认选项就好了。

幸运的是，确实还有其他类型的默认选项。当选择架构以在线形式呈现时，我们可以根据对顾客或决策者的了解来更改默认选项。如果我们知道他们的浏览历史、购买历史或个人信息，就能够为他们提供个性化默认选项。这个默认选项代表着我们对决策者的偏好的预测，是我们认为决策者在没有默认选项时会做出的选择。

　　你可以根据选择者的历史选择来设定默认选项。这种默认选项叫作"一贯式默认选项"。记得你爱喝杏仁奶且总会给你的饮品添加杏仁奶的星巴克咖啡师就是为你设定了一贯式默认选项。如果一家航空公司记录了我对座位和餐点的历史选择，它就可以为我设定一贯式默认选项。网站也可以根据我的历史偏好生成一贯式默认选项。一贯式默认选项可能会以非常简单的形式出现，就像亚马逊会在付款阶段询问我是否要继续使用我的配送首选项一样。它也可能以更复杂的形式出现，就像某个在线食品订购平台问我是否要把自己上一次购买的食品再次全部放进购物车里一样。一贯式默认选项的应用十分普遍，因为它们能够利用选择者共享的历史数据来解决偏好因人而异所带来的问题。它们还可以提升顾客的满意度。当我走进我最爱的早餐店时，如果工作人员问我"要点的餐还和以前一样吗？"，我会感到非常愉快。

　　但一贯式默认选项是以用户的历史选择为基础的，它们不适用于申请大学或选择住处这样的具有独特性的重要决策，因为和这些决策相关的历史数据非常少，甚至根本就不存在。

　　有时，设计者对选择者及其面临的决策有充分的了解，甚至比选择者自身了解得更充分。例如，即使你对某个餐厅的菜品并不了解，那里的厨师也可以为你设计一份他们认为你会喜欢的菜单。一名优秀的私人导购可能会建议你试穿一些你根本没想过要试穿，更没想过要购买的服装。他们会利用对你和与你类似的人的了解来给出建议。这时，他们使用的是另一种个性化默认选项，即"智能默认选项"。这些默认选项考虑到了不同选择者拥有不同的需求，能够利用对选择者的了解来确保每个选择者看到的都是比较适合自己的默认选项。

很多人都不喜欢制订退休计划，所以，很多退休储蓄项目都会设置智能默认选项就不足为奇了。在很多退休储蓄项目中，默认选项都是"目标日期基金"。这些项目会根据你的年龄和金融理论知识来为你安排股票和债券的配置比例。假如我告诉退休储蓄项目的供应商，我想在65岁左右退休，投资策略符合这一目标的基金就会被设为默认选项。根据金融从业人员的标准建议，随着退休时间的日益临近，人们应该逐渐把投资重心从风险较高的证券（如股票）转向波动较小的现金资产。所以，如果我在2015年开始进行退休储蓄时已经40岁，我可能会告诉退休储蓄项目的供应商，我想在60多岁时或25年后退休。而后，供应商可能会将我的退休储蓄默认选项设为以2040年为目标日期的共同基金，从2015年开始逐年自动将我的部分资金从股票转移到债券。

目标日期基金在美国的退休储蓄市场上取得了巨大的成功。在美国，超过71%的401（k）退休储蓄项目都提供这种基金，超过一半（52%）的退休储蓄投资者持有这种基金。目标日期基金的持有量现在已经超过了1万亿美元。显然，智能默认选项可以带来巨大的商机。[32]

批量默认选项和个性化默认选项都是选择架构工具的一部分。这两种默认选项适用于不同的情况，哪一种更适用，这取决于设计者对选择者的了解程度。如果设计者对选择者一无所知，批量默认选项就是唯一的选择。但即使是在这样的情况下，设计者也仍然需要决定哪个选项才是正确的默认选项。

个性化默认选项的优势在于，与一刀切式的批量默认选项相比，它能够最大限度地减少默认选项可能会对消费者造成的伤害。它能够在提供流畅的合理路径的同时，让更多人做出正确的选择，提高决策的正确性。

在设定默认选项时，有两个放之四海而皆准的关键要点：

- 如果你必须使用批量默认选项，请试着找到那个能将选择者的利益最大化的选项，即既能够帮助大多数消费者做出正确选择，又能够让做出了错误选择的消费者受到的伤害最小化的选项。这样的成本收益分析通常会涉及艰难的权衡取舍。其中的利弊关系并不会因为你的忽视而消失。即使你不承认它的存在，它也是像默认选项本身一样时刻存在的。
- 如果你可以根据对顾客的了解设定个性化默认选项，就能改善人们的选择结果，让更多人做出适合自己的选择。当人们拥有稳定的偏好时，可以根据他们过去的行为设定一贯式默认选项。当我们知道人们应该或者将会做出何种选择时，我们可以设定智能默认选项来帮助人们优化决策。总体而言，个性化默认选项的效果不会比批量默认选项的效果差，并且往往优于批量默认选项的效果。

最后，我想指出的是，虽然智能默认选项可以让顾客和企业同时获益，但企业也有可能将那些只会让其自身利益最大化或是只能实现其自身目标的选项设为默认选项。[33]这涉及我们后面将会讨论的意识问题和道德问题。但我认为，这种做法充其量只能给企业带来短期利益。在设定默认选项时兼顾商业战略和商业伦理的企业才能收获顾客的忠诚和信任。

好的默认选项可以为企业带来巨大的收益。2020年3月初，在美国刚刚开始出现新冠肺炎疫情时，Zoom从一个名不见经传的视频会议平台变成了学校、企业、家庭和互助团体赖以运行的平台，甚至连邻里之间也开始使用这个平台进行交流。那年春天晚些时候，Zoom进行了首次公开募股。在当时低迷的市场上，这次公开募股取得了罕见的成功，Zoom的市值达到了90亿美元。Zoom的股票对投资者具有极强的吸引力，在其带动之下，一家名称和Zoom十分相似但规模小得多、市值只有1 400万美元的小公司的股价也翻了一番。毫无疑问，那家公司之所以能够如此获益，是因为它的英文名称是Zoom Technologies，其股票代码ZOOM与Zoom很像，极具迷惑性。

然而，出于对用户隐私安全的担忧，人们对Zoom的热情迅速消退。最让人们感到担忧的是"Zoom轰炸"现象，不速之客有可能进入在线会议或在线课堂，播放淫秽色情、威胁恐吓和种族歧视等不良内容。美国联邦调查局波士顿分局对此表示了担忧，纽约州总检察长也致信Zoom，了解该公司为了阻止此类情况发生而采取的措施。迫于提升平台安全性的压力，Zoom呼吁用户不要透露个人账号，尽量使用需要输入密码的会议专属链接。这些建议收效甚微，但出人意料的是，Zoom对默认选项做出的一些小调整发挥了很大的作用。这些调整并不涉及新的加密方式（新的加密方式几周之后才出现），而是将上述建议全都变成了默认设置。为会议设置密码、使用随机生成的会议号和使用等候室等功能全部从可选项变成了默认设置。调整之后，"Zoom轰炸"现象大大减少，并且，用户对这些默认设置并没有给出什么负面反馈。谷歌趋势显示，关键词"Zoom轰炸"的搜索量在2020年4月2日达到了峰值，此后不久，Zoom就更改了默认设置。到2020年4月27日，这个关键词的搜索量已经下降了95%。显然，在疫情时代，新的默认设置更符合大多数人的需求，人们也因此对Zoom有了更高的评价。[34]

用默认选项促进民主

几年前，纽约大学布伦南司法中心曾经联系过我。当时，该中心正在提倡推行选民自动登记制度。在该制度下，除非明确表示退出，所有公民都会在与州政府产生互动（比如办理车辆登记或领取驾照）后自动登记成为选民。登记后，选民的身份信息会以电子数据的形式共享到选举办公室。

我希望，在阅读本章后，你能够预测出这一制度的推行可能带来的部分影响。默认选项发挥作用的3个渠道——便利效应、背书效应和禀赋效应，会发挥怎样的作用？这一制度的推行让选民登记更加便利，还让公民自动拥有了选民身份，应该会使登记选民的数量有所增加。对于那些信任政府的人，背书效应也会发挥作用，这同样应该有利于登记选民数量的增加。而对于那些不信任政府的人，结果可能适得其反。但无论如何，你应该意识到，自动登记制度会产生很大的影响。事实确实如此。俄勒冈州是最早实行选民自动登记制度的州之一。早前，俄勒冈人可以在机动车管理局登记成为选民，但这需要他们主动做出选择。在实行选民自动登记制度之前的4年里，俄勒冈州每个月大约只有4 000人在机动车管理局登记成为选民。实行选民自动登记制度后，这个数字几乎翻了4倍，达到了每月1.5万余人。我们不知道他们最后是否真的都投了票，也不知道在没有自动登记制度的情况下，他们当中的一些人是否会通过其他方式登记成为选民，但无论如何，这一制度产生的影响看起来确实很大。

我还希望，阅读本章能帮助你更好地判断把自动选民登记设为默认选项是否正确。在第4章和本章的前半部分里，我们分析了器官捐献的成本和收益。如果我们对选民自动登记制度做同样的分析，会发现情况完全不同。当不想成为捐献者的人错误地成了捐献者时，他们的家人可能会因此承受巨大的痛苦，捐献者本人的自主权也没有得到尊重。在器官捐献决策和选民登记决策中，有很多人愿意成为捐献者或选民，却没有时间去登记。而选民登记和器官捐献的关键区别在于，不想成为选民的人即使错误地成了选民，似乎也不会付出什么代价。没有人会强迫你去投票，你可以拒绝成为登记选民，只要不选择默认选项就可以了，非常简单。事实上，选民自动登记制度的支持者认为，这一制度还具有安全方面的优势。与以纸质材料为基础的旧系统相比，电子系统能更及时地更新选民信息，还能更轻松地检测出重复的信息和地址的变动。

什么样的默认选项是正确的默认选项？对于这个问题，不同的人有不同的看法。但有一点应该没有人会否认，那就是默认选项确实会产生影响，本章中的许多例子都证明了这一点。截至2020年12月，已经有包括阿拉斯加州、西弗吉尼亚州和佐治亚州在内的21个州将自动选民登记设为了默认选项。[35]

6

选项数量

选择数量越多越好吗

几十年来，大学申请人都是通过学校寄来的纸质信件得知自己是否被理想的大学录取的。拒绝信很薄，只有一页纸，上面写着："您的申请给我们留下了深刻的印象，但我们很遗憾地通知您……"。装有录取通知书的信件很厚，除了录取通知书，信封里还有宿舍选择指南和学籍注册指南等各种说明文件，为学生接下来一系列激动人心的入学准备提供指导。

纽约市的八年级学生在申请高中时也是通过学校寄来的纸质信件得知录取结果的。但对他们来说，厚信封意味着坏消息。装有拒绝信的信封很厚，因为里面还装着一份高中申请指南，学生可以从中了解如何向仍有剩余名额的高中提交申请。

13岁的拉德克利夫·萨德勒是个优等生，平均成绩高达94分，还在初中毕业典礼上作为毕业生代表上台致辞。[1]他的父母之所以在他6岁那年从牙买加金斯敦移民到美国，部分原因就是想要让拉德克利夫和他的兄弟姐妹们接受学费更加低廉的优质教育。按照纽约市公立教育系统的要求，初中毕业生要填报志愿，申请自己想就读的高中。拉德克利夫申请了9所非常好的高中，但没有被其中任何一所学校录取。纽约市10%的初中毕业生会遇到这种情况。

拉德克利夫失望极了。在乘坐公交车回家的路上，在45分钟的车程里，他努力克制着自己的情绪。但一到家，他就到自己的房间里大哭起来。几天后，他说："我觉得自己没有足够努力。看到其他人拿到录取通知时，我觉得自己做错了什么。"

为什么拉德克利夫没有被好学校录取呢？这也许和志愿填报系统的设计者呈现他可以填报的学校的方式有关。

在过去20年里，越来越多的城市开始实行择校制度，让学生通过竞争获得自己心仪高中的入学名额。包括丹佛、明尼阿波利斯、新奥尔良、纽约和图森在内的许多美国城市都让学生和家长从众多高中里选择他们心仪的学校。在全美国最大的50个学区里，大约一半的学区都在一定程度上给予了学生择校权。

虽然择校制度充满争议，但我并不打算在这里谈论这个制度本身。我想关注的是另一个非常重要的话题，那就是家长和学生的择校方式。家长比教育系统更了解孩子的特长、偏好和价值观。他们知道自己的孩子是否喜欢小班教学，是否喜欢学习语言，是想成为医疗卫生技术人员还是想上世界一流大学。如果学校的管理层和家长一样了解学生，或许能够更好地为学生推荐合适的高中。但是，他们对学生的了解并没有那么深入，而且他们已经不堪重负。学校为拉德克利夫指定的择校顾问同时要负责350名学生的高中申请事宜。既然最终做出选择的是学生和他们的家长，我们是否能够开发出一个系统，帮助学生进入更好的学校呢？"好学校"指的是符合学生的需求、兴趣、能力及其他偏好的学校。好学校是因人而异的，因为学生们的兴趣各不相同，有的喜欢体育，有的喜欢艺术。

此外，不同学生对学校其他方面的条件有不同的预期和要求，比如学校离家的距离以及学生结构等。

实行择校制度的学区应该如何设计选择架构，以最有效的方式向学生和他们的家长呈现可供学生选择的高中呢？我曾经参与过一个相关的研究项目，项目的目标就是要找到向家长和学生介绍学校信息的理想方式。我很快就意识到，介绍学校信息时采用的选择架构可能会对学生的未来产生决定性的影响。学生的选择深受信息呈现方式的影响，而这在很大程度上决定了学生的未来。

择校系统的设计凸显了选择架构设计中一个最基本的问题，那就是选项的数量问题。一些学区只有一两所高中，但大城市往往有几十所甚至上百所高中。是不是无论学校数量多寡，设计者都应该将所有选项呈现在选择架构中？如果设计者决定限制选项数量，应该删去哪些选项？设计过程中的任何一个决策都会对学生的选择产生重大影响，并影响到他们的最终去向。毕竟，一所根本没有出现在选项列表里的高中是不太可能被学生选择的。

纽约市是最早实行公立学校择校制度的城市之一。2003年，纽约市相关机构联系了哈佛大学的经济学家、后来获得了诺贝尔奖的埃尔文·罗斯。他和阿提拉·阿卜杜勒卡迪罗格鲁及保劳格·帕塔克一起设计了一个择校系统，以引导学生、家长和学校做出正确的选择，让学生能够进入更好的高中。理论上，这个系统会给表现不佳的高中带来压力，促使其改善办学条件。

罗斯并不是不切实际的理论家。事实上，他自己就是纽约公立学校的"产物"，他的父亲欧内斯特和母亲莉莲都是公立高中的老师，他们在皇后区教工薪阶层女性学习打字和速记，帮助她们获得成为秘书所必需的技能。罗斯曾就读于马丁·范布伦高中，但他并没有从这所高中毕业，因为他没有修读完高中课程就直接升入了哥伦比亚大学攻读学士学位。（讽刺的是，这使他成了拉低范布伦高中毕业率的学生之一。）

多年以后，已经获得博士学位的罗斯成了世界一流的市场设计专家，专门研究如何实现市场参与者的最佳匹配，这与如何实现学校和学生的最佳匹配可谓异曲同工。[2]罗斯曾经利用市场设计理论重新设计了美国住院医师配对系统，每一年，这个系统都要将4万多名医学生和全国各医院各专科的住院医师名额进行配对。所以，纽约市相关部门打电话联系罗斯，问他是否愿意运用匹配市场理论重新设计纽约市的高中择校系统，绝对是找对了人。学校想要录取最合适的学生，家长也想让孩子进入最合适的学校。

这个系统背后的运作原理十分复杂，但简单来说就是，学生和家长按照他们的偏好对学校进行排名，填报志愿，学校也对申请人进行排名。系统根据这些信息运用算法来完成学生和学校的配对，让双方都获得最好的结果。要让罗斯等人设计的这个配对系统充分发挥作用，关键在于让学生和家长诚实地表达他们的偏好。为此，志愿填报表格上明确写道："请务必按照您的真实偏好对您的志愿进行排序。"学生和家长最多可以依次填报12个志愿。

这能有多难呢？

首先，学生们一共有多少个选项可选？2019年，纽约市一共有437所公立高中，这些高中一共有769个招生项目。申请高中的学生能够看到多少个招生项目呢？全部769个。

每所高中的介绍有多详细呢？相当详细。纽约市所有的中学生都会拿到一本厚达628页的《纽约市高中名录》，其中，每所高中的介绍都包括至少17个部分的内容。把这本书称为"名录"十分贴切，它的篇幅长达38万字，重约3磅，不光看上去像老式的电话号码簿，还和它一样不方便携带。（考虑到学生结构的多样性，这本书一共有10种语言的版本，包括法语、西班牙语、孟加拉语、韩语、乌尔都语和海地克里奥尔语等。）我们可以预料到，八年级学生可能并不愿意把这么重的书背回家，而只会把它塞进储物柜的最深处。

各个学校的教育质量参差不齐，因此，择校伴随着很高的风险。在顶尖的学校里，几乎所有学生都能毕业，而在最差的学校里，只有约40%的学生能够拿到高中文凭。择校系统虽然庞大复杂，但学生们确实因为它而受益了。再加上表现不及格的学校会被关停，采用这个系统后，纽约公立高中的毕业率等指标有所提高。但是，不同的学生享受到的益处是不同的。综合条件最差的学生享受到的益处最小，并且，纽约各高中的学生结构仍然明显缺乏多样性。[3]

数量如此庞大的选项让拉德克利夫的父母感到茫然无措。他的母亲克劳德特·萨德勒说，填报志愿"就像是在一个大型迷宫中寻找出路，渺小的我们迷失在其中，不知所措……心里不断想着'谁能来帮我？'。我曾经以为，填报志愿对父母来说会简单一些。"

为什么拉德克利夫没能被他填报的任何一所学校录取？我们已经知道，在其他领域，选项数量越多，决策的正确性有可能越低。在第2章中，我们看到，当在线交友平台呈现的条件匹配对象数量过多时，用户可能会首先根据照片来进行筛选，以将条件匹配对象的数量减少到可控范围内，但这往往会让他们错过最佳的条件匹配对象。在择校过程中，学生和家长也会遇到类似的问题。一些家长说，他们会根据毕业率筛选学校。在拉德克利夫申请高中那年，《纽约市高中名录》第一次将各高中的毕业率呈现给了学生和家长。

最初，这看上去似乎是合理的，因为如果你就读的高中毕业率很高，你获得高中文凭的可能性就更大。但是，如果很多初中毕业生都根据毕业率选高中，他们最终就会申请同样的高中。拥有100%毕业率的巴鲁克学院校园高中在2011年收到了7 606份申请，但它只有120个招生名额，这意味着它的录取率只有1.6%（哈佛大学同年的录取率是6.2%）。除非申请者是优等生中的优等生，否则，即使是像拉德克利夫这样相当优秀的学生，被录取的概率也几乎为零。可见，选择学校就像选择约会对象一样，过多的选项会妨碍选择者深入了解每一个选项。

罗斯等人设计的择校系统以一个重要的假设为前提，那就是选择者能够根据他们的整体偏好对学校进行排名。根据这一假设，选择者应该表达出他们对填报的所有学校的"真实偏好"。但纽约市的八年级学生需要根据高中名录中的769个招生项目选出自己最想申请的12所学校，然后再认真比较，决定志愿的排序。要在纽约市的769个招生项目中做出选择实在是太困难了。

在择校过程中，组合偏好可能也在发挥作用。高中名录中对各个学校的介绍包括17个方面的内容，比如毕业率以及从家到学校的通勤时间等，家长们可能很难从中权衡取舍。许多家长可能都难以决定，是否应该让自己14岁的女儿每天多坐20分钟的地铁去一所毕业率高10%的学校上学。总而言之，罗斯等人设计的择校系统高估了学生和家长的系统决策能力。

如果769个选项太多，那么我们应该如何确定适当的选项数量呢？目前的高中名录会促使选择者采用错误的合理路径，做出糟糕的选择。但是，我们应该如何做出改进呢？要回答这个问题，我们要先看看选项数量的增加带来的两方面的影响。

选项数量如何影响人们择校

关于"选择过载"的文章有很多，选择过载有时也被称为"选择的暴政"。[4]根据选择过载理论，选项太多不是一件好事，会导致人们对自己的选择失去信心并延迟决策。虽然这一理论十分流行，但正如我们即将看到的那样，确定适当的选项数量需要依靠更为复杂的逻辑，并且已经有数据表明，选项数量并不总是"越少越好"。例如，分别来自卡尔斯鲁厄理工学院、巴塞尔大学和印第安纳大学的本杰明·谢伯翰、赖纳·格莱芬德和皮特·托德一起进行了研究，向参与研究的柏林市民呈现了两组选择，一组有5家餐馆做选项，另一组有30家餐馆做选项。参与者们虽然觉得从30家餐馆中做出选择要稍微困难一些，但他们做出选择的概率并不比面对5家餐馆时低。[5]

对与选项数量相关的研究进行元分析是有益的。目前，对于选项数量及其对人们决策感受的影响的研究，有两项主要的元分析。第一项元分析表明，改变选项的数量不会影响人们对决策的感受；而第二项元分析则表明，选项的增加造成的影响十分复杂。[6]之所以说"复杂"，是因为选项的增加有时会产生消极影响，有时又会产生积极影响。巴里·施瓦茨通过他的著作《选择的悖论》普及了"选择的悖论"这一说法。在谈及这一悖论时，他曾说道：

> 在学术界，已经发表的一些论文对"选择的悖论"的普遍适用性提出了质疑。一些研究证实了我的结论，也有一些研究得出的是相反的结论，即人们喜欢看到更多的选项，这能帮助他们做出更好的选择，并让他们对自己的选择更有信心。如果

将所有这些研究放在一起，探寻选项数量的平均影响，我们会发现选项的数量对决策没有影响。但这并不是因为选项的数量不会产生影响，相反，几乎在所有的研究中，选项的数量都会产生影响，只是它有时让人感到麻木，有时又让人感到拥有更多的选择自由。[7]

这一发现很有意思，也很切合实际，但这无疑给设计者带来了难题，不是吗？他们到底应该如何确定合适的选项数量呢？要回答这个问题，我们先要明白，选项数量的增加会带来两种不同的影响。

在第4章中，我们谈到了选择架构的两个目标，即流畅性和正确性。选项数量的增加会对流畅性和正确性产生相反的影响。为了理解这一点，让我们来举一个例子。假设你是一个选择架构师，要为一座有50所高中的城市设计一个择校系统。和纽约市的高中择校系统一样，这个系统面向的也是城市当中的所有学生。由于有的学生家里没有网络，所以学生可以填报的学校的名单必须被印刷成册，也就是说，你无法向不同的学生呈现不同的选项。那么，选项数量的增加会如何影响流畅性和正确性呢？

不同的高中有不同的侧重点。一些高中注重职业培训，一些高中注重艺术教育或计算机技能的培养，还有一些高中专注于提供优质的大学预科课程。各个高中的教学质量参差不齐，它们的地理位置也是影响学生选择的重要因素。此外，各个学校的体育活动、校园环境、大学先修课程的种类、课外辅导项目和社团活动等对学生的选择也有重要的影响。《纽约市高中名录》在介绍各所学校时，还介绍了"在走廊、卫生间、更衣室和自助餐厅里感到安全"的学生所占的比例。

即使只有50所高中，设计者也很难在全方位呈现学校特色的同时，让决策对家长和学生来说足够简单。首先，让我们看看流畅性和正确性在这一情境中意味着什么：

- **流畅性**：我们希望学生和家长看到的是能让他们感到舒适的信息，因为这样他们才能真正投入决策。他们不应该像拉德克利夫的母亲那样，觉得自己"就像是在大型迷宫中寻找出路，迷失在其中，不知所措"。减少选项数量可以提升决策的流畅性，而增加选项数量会降低决策的流畅性，导致人们对选项的筛选。
- **正确性**：我们希望学生和家长能够根据学生的偏好和能力，选出对他们来说最优的选项。如果拉德克利夫当初能够给自己的志愿做出正确的排序，他或许就能进入一所更符合自己需求的学校。当时，他选择的学校都是能够提供优质预科课程的高中。他的第一志愿是千禧中学，那所学校97%的学生毕业后都会升入大学。我们向学生呈现的选项越多，他们就越有可能找到适合自己的学校。但是，选项的增加也会导致他们的考虑不够全面。例如，在填报志愿时，拉德克利夫可能没有考虑到他将会面临多么激烈的竞争。这种疏忽导致他的志愿落空，他只能申请那些还有剩余名额的学校，而这并不是他想要的结果。

为了理解选项数量的增加对流畅性和正确性的影响，让我们来看看，随着选项数量逐渐增多，情况会发生怎样的变化。首先，假设我们只呈现一所高中作为选项。在这里，我们把正确性的含义简化为向选择者呈现出最佳选项的可能性。[8] 由于只能向所有的学生提供同样的学校名单，我们无法为不同的学生提供定制化的选项。而且，由于对即将看到选项的学生一无所知，我们无法确保呈现给学生的这所高中是与他们匹配的。我们对选项的挑选是盲目的，每增加一个选项都是在那50所高中里随机挑选一所。我们呈现给学生的这所高中是某个学生的最佳选项的概率只有1/50。随机呈现一所高中是不会产生好的效果的，因为这可能会导致所有学生都选不到最适合自己的高中。想要学习语言的学生最终可能会被一所重视工科课程的高中录取，而想要学习零售行业相关职业技能的学生最终可能会被一所擅长海洋科学教学的高中录取。（此外，由于教育系统需要平衡各所高中的生源，择校的组织工作就更复杂了。）

如果将选项增加到两所高中，学生和家长就有了选择，学生选到适合自己的高中的概率也翻倍了。虽然这两所高中仍然不大可能是最适合学生的高中，但至少学生看到最佳选项的概率上升到了1/25。

随着选项数量的不断增加，从3所高中增加到4所高中、5所高中，一直到50所高中，学生看到最佳选项的概率在不断提高。选项的数量越多，家长就越有可能看到更适合自己孩子的高中，而当全部50所高中都成为选项时，我们可以肯定，最佳选项就在其中。

但是，如前所述，选项太多可能会促使人们直接放弃做出选择或者采用一条能够简化决策的合理路径。尽管有50所高中可选，但学生和家长可能只会关注其中几所。仓促的决策往往会带来不好的结果。例如，有一名学生在志愿填报截止的那一天早上才匆匆填好表格，甚至没来得及告诉他的父母。这就像在校车上赶作业一样，不太可能会有好的结果。还有一名母语为英语的学生填报的第一志愿竟然是一所把英语当作第二语言的高中，而他这样做仅仅是因为他的朋友们都要去那里上学。此外，还有很多学生只填报了一到两个志愿，在罗斯看来，这种做法是极其错误的，但忙得不可开交的择校顾问们根本无暇顾及这些问题。

增加选项数量会增加学生看到最适合他们的高中的概率，但无法确保他们一定能够"看到"这所高中。决策越复杂，人们关注的信息就越少，要么是关注的选项越来越少，要么是对各个选项的具体关注越来越少。因此，设计者需要在流畅性和正确性之间权衡取舍。如果为了提升决策的正确性而增加选项数量，流畅性就会降低，人们试图寻找最佳选项的可能性也会降低。

然而，需要注意的是，正确性的提升和流畅性的降低之间有一个平衡点。找到这个平衡点，我们就可以在面临权衡取舍时做到最好。我们可以将这个平衡点称为呈现选项的"甜蜜点"。在这个点上的选项数量能够在不让决策者感到无措的前提下，最大限度地提升决策的正确性。

如果想要呈现适当数量的选项，我们就需要同时关注选项的增加可能对决策的流畅性和正确性产生的影响。有一个事实对设计者和择校家庭来说都是好消息，那就是我们可以提升流畅性，让选项更易阅读。例如，我们可以使用更好的排版和更易阅读的字体，降低学生和家长轻易放弃寻找最佳选项的可能性。这样一来，我们就能够呈现更多的选项，提升最佳选项被呈现的可能性，这非常重要。

提升决策正确性的另一种方法是提高选择集的质量。如果我们将一些表现不佳的高中排除在选择集之外，那么即使选择者随机做出选择，平均而言，他们也会得到更好的结果。还记得我们在第4章中谈到过的"弱势选项"吗？弱势选项是真正的不良选项，它们在方方面面都比其他选项糟糕。如果在选择集中，有一所高中不仅校园环境不安全、毕业率极低，而且任何学科的教学都毫无可取之处，那么即使所有的学生和家长都不会主动选择这所高中，他们还是要在择校过程中花时间了解这所学校的基本情况，才能将它排除在选择之外。而且，只要稍不注意，他们就有可能真的选择了这所高中。既然如此，我们为什么还要将这所高中放在选择集里呢？去掉这所高中显然能够提高选择集的质量。这会让学生和家长更有可能看到最适合学生的高中，因为他们不必再浪费时间去了解那些表现糟糕的高中。

我们可以从这个例子中得到一个重要的启发，那就是设计者对选项增多所带来的影响拥有极大的控制权。对于如何确定适当的选项数量，我们没有一个放之四海而皆准的法则可以遵循，但优秀的设计者可以提升流畅性、优化选择集，并尽可能让选项数量达到正确性和流畅性之间的"甜蜜点"，从而帮助选择者做出更好的决策。

如何呈现更多选项

对美国的很多中产阶级和穷人来说，2013 年 10 月 1 日是一个重要的日子。从那天起，他们可以通过保险交易网站购买医疗保险，其中一些保险计划还能获得政府的大额补贴。用时任副总统乔·拜登不慎通过麦克风传出的一句话来说，《平价医疗法案》（又称"奥巴马医改计划"）"真是一件该死的大事"。但是，这项医改计划带给美国人的乐观情绪很快就被一系列显而易见的技术问题冲散了。多个保险交易网站的服务器因为访问量过大而崩溃，想要购买保险的民众不得不经历漫长的等待。

这个问题确实很糟糕，但是，还有一个极其隐蔽的问题比它更糟糕，那就是即使能够正常登录保险交易网站，人们可能也无法选出最适合自己的保险。这可能是一个严重的问题，因为生活水平在贫困线附近徘徊的民众最终可能会做出错误的选择，把可以用来购买食品和给孩子交学费的钱浪费在不符合他们需求的保险计划上，而这些人恰恰是奥巴马医改计划想要帮助的人。并且，由于很多保险计划都享有政府的补贴，纳税人的钱也会被浪费。

多年来，研究人员一直在关注员工在选择企业医疗保险计划时的决策表现。大多数企业都力求为员工提供优质的保险计划，并将此视为员工福利的一部分。毕竟，从长远来看，鼓励员工购买优质的医疗保险更有助于员工保持身体健康，提高工作效率。

然而，总体而言，人们在选择医疗保险时的决策表现是糟糕的。在一项研究中，行为经济学家索拉布·巴尔加瓦、乔治·勒文施泰因和贾斯廷·西德诺关注了一家认为给员工提供的医疗保险选项越多越好的公司。[9]这家公司为员工提供了48种可选的保险计划，这些保险计划覆盖的是相同的医生、医院和其他医疗服务供应商。它们的区别只是被保险人的钱会花在不同的地方。一些保险计划的最高自付额较低，这看上去非常划算，但是，这些保险计划的保费往往也比较高。如果试着去计算购买这些保险计划后的总花费，你可能会发现，低最高自付额节省的费用并不足以抵消你多付出的保费。无论你的医疗支出是多少，你的总花费都更多。这些低最高自付额的保险计划是典型的弱势选项。如果购买了这类保险，你会为同样的医疗保障付更多的钱。这就像是在商店的货架上看到两块除了价格完全相同的肥皂时，你买了那块更贵的。

在保险业，有一个众所周知的事实，那就是人们非常厌恶医疗账单上的自付费用。因为他们已经按月支付了保费，却还是要在接受医疗服务时再次自掏腰包。因此，即使总费用更高，人们似乎也愿意为了在看病时自掏腰包更少而选择保费更高的医疗保险。

在3位经济学家关注的那家公司提供的48项保险计划中，有35项从各方面来说都是糟糕的选项。然而，该公司一半以上的员工选择的都是这些更贵的保险计划，平均每年要为同样的医疗保障多付大约370美元。更糟糕的是，做出这种错误选择的多是那些经济承受能力最低的员工，即那些年收入低于4万美元的员工，他们当中有很多是女性，年龄比较大，且患有慢性疾病。

在奥巴马医改推出的新的保险交易网站上，人们还会犯类似的错误吗？生活在美国不同州的人看到的选择集大不相同。有些州提供的选项较少，也有些州，比如犹他州，则提供了100多个选项。这一数量是否太多了呢？它是否改变了人们对决策的感受（是否会改变决策的流畅性）？又是否会影响人们的选择（是否会影响决策的正确性）？医疗保险的选择涉及多个方面的考虑，让我们来看看你是否能够选出性价比最高的保险计划。请看表6-1中的8个医疗保险计划。

表6-1　呈现给选择者的8个医疗保险计划　　　　单位：美元

医疗保险计划	月保费	挂号费	年度免赔额
A	435	10	200
B	376	28	735
C	425	18	380
D	545	15	150
E	600	5	100
F	369	40	850
G	417	10	550
H	392	20	680

如果我请你暂时忽略保险计划的质量等因素，选出最便宜的保险计划，你可能会觉得很难选。即使我告诉你就诊频率和最高自付额等信息，你仍然会觉得难以做出选择。我曾经请多位聪明的经济学家和心理学家在这8个保险计划中做出选择，他们当中不乏麦克阿瑟天才奖得主。他们都觉得这个决策十分困难，大多过不了几分钟就会请求我告诉他们正确答案。然而，和真正的医疗保险选购者面临的决策相比，这个决策已经非常简单了。

我对人们在保险交易网站上的决策感到担忧。要想在保险供应商之间形成良性竞争，人们就必须做出正确的选择。在保险交易网站上线之前，我就和其他研究人员一起对这类选择进行了研究。[10] 在保险交易网站上选择保险计划的体验对选择者来说是否足够流畅？他们是否能够做出正确的选择？为了预测奥巴马医改计划可能带来的影响，我们使用了第4章中提到的决策模拟器。

我们建立了一个简化版的保险交易网站，向数百名奥巴马医改后医疗保险的潜在购买者展示了一组真实的保险计划。这些保险计划的呈现方式与上面的表格类似，参与者需要从中选出性价比最高的保险计划。我们告诉参与者，他们每年会看5次医生，最高自付额是200美元。在现实生活中，他们只能估算这些信息，而在我们的实验中，明确这些信息能让他们的选择变得更简单。为了确保他们认真对待这一决策，我们会向选出正确选项的参与者支付更多的报酬。选择了性价比最高的保险计划的参与者将得到10美元的报酬，而选择了性价比最低的保险计划的参与者只能得到2美元的最低报酬。[11] 这种报酬激励确实让他们在决策时变得更加认真了，他们花在决策上的时间延长了大约30%。

我们让一组参与者从4个选项中做出选择，让另一组参与者从

8个选项中做出选择。待他们选择完毕后，我们问他们对自己的选择有多大的信心。尽管这听起来很像是在问他们选择的正确性，但其实我们是在问他们对选择的感受，与他们是否真的做出了正确的选择无关。实验的结果非常明确：选项越多，参与者对自己的选择就越没有信心。虽然选择者的主观自信程度和选择的正确性并不相关，但看到8个选项的参与者做出的选择确实更糟糕。

这说明我们的网站应该将选项的数量限制在4个以内，但这并不现实。正如学校各有特色，学生各有需求一样，保险消费者的需求以及保险计划的特点也各不相同。有些保险的保障范围覆盖了多种心理疾病，也有些保险的保障范围覆盖了多种儿科疾病。交易网站需要提供足够多的保险计划才能满足人们不同的保险需求。但是，正如我们所看到的那样，选项过多可能会导致人们不认真对待决策、不仔细了解每个选项，或者采取筛选等合理路径，从而做出错误的选择。

这对设计者来说是个很大的挑战。和医疗保险相关的决策本身就不流畅。一方面，人们不愿意想象自己或亲人生病的样子。另一方面，保险条款里晦涩难懂的专业术语和概念让人望而却步。比如说"免赔额"，它指的是患者需要自付的金额，但人们很容易误以为它指的是保险能为他们自动支付的金额。还有"挂号费"，它指的是需要患者自行支付的治疗费用。这个词同样令人费解。

医疗保险交易网站的设计者似乎陷入了两难。他们需要呈现更多的选项，但这样做又会让人们不认真对待决策，做出糟糕的选择。怎样才能让决策变得更加流畅呢？如果能让决策更加流畅，他们也许就能在确保人们认真对待决策的前提下，呈现更多选项。

要选出性价比最高的保险计划很难，因为这些保险计划并没有一个直观的价格。除了月保费，还有免赔额、挂号费、网络内收费和网络外收费等各种需要考虑的价格成本。即使你知道自己未来一年的医疗需求，也明白各种保险术语的含义，要计算出购买一个保险计划的总费用也十分困难，并且，可供选择的保险计划越多，计算量就越大。

要计算出上表中每个保险计划每年的总费用，决策者必须：

1. 将月保费乘以 12；
2. 将挂号费乘以预期的就诊次数；
3. 计算并比较年度最高自付额和年度免赔额；
4. 将前 3 步的计算结果相加。

这其中涉及的计算量非常大，而且决策者必须将这些步骤重复 8 次，把每个保险计划的总费用都算一遍。这感觉就像在填写报税表一样，不是吗？

表 6-2　增加显示年度总费用后的表格　　　　单位：美元

医疗保险计划	月保费	挂号费	年度免赔额	年度总费用
A	435	10	200	5 470
B	376	28	735	4 852
C	425	18	380	5 390
D	545	15	150	6 765
E	600	5	100	7 325
F	369	40	850	4 828
G	417	10	550	5 254
H	392	20	680	5 004

我们是怎样提升流畅性的呢？很简单，我们替决策者完成了计算。表6-2中的保险计划和表6-1中的完全相同，但我们在最右边又增加了一栏，显示了一年的总费用。在我们做出这个简单的改变之后，参与者觉得这个复杂的决策变得流畅多了，而且，从4个选项和从8个选项中做出选择，参与者的决策表现没有什么区别。即使选项数量翻了一番，参与者也对自己的选择充满信心，并且，他们决策的正确性没有降低。

这一改变所带来的影响并不是个例。关于选项数量的增加对流畅性的影响，尽管对相关研究进行的元分析表明，选项的增多会造成轻微的选择过载，即选项的增多会使流畅性降低，但这种影响是相对较小的（有一项元分析甚至表明这种影响小到可以忽略不计），并且，事实证明，这种影响很容易消除。亚历克斯·切尔内夫、乌尔夫·伯肯霍尔特和约瑟夫·古德曼进行的元分析表明，选择架构的影响要比选项数量增加的影响大得多，上表中新增的年度总费用的影响印证了这一点。切尔内夫等人关注了那些既改变了选择架构，又改变了选项数量的研究。他们得出的结论是，选择架构对决策的影响是选项数量增多对决策的影响的3倍多。对设计者来说，这是个振奋人心的好消息。通过一些调整，设计者可以在增加选项的同时避免让选择者产生反感情绪。

还有一个和择校有关的例子。在一些城市的择校系统中，学生可以报考的高中是按字母顺序排列的，和电话号码簿采用的排序方式一样。如果你要查找一所你曾经听说过的高中，这样的排序方式或许能够帮到你。但是，在择校时，学生不大可能会将学校的首字母当作考虑因素之一。使用和决策更相关的排序方式或许会产生更好的效果。例如，可以根据教学侧重点对学校进行分类，把专注于提供大学预科课程的高中归为一类,把侧重职业教育的高中归为另一类,还可以根据地理位置对学校进行分类。

让我们回到医疗保险的选择上,选项数量的增加不仅会引发选择过载效应,让人们对自己的选择更没有信心,在客观上,也确实会让人们做出更糟糕的选择。例如,在我们的第一项研究中,面对4个选项的参与者有42%选中了正确选项,而面对8个选项的参与者只有20%做出了正确的选择,这和盲选选对的概率基本无异。

由于使用了决策模拟器,我们能够确定,对一个家庭来说,哪个选项才是最佳的选择,也能够估算出不完整的选择架构设计会给选择者造成多大的损失。例如,根据表6-2,最便宜的保险计划是F计划。想象一下,如果购买医疗保险的人不愿意将月保费乘以12计算出年保费,而决定直接选择挂号费和免赔额最低的保险,那么他最终会选择E计划。他所采用的这条合理路径看似不无道理,但会让他付出高昂的代价。E计划的年度总费用比F计划的年度总费用要高将近2 500美元!我们还可以对比参与者在选择架构调整前后的决策表现。在选择架构调整前,参与者做出的选择相当糟糕,平均而言,每个家庭选择的保险计划比最便宜的保险计划要贵533美元。

我们尝试了许多调整方法,比如像表6-2一样显示年度总费用。这一调整不仅让参与者对自己的选择更有信心,还提升了他们决策的正确性,使错误率降低了一半。由于知道哪个选项是正确选项,我们还可以将它设为默认选项。在增加显示年度总费用并将正确选项设为默认选项后,参与者的决策表现非常好,他们因为选择错误而蒙受的损失平均只有72美元。最重要的是,在选择架构调整后,无论是从4个选项中做选择还是从8个选项中做选择,参与者的选择质量都没有显著的差异。选择架构的积极调整克服了选择过载的消极影响。

你可能会认为这是一个特例，因为我们预先为参与者设定了他们的医疗保险使用次数，但是，其他研究已经证明，即使人们不知道医疗保险的具体使用次数，显示预估的年度总费用也能够帮助他们优化选择。[12]

我们的研究表明，选择架构的改进平均能为每个购买医疗保险的人节省超过450美元，对奥巴马医改下保险交易市场上的一般消费者而言，这相当于他们半周的工资。有效的保险交易网站选择架构有可能帮助全体保险消费者节省超过90亿美元。

受此启发，我们决定自己做一项元分析。与前面提到的两项元分析不同，我们的元分析关注的不是人们的决策感受，而是选项数量的增加是否会影响决策的正确性。我们分析的是那些使用了决策模拟器的研究，那些研究者知道正确选项的研究。这项由我和香农·邓肯（现沃顿商学院研究生）及乌尔夫·伯肯霍尔特（凯洛格商学院的元分析专家）一起进行的元分析关注了选项的增多对决策正确性的影响。虽然我们发现选项的增多可能会降低决策的正确性，但这种情况只会发生在没有对选择架构进行积极调整的情况下。在对选择架构进行积极调整后，选项的增多并不会对决策的正确性产生负面影响。

巧妙地利用选择架构，决策的流畅性就不会随着选项的增多而降低，人们找到最佳选项的可能性就越大。因此，作为选择架构师，我们要关注的问题不是"应该呈现多少个选项？"，而是：

1. 怎样才能更流畅地呈现选项？
2. 哪些选项最有可能成为正确选项？

再谈择校

让我们再回到拉德克利夫·萨德勒的择校经历上，他的故事最终有一个美好的结局。在第二轮择校中，学生可以选择的高中大多是教学质量较差、毕业率较低的学校，它们通常是大型社区学校或已经收到关停警告的高中。幸运的是，拉德克利夫申请了一个因为刚开始招生所以还有剩余名额的新项目，并且最终被这个项目所录取。提供这一项目的高中并不是他先前想去的那种以大学预科课程见长的高中，而是一所专注于信息技术职业培训的创新型高中。拉德克利夫申请的项目是由IBM公司参与资助的P-TECH项目，除了传统的4年高中课程，学业表现优异的学生还可以继续修读两年的大学课程，修读完大学课程后可以获得专科学位。拉德克利夫在校期间的表现十分出色：在入学两年后，他就获得了21个大学学分，并通过了纽约州高中会考的全部5门考试。那一年，拉德克利夫所在的学校要选出一名学生为一位来校演讲的重要人物做开场介绍，这位重要人物就是时任美国总统巴拉克·奥巴马。最终获得这个机会的学生就是拉德克利夫，他很好地完成了两分钟的开场介绍。拉德克里夫说："这真的太酷了。我想过总统先生会和我握手，但没想到他竟然还给了我一个拥抱。"[13]

如今，拉德克里夫已经24岁了，在IBM公司担任助理设计师。发生在他身上的这个故事的结局比我们想象的要更美好。但别忘了，他最初的目标是要去一所以大学预科课程见长的高中，为4年的大学生活和获得学士学位做准备。我们不禁会想，如果当初纽约市的择校系统能够帮助他在首轮申请中就被更好的学校录取，他现在会有怎样的成就。

7

选项排序
首因效应与近因效应

2000年末，"选择架构"一词尚未出现，但一则涉及选择架构设计的新闻在全美范围内引发了关注。佛罗里达州总统选举计票结果显示，在580万张选票中，两位总统候选人乔治·W.布什和艾伯特·戈尔获得的选票竟然只相差537张。这一结果决定了乔治·W.布什将赢得全部选举人票。

这一结果涉及一个基本的选择架构问题，那就是投票结果是否反映了选民的真实偏好？很多人对此表示怀疑。人们或许根本没有看懂奇怪的"蝴蝶选票"，因为在"蝴蝶选票"上，候选人的姓名和对应的打孔圈并不在一条直线上。并且，即使看懂了"蝴蝶选票"，他们投出的选票也有可能因为打孔不正确而成为无效票。人们每天都能在新闻上看到，在重新计票的过程中，监票员因为一张选票的打孔是否彻底，即一张选票是不是"悬孔票"而争论不休。但是，除此之外，还有一个因素对投票结果产生了影响，而且时至今日，这个因素仍然在影响着选举结果。

在佛罗里达州，乔治·W.布什的名字在每一张选票上都排在第一位。为什么会这样呢？有人认为，这是因为佛罗里达州的州长杰布·布什是乔治的弟弟，但真正的原因其实并没有这么不道德。事实上，这是佛罗里达州的法律规定的。1951年，在佛罗里达州政府占主导地位的民主党通过了一项法律，规定在每次选举中，现任州长所属政党的候选人的姓名都在选票上排第一位。由于杰布·布什是共和党人，所以共和党候选人的姓名在选票上排第一位。考虑到两位总统候选人的得票如此接近，乔治·W.布什的最终胜利是否和他的名字排在选票上的第一位有关呢？

美国第28任总统伍德罗·威尔逊是约翰·霍普金斯大学的政治学博士。在他看来，选票上候选人的姓名排序会产生重要影响。在一篇题为《捉迷藏政治》的文章中，他写道：

> 我曾经看到过一张列出了几百个名字的选票。它比一张报纸还要大，上面的字也像报纸上的字一样密密麻麻。面对这样的选票，当然没有选民……能够投出明智的一票。人们十有八九会直接勾选每个职位下的第一个名字，所以名字排在第一位的候选人往往会当选。有记录显示，为了赢得选举，一些精明的候选人特意把自己的名字改成首字母在字母排序中靠前的新名字，以确保自己的名字在选票上排位靠前，他们知道，如果不这么做的话，根本不可能在选举中胜出。

为了在选票上排在第一位而改名的行为不应该成为一位候选人当选的原因。无论是选举法的规定还是随机排序的结果，哪个候选人在选票上排第一位都不应该对选举结果产生决定性的影响。威尔逊说的真的有道理吗？

一些州会让候选人的姓名在不同县的选票上以不同的随机次序出现，[1]我们可以借此研究选项排序是否会影响选择。我们可以比较一位候选人在名字排在第一位时和名字排在最后一位时获得的选票的比例。多年来，研究人员一直在研究"选票顺序效应"，斯坦福大学的政治心理学家乔恩·克罗斯尼克就是其中的一员。在2000年总统大选期间，克罗斯尼克和他的同事们关注了候选人姓名的排序对加利福尼亚州、北达科他州和俄亥俄州投票结果的影响，在这3个州的选票上，候选人的姓名都是随机排序的。在这3个州里，当乔治·W.布什的名字排在第一位时，他获得的选票的比例都比他的名字排在最后一位时高。在加利福尼亚州、北达科他州和俄亥俄州，他的名字排在第一位及最后一位时获得的选票比例的差距分别为9.45%、1.65%和0.76%。

　　在只有两名候选人的竞选中，在选票上排位靠前的候选人平均拥有1%—2%的得票优势。在超党派选举和政党内部的初选中，候选人姓名排序的影响更大。为什么会这样呢？因为在超党派选举和政党内部的初选中，人们在其他选举中很容易采用的一条合理路径消失了，那就是根据候选人所属的政党投票。有人对得克萨斯州知名度较低的党内初选进行了研究，在这些初选中，候选人的姓名在选票上的排序是随机的。研究表明，名字排在选票上的第一位能让候选人多得到10%的选票。因此，我们可以得出结论，当候选人知名度较低时，或者，用政治学术语来说，当"低信息选民"在选民中的占比较大时，顺序效应更强。萨姆休斯敦州立大学的经济学家达伦·格兰特在一篇论文中描述了选票顺序效应引发的一场"完美风暴"。在争夺共和党得克萨斯州最高法院大法官党内提名的竞选中，两位知名度很低的候选人都姓格林，他们的名字也都很普通，一个叫保罗，一个叫里克。由于他们参加的是共和党党内的选举，政党因素对选举结果的影响可以被排除。研究发现，无论是对保罗·格林还是对里克·格林而言，谁的名字在一个县的选票上排在第一位，谁就会在这个县获得比对方多20%的选票。[2]

为了更好地理解这种顺序效应意味着什么，我们要知道，为了给候选人拉票，竞选团队要花费数百万美元，而如果能够通过拉票让候选人得到的选票增加2%，就会被视为巨大的成功。相比之下，选票的顺序效应只要稍稍发挥作用，就能让候选人免费获得同样的效果。[3]

当然，在佛罗里达州的2000年总统大选投票中，选票上的候选人不乏知名人士。但布什和戈尔的得票仅仅相差537票，这说明，只要有一小部分选民把票投给在选票上排在第一位的候选人，布什就能获胜。在当时的情况下，如果每2.5万名选民中有一名选民（相当于0.004%的选民）决定直接把票投给在选票上排在第一位的候选人，那么，仅凭选票的顺序效应就能决定下一任美国总统的人选。如果当时排在第一位的是戈尔，或者候选人的姓名在各县的选票上以不同的随机次序出现，那么历史就可能被改写。顺序效应很可能对佛罗里达州的投票结果产生了影响。并且，它很可能是两位候选人的得票差距如此之小的主要原因，相比之下，备受关注的"悬孔票"和"蝴蝶选票"的影响要小得多。

我们永远也无法确定佛罗里达州的投票结果是不是由选票上候选人名字的排序决定的。但显而易见的是，在所有选举中，候选人的姓名都应该以随机次序出现在选票上。没有人会提议放弃投票选举，以抛硬币的方式来决定由谁担任总统、参议员、市长或市议会成员。但仔细想想，在竞争异常激烈的选举中，如果我们以抛硬币的方式决定选票上候选人姓名的排序，如果顺序效应的影响比候选人之间的差异的影响还要大，那么抛硬币的结果就会决定谁当选。只有大约12个州会在部分或全部选举的选票上轮换所有候选人姓名的排序。最值得借鉴的或许是俄亥俄州的做法。在俄亥俄州，在第一个选区的选举中，候选人的姓名在选票上会按照字母顺序排列，而后，在其他选区的选举中，候选人的姓名在选票上的排序会依次轮换。其他州也采取了这种做法，但并没有将这种做法应用到所有的选举中。例如，得克萨斯州只在初选中轮换选票上候选人姓名的次序，这可能是考虑到政党因素不会影响人们在初选中的投票，而顺序效应影响更大。

其他38个不轮换候选人姓名排序的州可能会通过其他方法来弱化顺序效应的影响。例如，特拉华州的法律规定要将民主党候选人的名字放在最前面，这种做法显然不值得效仿。而在马萨诸塞州，在职官员的名字会被放在首位，这会让在职官员拥有更大的优势。理论上，每个选民看到的选票上的候选人姓名排序都不一样是最好的，但这很难落实，尤其是在使用纸质选票的选举中。一种退而求其次的办法就是让各选区或各县的选票以不同的次序呈现候选人的姓名。需要指出的是，系统性地轮换候选人姓名排序并不能使顺序效应消失，只能抵消它的部分影响。与此类操作形成鲜明对比的是，约有7个州会让一位官员来决定候选人姓名在选票上的排序，也就是说，这名官员拥有影响选举结果的权力。

自2000年以来，选票上的候选人姓名排序方式有发生什么变化吗？密切关注顺序效应的政治心理学家克罗斯尼克认为，顺序效应影响了2016年总统大选的结果。唐纳德·特朗普的名字在威斯康星州、密歇根州和佛罗里达州等关键州的选票上都排在第一位，他在这些州以微弱的优势获得了胜利。当然，在其他一些得票结果十分接近的州，也存在希拉里·克林顿的名字在选票上排在第一位的情况。2019年，民主党人在佛罗里达州等多个州提起诉讼，要求在选票上以随机次序呈现候选人的姓名。他们曾在佛罗里达州赢得了初步裁定，但该裁定最终还是被推翻了。2020年，在佛罗里达州的选票上，特朗普的名字又一次被列在了首位。[4]

选项顺序为何重要

你可能不相信，像选项排序这种我们无法控制的因素会影响我们的决策。又或许，你认为，选项排序只会影响一些不重要的决策，比如对冰激凌的选择。那么，在重要的决策中，比如在择校和购买共同基金的决策中，选项排序会影响人们的选择吗？

事实上，选项排序可能会对这些决策产生巨大的影响，但乍看之下，要解释清楚这背后的原因是一件很复杂的事情。在了解了选票上候选人姓名的排序对投票结果的影响后，你可能会认为排在第一位的选项总是拥有最大的优势，但有些时候，排在最后的选项才是最有优势的。

选项排序对决策的影响似乎十分复杂，所以，一些设计者或许想要直接忽视顺序效应的影响。实际上，我在写这一章时也感到十分吃力，因为要将顺序效应的作用原理解释清楚实在是太难了。但我很快意识到了两件事。第一，顺序效应可以产生很大的影响，其影响力常常和默认选项的影响力不相上下。别忘了，更改默认选项能让一位候选人多得到20%以上的选票。并且，和默认选项一样，设计者要更改选项排序很容易。在网上，只要对代码进行简单的调整，或者点一点鼠标，你就能够更改一组选项的排序。第二，虽然选项排序对决策的影响似乎十分复杂，但顺序效应产生背后的驱动力十分简单，也很容易解释。了解了这些驱动力，我们就能够理解顺序效应的影响。

第一个驱动力涉及一系列让排位靠前的选项比排位靠后的选项更容易被选中的因素。我们把排位靠前的选项更容易被选中的情况称为"首因效应"。假设你正在看一份列出了57种不同口味冰激凌的菜单。如果你更倾向于选择在菜单上排在第一位的冰激凌，就说明你受到了首因效应的影响。我们稍后会对此进行更深入的探讨，但需要指出的是，首因效应背后的驱动力和我们先前讨论过的一些因素十分相似。人们往往不会投入足够的时间和精力去寻找最佳选项，并且，不同的选项排序会改变人们查询记忆和组合偏好的方式。人们往往会从选项列表的第一项开始看，还没看到最后一项就不再往下看了。

第二个驱动力涉及一系列对排位靠后的选项更有利的因素，我们将其称为"近因效应"。在近因效应的作用下，选项列表中排位靠后的选项更有优势。当我向你口头介绍各种口味的冰激凌时，如果你总是选择最后一种，就说明你受到了近因效应的影响。近因效应同样和记忆有关，但记忆发挥作用的方式截然不同。在浏览一长串选项的过程中，我们可能会忘记那些较早出现的选项。

当信息流不受我们控制时，这种情况往往会发生。在看选票时，我们可以决定关注哪些信息以及在什么时候关注这些信息。在看纸质菜单时也是如此。但是，如果57种口味的冰激凌不是写在菜单上，而是由他人口头介绍给你，那么，决定我们会了解到哪些信息的人就是别人，而不是我们自己。只有被我们记住的选项才有可能成为最终的被选项。而那些被我们忘掉的选项不可能成为我们的最终选择。花样滑冰比赛的评委面对的就是这样的情况。在花样滑冰比赛中，选手们依次上场表演，评委必须依靠自己的记忆来比较不同选手的表现。随着完成表演的选手越来越多，评委会不可避免地逐渐淡忘较早上场的选手的表现。当最后一位选手上场时，评委对第一位选手的印象已然大大变浅。此时再进行比较非常不公平。

首因效应和近因效应发挥重要作用的场合不同。例如，首因效应可能会在我们访问网站时发挥作用，而近因效应则可能会在我们和同事讨论不同选项时发挥作用。要理解这一点，我们需要了解首因效应和近因效应出现的原因。

驱动力一：首因效应

要说明首因效应，一个很好的例子就是那种贴在墙上的长长的菜单，上面自上而下地列出了各种口味的冰激凌。假设菜单上只列出了12种口味的手工冰激凌，并且每一种冰激凌都有对配料等信息的介绍，详细得就像是一篇短文。排在最前面的是水果芭菲冰激凌。对它的介绍里面写着，这种冰激凌用到了你最喜欢的一种正值生长旺季的水果，并且制作者精心挑选了各种配料。水果的品种、产地、有机水果对健康的好处以及冰激凌的其他配料和制作方式在介绍中都有详细的说明。排在第二位的是巧克力慕斯冰激凌，介绍里写着它选用了优质的巧克力和美味的利口酒。排在第三位的是酥脆太妃糖冰激凌，排在第四位的是椰子雪葩……光是阅读这份菜单就已经让你感到筋疲力尽，而当负责舀冰激凌的服务员问你想要哪种口味的冰激凌时，你连菜单的一半都没有读完。

既然已经对组合偏好有所了解，你就应该能猜到接下来会发生什么。当你看到水果芭菲冰激凌的介绍时，你会想起那种水果的样子，想起它在成熟时的绝妙口感，还会想象用它做成的冰激凌的味道。而当你再看到巧克力慕斯冰激凌的介绍时，你几乎已经不会产生任何联想了。你也许会说："这是因为我一看到'芭菲'就心动了。"

但是，如果排在最前面的是巧克力慕斯冰激凌呢？你可能会想到慕斯的丝滑口感，想到巧克力的香甜和利口酒的浓烈之间的奇妙碰撞。而当你再看到水果芭菲冰激凌时，你几乎不会再产生任何联想。

提问方式会影响人们的选择，在前面的章节中，我已经用查询理论和抑制效应对此进行了说明。在决策中，我们会将某个选项视为暂时的最佳选项，即当前的首选项。在考虑其他选项时，我们会将那些选项同当前的首选项进行比较，这时就会发生一个非常有意思的现象，那就是我们往往会扭曲眼前的信息，只会看到当前首选项的好。我们首先关注的是当前首选项的优点，很难记住其他选项的相关信息。在选择冰激凌时，我们对不同冰激凌的评价取决于它们在菜单上出现的先后顺序。研究人员发现，这种信息扭曲似乎十分常见。埃尔克·韦伯和我把这种现象称为"扭曲决策"。[5]

康奈尔大学教授杰伊·拉索十分热爱美食。2006年，他和同事库尔特·卡尔森及玛格丽特·梅洛伊一起进行了一项研究，利用选项顺序来改变人们对餐厅的选择。他们向参与者介绍了两家餐厅多个方面的特征，并让参与者在这两家餐厅之间做出选择。两家餐厅旗鼓相当，但对参与者的吸引力不完全相同。59%的参与者更喜欢A餐厅。B餐厅虽然在很重要的一点上拥有明显的优势——甜点十分美味，但这并不足以让更多参与者放弃A餐厅而选择B餐厅。一周后，研究人员让同一批参与者再次进行选择，但这一次，在向参与者介绍这两家餐厅时，研究人员给这两家餐厅改了名字，还对介绍内容的格式做了改动。他们还做出了一个重要的调整，那就是改变了信息的呈现顺序。这一次，最先被呈现的信息是在上一次选择中处于劣势的B餐厅最突出的亮点，即该餐厅的甜点。当弱势餐厅的强项被首先呈现时，参与者的选择发生了变化。选择B餐厅的参与者的比例从41%上升到了62%。仅仅在信息呈现顺序变化的影响之下，B餐厅所占的市场份额就提高了50%。为什么会这样呢？拉索等人认为，参与者对B餐厅甜点的各种联想让A餐厅的各种特色优势不再那么突出了。当研究人员请参与者为两家餐厅评分时，不出所料，先看到B餐厅的甜点后，参与者对B餐厅各方面的评分都要比A餐厅的评分高。并且，参与者对A餐厅各个方面的评分都比一周之前的评分要低。A餐厅原来更"周到"的服务似乎不那么有吸引力了。B餐厅的甜点在整个菜单上显得无比特别。参与者的组合偏好仅仅因为信息呈现顺序的变化就发生了改变。

这一改变令人印象深刻。在发现了顺序的巨大影响之后，拉索等人问参与者，他们是否认为信息的呈现顺序影响了他们的选择。几乎所有参与者都给出了否定的回答。

但是，如果选项列表很长，顺序就不是催生首因效应的唯一因素。涉及许多选项的决策在生活中随处可见。还记得伍德罗·威尔逊提到的那张列出了几百个候选人姓名的选票吗？这个数字可能有些夸张，但长选票确实存在。例如，2020年民主党总统初选有25名活跃的主要候选人，2016年共和党总统初选也有17名候选人。

在本书中，我们还看到了很多其他例子，不管是择校系统中可供学生选择的学校名单，还是交友应用程序上的条件匹配对象名单，都是冗长的选项列表。面对这些冗长的选项列表，人们可能只会关注其中的一小部分选项。

当人们没有投入足够的时间和精力寻找最佳选项，而只是关注了选项列表中的前几个选项时，首因效应也会发挥作用。如果选项列表的设计不流畅，首因效应的影响就会更大，而大多数选票的设计都不流畅。选项列表越不流畅，人们纳入考虑范围的选项就越少，首因效应的影响就越大。

在第6章中，我们讲到了由于过早放弃对最佳选项的寻找而错过最佳选项的例子。现在，我们谈论的正是这种情况。这一次，我们将进一步探讨为寻找最佳选项所投入的时间和选择结果之间的关系。如果人们过早停止寻找，他们就只能从较小的选择集中做出选择。没有被看到的选项是不可能被选择的。这有助于解释为什么排在第一位或接近第一位的选项更有优势。如果首因效应是影响选择的唯一因素，那么威尔逊说的就是对的：当选票上候选人的姓名是按照首字母顺序排列时，如果想要成功当选，候选人就应该把名字改成"阿克"或者"艾伦"这种能够排在前面的名字。

计算选择者应该花多少时间来寻找最佳选项是一个非常热门的研究话题。这是因为这个问题非常适合用统计学中的最优化方法来解决。不足为奇的是，在经济学和应用数学领域，有大量关于最优停止点的研究。既有研究关注了应该在结婚前考虑多少个条件匹配对象，也有研究关注了应该在面试多少个求职者后再决定最终的录用人选。具有讽刺意味的是，那些研究最优搜索问题的经济学家也会被顺序效应"玩弄于股掌之间"。正如我们将在下一节中看到的那样，为经济学家们提供经济学文献信息的一个重要平台受到了顺序效应的巨大影响；由于影响实在太大，该平台最终彻底改变了它所使用的选择架构。

被顺序埋没的经济学家

每周一早上，美国全国经济研究所会向2.3万名订阅者发送一封电子邮件，介绍本周新发表的工作论文。美国全国经济研究所是一家私营的非营利研究机构，尤以预测经济衰退的开始和结束而闻名，它介绍的工作论文很受学者重视，因为这些经济学论文可能要花好几年的时间才能完成并发表。

每周的电子邮件会列出本周工作论文的标题、作者、摘要和下载链接。编辑和读者都认为，这些论文的排序是随机的，没有任何人为的控制。事实确实如此。论文列表通常很长，我最近一次收到的邮件就列出了36篇工作论文。至少对经济学家来说，这些论文的标题十分激动人心，诸如《全球贸易和农业边际生产力》和《解读货币联盟内部贬值的宏观经济影响》等。

从提交论文的经济学家到论文列表的汇编者，所有相关人员都认为，既然论文列表的排序是随机的，论文的排序也就没那么重要。人们完全没有理由认为排在第一位的论文更优秀，或者排在最后的论文质量比排在前面的差。论文的排序和论文的质量没有丝毫关系。

但事实证明，即使是经济学家也会受到顺序效应的影响，因为他们也不会把所有的论文都浏览一遍。排在第一位的论文的摘要阅读次数和下载次数分别比排在第二位的论文多33%和29%，而且这种递减趋势会一直向下延续。[6]

对学者来说，衡量学术成功的一大指标就是研究成果的被引用次数，即自己的研究成果在其他学者的研究成果中被提及的次数。在大多数大学里，研究成果的被引用次数都是获得终身教职的重要参考指标，它也是吸引其他大学向一位学者抛出橄榄枝的重要因素，当然，它还是学者自我炫耀的重要资本。事实上，有一个叫作"h指数"的指标就是专门用来比较学者的被引用次数的，被引用次数的重要性由此可见一斑。在学术会议上，当一位知名学者经过其他学者身边时，那些学者可能会聊起他的h指数（"我认为乔治是一位非常杰出的学者，但桑德拉的h指数比他要高得多。"）。被引用次数真的非常重要。

在这种随机排序的列表中排在第一位也可以提高论文的被引用次数吗？当然可以。丹尼尔·芬伯格和他的同事们追踪了那些被随机排在第一位的论文在接下来两年内的被引用情况。他们发现，在美国全国经济研究所的工作论文列表中排在第一位的论文的被引用次数会增加27%。由于论文的排序不能说明任何问题，所以人们不一定要从列表中的第一篇论文开始读，从哪一篇开始读都可以。而且，他们可以轻松将页面滚动到列表的底部。但有证据表明，尽管论文的排序是随机的，和论文的质量无关，但那些排在前面的论文被阅读和被引用的次数更多。研究人员甚至参考了这些论文在其他地方出现时的受关注程度，并在统计数据时排除了这一因素的影响，但即便如此，他们还是发现论文的排序会产生极大的影响。

这个例子很好地体现了随意采用的选择架构可能带来的影响。在运用选项排序这个选择架构工具时，美国全国经济研究所的工作人员并没有考虑到它可能造成的影响。在意识到其影响之后，这些经验丰富的设计者采取了怎样的措施呢？为了尽可能减弱顺序效应的影响，他们采取了这样一种做法，即在发给不同订阅者的电子邮件中以不同的随机顺序显示论文列表，这样，每位读者看到的列表上论文的排序都是不同的，顺序效应就被抵消了。美国全国经济研究所主席詹姆斯·波特巴说："选择架构是经济决策研究中一个重要但却没有受到足够重视的领域。"在被问及为什么要对列表中的论文进行随机排序时，他回答说："当你意识到目前的选择架构会造成不公平时，这样做几乎就是顺理成章的事。"为了让顺序效应最小化，这是一种很自然的改进措施，但它可能并不是呈现选项的最佳方式。如果将论文按照研究领域分组，例如将微观经济学的研究论文分为一组，将博弈论的研究论文分为一组，并且每个订阅者都能选择自己感兴趣的研究领域，那么设计者就可以根据不同订阅者感兴趣的研究领域对论文进行排序。这样，论文的排序就变得有意义了，能帮助订阅者快速找到自己感兴趣的论文。

排序如何影响企业盈利

工作论文的排序会对论文的被引用次数和学者的自我成就感产生切实的影响。而在现实的经济活动中，互联网上的选项排序会大幅影响企业的盈利。全球最大的线上旅游公司亿客行想要找到在其官网上展示搜索结果的最佳方式。该公司认为，对网站进行重新设计或许有助于增加企业利润。亿客行全球收入的70%来自独立酒店以及像假日酒店和万豪酒店这样的连锁酒店的客房销售业务。与汽车租赁业务及机票订购业务相比，客房销售业务给亿客行带来的收入多得多。客房销售业务的收入大多来自从酒店获得的提成，而不是广告费用。因此，如果有一种排序方式能够更好地帮助用户从搜索结果中找到并预订合适的客房，亿客行的收入就能增加。相反，如果用户没有预订客房就结束了对网站的浏览，亿客行就拿不到提成。[7]

在用户输入旅行目的地和入住日期后，亿客行的网页上会显示若干个有剩余客房的酒店（平均显示数量为27个）。为了增加预订量，亿客行开始使用一种算法，根据酒店和搜索条件的相关度来对酒店进行排序。排序的依据有两个，一是其他用户对酒店的关注度，二是用户既往预订的酒店的价格和档次。为了了解顺序效应对客房销量的影响，亿客行进行了一项对比实验，比较了根据这一算法对搜索结果进行排序和随机对搜索结果进行排序的情况下，客房的销售情况。

由于亿客行当时采用的是随机排序的方式，所以纽约大学的营销学教授拉卢卡·乌尔苏可以观察到在搜索结果中排位的变化对同一家酒店客房销量的影响。假设有很多用户都在搜索栏中输入了"巴尔的摩"并把入住日期定在了周末，那么这些用户都会被推荐相同的酒店，但是，在不同用户看到的搜索结果页面上，这些酒店的排序是不同的。在一位用户看到的搜索结果页面上排在第一位的酒店，在其他用户看到的搜索结果页面上可能只排在第20位。由此，乌尔苏能够对选项排序这个单一因素对客房销量的影响进行研究。在随机排序的情况下，对用户来说最合适的酒店可能会出现在搜索结果列表中的任何一个位置。酒店在搜索结果列表中的排序同酒店与用户需求的匹配度完全无关。

既然搜索结果页面已经呈现了每家酒店的大量信息，比如酒店名称、房间价格、酒店位置和星级评价等，那么对用户来说，最合理的做法就是浏览搜索结果列表，点击了解看起来最适合自己的酒店的详细信息。用户需要了解的大部分信息在搜索结果页面上都有显示。他们应该点击看起来最适合自己需求的酒店的链接。鉴于浏览搜索结果页面几乎毫不费力，你可能会认为搜索结果的排序不会有什么影响。

但实际上，酒店在随机排序的搜索结果列表中的位置产生了巨大的影响：排在第一位的酒店被选择的概率比排在第二位的酒店高50%，是排在第五位的酒店的近两倍。人们不会花太多时间去寻找最佳选项，93%的用户都只点击查看了一家酒店的详细信息。而他们最终选择的客房并不便宜，一家普通酒店的客房每晚的价格也在160美元左右。

乌尔苏分析了450万条来自亿客行的搜索数据。利用统计模型，她分析了顺序效应对用户客房预订支出的影响。这些模型控制了酒店自身差异（比如酒店到市中心的距离、酒店是否配备游泳池、酒店客房的条件，以及酒店是否属于某个连锁品牌等）带来的影响，因此，乌尔苏能够通过分析判断用户用于寻找最佳选项的时间是否不足，并了解用户为此而付出的成本。她指出，用户似乎觉得寻找最佳选项要付出巨大的成本，即使他们需要做的不过是点一点鼠标。多了解一些酒店能够帮助用户节省开支。乌尔苏的计算显示，平均而言，用户每少花几秒钟来点击查看一家酒店的详细信息，就会在预订客房时多花大约2美元。让我们从经济学家的视角来看一下这个问题。如果我每多工作一分钟就能多赚2美元，那么，放弃寻找最佳选项，我就相当于拒绝了一个能让我每分钟赚2美元、每小时赚120美元的工作机会。

利用统计模型，乌尔苏可以了解当亿客行使用一种新的算法，按照酒店与用户需求的预估匹配度来对搜索结果进行排序时，用户会有怎样的表现。结果证明，对用户来说，亿客行原先的搜索结果排序方式要糟糕得多。根据乌尔苏的计算，亿客行原先的搜索结果排序方式让用户为每晚的客房住宿多花了30美元以上。与采用新算法根据酒店与用户需求的预估匹配度对搜索结果进行排序相比，随机对搜索结果进行排序让用户的支出增加了19%。乌尔苏建议采用的新算法将会让亿客行的客房预订量上升2.4%，从而让它获得更多的提成。

你可能认为，排在第一位的选项总是最占优势的。对选票、学术论文列表和酒店搜索结果页面上的选项而言，事实似乎的确如此。但是，排在第一位的选项并不是在所有情况下都最占优势。前面提到的排在第一位的选项最占优势的例子有两个共同点。第一，这些选项所在的列表主要是由文字构成的；第二，选择者都能够自主决定关注列表的哪个部分。

驱动力二：近因效应

假设你爱人回家后向你提议今晚一起去看电影，并向你推荐了5部电影。你觉得上网搜索附近影院可看的电影和阅读影评太麻烦，所以非常愿意听爱人的推荐。你爱人对每部电影都做了一句话的简单介绍。在这种情况下，你认为第一部电影会是你最有可能选择的电影吗？作为设计者，你爱人能否通过改变对5部电影的介绍顺序来提高你选择她喜欢的电影的可能性吗？她应该先介绍她最想看的那部电影吗？

研究表明，在这种情况下，第一个选项可能并不是最占优势的选项。想一想有哪些因素在发挥作用。激发首因效应的因素可能在发挥作用，但这里的情况不同于前面的例子。请你想象一下倾听自己的爱人推荐电影的过程。当听说第一部电影是一部低俗的悬疑电影时，你迅速在脑海中形成了对它的看法。接着，你爱人又推荐了一部刚刚上映的浪漫爱情喜剧。你依稀记得曾经看到过一篇关于这部电影的影评，在听她介绍的同时，你迅速将那篇影评的内容与你对那部悬疑电影的看法进行了比较，并确定自己更倾向于看那部悬疑电影。第三部电影是一部关于你爱人最喜欢的乐队的纪录片（你爱人兴趣爱好十分广泛）。你很清楚自己不想看这部纪录片，所以你努力让自己记住在前两部电影中，自己更喜欢的是哪一部。第四部电影是一部你们两个都不喜欢的动作电影的续集，所以你很快就排除了这个选项。这时，你已经对第一部电影没有多少印象了，只记得比起那部浪漫爱情喜剧，你更愿意选择它。最后，你爱人向你介绍了第五部电影，那也是一部悬疑电影，一部年代久远的黑色电影，你的爱人还提到，在播放那部电影的影院对面，有一家很不错的酒吧，你们可以到那里喝上一杯。你们两个之前曾经说过，想要抽空去那家酒吧喝一杯。听她介绍完最后一部电影之后，你努力想要回忆起前4部电影，但很快就放弃了，因为你满脑子想的都是那家酒吧和最后一部电影，于是，你说："我们去看最后一部电影吧。"

你失去了对自身注意力的控制权。与向你介绍当日特色菜的服务员一样，你的爱人控制了信息的呈现方式。这与查看选票或网页上的列表不同。在浏览网页时，如果你忘记了某些信息，你完全可以回顾这些信息。而在听你的爱人介绍电影时，你却无法这样做。你爱人改变了游戏规则，采用了依次呈现选项的方式，每次只向你呈现一个选项。而我们前面谈到的例子采用的是同时呈现选项的方

　　　　　　决策

式，你可以同时看到所有选项，掌握对自身注意力的控制权。而当选项被依次呈现时，你对自己注意力的控制权就丧失了。

一旦你了解了这两种选项呈现方式的不同之处，就会开始注意到，选项的依次呈现随处可见。在品酒会上，在找房子时，在花样滑冰比赛的打分中，选项都是依次呈现的。

每一年，欧洲广播联盟各成员国都会选送流行歌手参加欧洲电视网歌唱大赛。在该项赛事中，阿巴乐队曾凭借歌曲《滑铁卢》夺冠，那首歌也成了他们的第一首热门单曲。席琳·迪翁、英国歌手露露和德国歌手莱娜都曾获得过该项赛事的冠军，她们的歌手生涯都因此而有了重大突破。欧洲电视网歌唱大赛以夸张且古怪的流行歌曲表演而闻名。自1956年首次举办以来，直到在2020年因为疫情而被迫取消，该项赛事每年都会举办，是世界上连续举办时间最长的年度歌唱比赛。

参加欧洲电视网歌唱大赛的选手们的表演就是被依次呈现的。每个国家只能选送一首演唱时长不超过3分钟的歌曲参赛。在决赛中，26名选手要在两个小时内依次完成演唱。他们的出场顺序是随机确定的。决定比赛结果的投票由专业人士和世界各地的电视观众共同完成。投票有一项重要的规则，那就是投票人不能为自己国家选送的参赛选手投票。

荷兰心理学家温迪·布莱纳·德布朗对欧洲电视网歌唱大赛等比赛进行了深入研究。与同时呈现全部选项时排序越靠前的选项越占优势不同，在此类选手依次登场表演的比赛中，她看到更多的是近因效应在发挥作用，也就是说，越靠后出场越有优势。为什么会这样呢？

我们还是回到刚才那个你爱人向你推荐电影的例子。由于所有的信息你只会听到一次，所以你会在每个选项出现时立即对它进行评估，将它与当前的首选项进行比较。在这种情况下，随着越来越多选项的依次出现，你会越来越难回忆起较早出现的选项。即使是曾经被你视为当前首选项的选项也是如此。你很容易记住自己最后听到的选项。这意味着，越靠后出现的选项越有可能成为你的选择。事实上，布莱纳·德布朗的研究印证了这一点。在欧洲电视网歌唱大赛中，尽管选手们的出场顺序是随机确定的，但最终获胜的往往都是出场顺序靠后的选手。参赛选手们至少在直觉上对此了然于心，所以他们会想方设法在舞台上留下令人难忘的瞬间，让自己脱颖而出。2015年，奥地利梅克梅克斯乐队在舞台上营造了火烧钢琴的视觉效果；2016年，白俄罗斯歌手伊万利用全息影像技术呈现了狼对着月亮嚎叫的震撼画面。为了让投票人在看完后面的表演后仍然能记得自己的表演，选手们可以说使出了浑身解数。

布莱纳·德布朗发现，在国际花样滑冰比赛中，近因效应也在发挥着作用。花样滑冰比赛的出场排序规则非常不公平。在第一轮比赛中，选手们的出场顺序是随机确定的。如前所述，后出场的选手占有优势。在第二轮比赛中，选手们的出场顺序是由第一轮的表现决定的。这意味着最后出场的选手会获得双倍的优势。为了理解这一点，让我们假设所有选手的水平不相上下。那么，在第一轮比赛中因为最后出场而获得了最高分的选手，在第二轮比赛中仍然会是最后一个出场，其因为出场顺序靠后而享有的优势就叠加了。

我们要明白，无论是在投票选举中，还是在花样滑冰比赛中，排序本身都不能决定结果。这一点很重要。无论是选举还是花样滑冰比赛，我们都不希望让运气决定谁能成为赢家。花样游泳比赛和古典音乐比赛也会受到近因效应的影响。布莱纳·德布朗将这一系列研究近因效应的论文优雅地命名为"把最后一支舞留给我",给所有参赛者提供了一个很好的建议。

心理学家们做了一个和品酒有关的实验,实验设计虽然有些"表里不一",却巧妙地证明了近因效应的存在。在品尝多种葡萄酒样品后,实验参与者要选出自己最喜欢的一种。为了观察"选项列表"的长度对参与者选择的影响,研究人员将参与者分为了4组,这4组参与者分别需要品尝2种、3种、4种和5种葡萄酒样品。参与者被告知,他们品尝的样品是产自不同葡萄酒庄的同一品种的葡萄酒,但实际上,他们品尝的所有样品都是一样的。你可能以为,在受到误导后,参与者的选择会像抛硬币一样呈现出随机性。各种样品唯一的不同就是被品尝顺序的不同,但这一顺序对参与者的选择产生了决定性的影响。

让我们来看看实验的结果。我们可以从图7-1中看到,随着样品数量从2个递增到5个,人们的选择发生了怎样的变化。

顺序产生了巨大的影响。在双样品序列中,70%的参与者选择了先品尝的样酒,远高于50%的随机概率,这表明虽然两种样品完全相同,但先被品尝的样品被选择的概率是后被品尝的样品的两倍多。在这个极短的样品序列中,排在第一位的样品具有优势。也就是说,我们之前在关于选票和菜单的例子中看到的首因效应发挥了作用。但请注意,随着序列逐渐变长,首先被品尝的样品的优势逐渐变小了,而最后一个被品尝的样品的优势逐渐变大了。这就是近因效应的作用,排在最后的选项最有优势。[8]

为什么会这样呢?显然,在这个品酒实验中,首先被品尝的样酒是具有优势的,并且,由于所有的样酒都是相同的,我们只能把这种优势归因于排序。我们之前讨论过首因效应出现的原因，但在这里，首因效应之所以会出现并不是因为参与者停止了对最佳选项的寻找，因为他们必须品尝完所有的葡萄酒样品。首因效应的出现可能是味觉减退的结果，也可能是偏好组合方式的不同造成的（就像投票选举一样）。但是，请注意，随着序列的变长，人们的选择发生了变化，近因效应越来越明显。最后被品尝的葡萄酒样品逐渐占了优势，被选择的概率几乎和最先被品尝的样品不相上下。这大概是因为人们越来越难以想起最先被品尝的样品的味道。

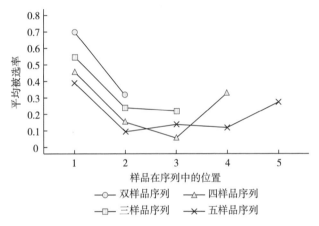

图 7-1　在样品数量不同的情况下，不同位置的葡萄酒样品被选择的概率

这一发现给了我们一个有意思的暗示：在依次呈现选项的决策中，如果选项数量较少，那么最先被呈现的选项最有优势。但是，随着选项数量的增加，最后被呈现的选项的优势会变得越来越大。这就是我们需要了解顺序效应产生背后的两个驱动力的原因，因为了解了这两个驱动力，我们就能够理解在选项较少和选项较多的决策当中，选项排序为何会对决策产生不同的影响。

视觉选项的呈现方式

目前为止，我们已经了解了两种选项呈现方式。第一种是选票和网页常用的同时呈现选项的方式，在这种呈现方式下，我们能够控制自己的注意力，自主决定信息的阅读顺序。通常，我们会遵循正常的阅读顺序，即从左到右，从上到下。第二种是依次呈现选项的方式，在这种方式下，我们对自己注意力的控制权要小得多。无论是在你爱人向你推荐电影时，还是在欧洲电视网歌唱大赛上以及品酒实验中，我们都无法控制信息被呈现给我们的方式。有时，面对大量依次呈现的信息，我们会感到不堪重负。

但在现实决策中，选项的呈现方式往往介于这两种方式之间。你可能以为，在决策过程中，控制权是掌握在你自己手中的，但有时情况并非如此。例如，当你饥肠辘辘地行走在东京的街头时，也许会感到不知所措，而如果你不会说日语，情况就更加棘手了。幸运的是，为了方便语言不通的外国游客，许多餐厅都为它们供应的所有菜品制作了塑料或蜡制模型。外国游客只需要用手指一指就能点菜了。

面对如此生动的视觉菜单，你觉得自己还会像看文字菜单一样，从左到右依次浏览菜品吗？很可能不会。如果菜品的数量不是太多，首因效应就会发挥作用，但它在这里发挥作用的方式和我们之前看到的例子中的情况有所不同：拥有优势的不是展示台上摆放的第一个菜品模型，而是你最先看到的菜品模型。当你看向展示台时，你的目光会自然而然地被摆在中间位置的模型吸引。你也可能会被颜色比较明亮或造型比较夸张的模型吸引。总而言之，最有优势的是最先引起你注意的模型。事实上，眼动追踪研究表明，在这样的视觉选项呈现中，人们更容易关注到中心区域，因此，位于中心位置的选项更有优势。[9]

对于这一现象探讨得最深入的是关于超市商品陈列的研究。超市的货架是人们重要的决策环境，为了让货架上的商品摆放更有利于自家产品的销售，美国宝洁公司和德国汉高公司等制造商会向超市支付专门的费用。将商品陈列在货架上是现代零售业最重要的特征之一。商品在货架上摆放的位置由两个设计者共同决定，那就是超市和制造商。由于商品在货架上摆放的位置非常重要，如果制造商想要让自己的产品被摆在货架的特定位置，就需要向超市支付一定的费用。这种费用叫作"通道费"。例如，像雀巢公司这样的制造商可能要向克罗格这样的超市支付一定的通道费，才能在超市里特定高度和特定位置的货架上摆放一定数量的自己公司的产品。制造商和超市都对通道费的内幕讳莫如深。在《大西洋月刊》的一篇文章中，作者 H. 阿姆斯特朗·罗伯茨写到，在一场调查通道费交易的国会听证会上，一位证人作证时头戴兜帽，躲在屏风后面，声音也被做了变声处理。尽管如此，我们还是对此类交易有一定的了解。一家冰激凌制造商称其为了让自己的产品在350家商店内上架而支付了3万美元。在全食连锁超市发展早期，制造商要支付2.5万美元，才能将自己的产品摆在超市货架上的显眼位置。即使没有直接收取通道费，许多超市也会在和制造商协商产品价格时将这一费用扣除。虽然我们有时会提前计划好要购买哪些商品，但在我们事先没有明确计划时，正好与我们的视线高度一致的货架上摆放的那些商品确实会影响我们的选择。[10]

在零售货架设计中，选择架构大有用武之地。我们知道，商品的在架数量越多，销量就越多（例如，在货架上摆8盒奥利奥饼干会比摆4盒奥利奥饼干更有利于这款饼干的销售）。我们还知道，按字母顺序摆放汤料包不利于提高汤料包的总体销量。如果无法根据字母顺序快速找到你想要的汤料包，你可能会在寻找的过程中发现一些你从未听说过的汤料包，并想将它们买回家。让消费者采用一条没有那么简单快捷、需要耗时更多的合理路径更有助于提升销量。

零售商非常关注消费者在购物时采用的合理路径，尤其是消费者留意的商品和他们购物时的行走路线。除了分析商品销量以外，零售商还会在购物车上安装无线电发射器，在墙上安装摄像头，甚至开展研究，让参与者将眼动仪戴在头上。早期的眼动仪十分笨重，看上去就像一顶装有摄像机的自行车头盔，但现在的眼动仪已经变得非常时尚，看上去就像那些最终没能上市销售的谷歌眼镜，只不过它们比谷歌眼镜还多了能够追踪眼动的摄像头。

零售商对消费者行为的了解大多属于商业机密，但我们对此并非一无所知。例如，我们知道，只有不到33%的消费者会看食品的营养标签。并且，那些会看营养标签的消费者将目光停留在营养标签上的时间平均不到一秒钟。这一研究结果尤其耐人寻味，因为这项研究是在美国食品药品监督管理局推出新式营养标签后进行的，而这些新式标签被推出的目的是让食品的营养信息更容易被理解。总的来说，我们已有的认识可以用一句话来概括：货架空间的分配是以吸引消费者的注意力，让消费者首先注意到特定的商品为目标的。

被摆放在与消费者视线高度一致的货架上且在架数量多的商品更有可能成为消费者优先考虑购买的商品。这是因为消费者的组合偏好会受到影响，并且，不愿意花太多时间选购商品的消费者往往会直接选择这些商品。我们可能认为，在超市购物时，消费者能够控制自己的注意力，但事实并非完全如此。产品的包装、产品在货架上摆放的数量以及产品是否被摆放在端架上都会影响消费者的注意力。[11]首因效应可能会发挥一定的作用，但真正决定消费者会首先关注哪些商品的是商品的在架数量等因素。

特定属性排序的影响

还有一个关于选项排序的例子在网上十分常见，那就是按照某个属性对选项进行排序，比如按照价格从低到高的顺序排列选项。在按照某个属性排列选项时，我们让某些合理路径变得更加流畅，也让某个属性变得更加重要。在前面讲到的所有例子中，我们都在关注选项的排序对决策的影响。无论是欧洲电视网歌唱大赛的参赛选手、品酒实验中的葡萄酒样品，还是网飞着陆页上的电影，所有选项都被视为一个整体。设计者会用他们认为合理的方式来呈现选项，比如，亿客行的设计者会用能够最大限度地提高客房预订量的排序方式来排列搜索结果，一些选票的设计者会按照字母顺序为候选人的姓名排序。

按照特定属性为选项排序同样会对决策产生影响。你每天都能在网络上看到按照特定属性为选项排序的例子。例如，当你在谷歌航班上搜索航班时，搜索结果是按照机票的价格排序的。作为选择者，你只需要点一点鼠标，就能用多种不同的方式来排列搜索结果。但是，设计者将默认的排序方式设为了按照机票的价格从低到高排列。

按照某个属性为选项排序会提升这个属性对选择者的重要性。

如果搜索结果是按照机票的价格从低到高排列的，你就更有可能选择最便宜的航班。用专业术语来说就是，你的"价格敏感度"会更高。如果按照油耗来给汽车排序，人们就会对汽车是否省油更加敏感。如果按照距离来给餐厅排序，人们就会对到达餐厅的用时更加敏感。[12]

我曾经在一个研究择校网站设计的项目中担任顾问。那个由研究咨询公司Mathematica组织的研究团队得到了一些相当惊人的发现。在上一章中，我们讲到了学生和家长在择校时可能要在学校的教学质量和学校离家的距离之间权衡取舍。那个团队观察了在分别按照教学质量和家校距离这两个属性给学校排序时学生和家长的择校选择。对学生和家长来说，在这两者之间权衡取舍确实相当困难。你愿意让你14岁的孩子每天多走半英里去一个更好的学校上学吗？两所学校的教学质量要有多大的差距才值得孩子在路上多花这些时间？这种权衡取舍正是人们不得不组合偏好的典型情况。由于人们很少需要面对择校这样的决策，通常每个孩子只有在每次升学时才需要选学校，我们可以将这个决策视为人们需要组合偏好的决策。若事实果真如此，选项的排序方式可能会产生很大的影响。

Mathematica的研究团队让3 000多名家长在不同版本的择校网站上做选择。他们发现，选项的排序方式影响了家长的选择。尽管家长可以点击鼠标更改选项的排序方式，但默认的排序方式还是产生了很大的影响。例如，在按照教学质量对学校进行排序的网站上，家长更倾向于选择虽然离家更远（在平均家校距离为2英里的情况下，这些学校要远0.6英里，即家校距离要远30%）但教学质量更好的学校（在百分制下，这些学校学生的学业成绩比平均成绩要高5分）。按照教学质量对学校进行排序让家长更加重视学校的教学质量，增加了孩子在家校之间往返的通勤时间。而在按照家校距离对学校进行排序的网站上，家长们的选择倾向正好相反。可见，排序方式会对这些重要的决策产生显著的影响。[13]

约翰·林奇和丹·艾瑞利的一篇论文很好地说明了这一点。他们创建了一个网站，向杜克大学的工商管理硕士生销售葡萄酒。在一半学生看到的网页上，不同的葡萄酒是按照价格排序的，而在另一半学生看到的网页上，不同的葡萄酒是按照品质排序的。学生们做出的是真实的购买决策——他们真的要花自己的钱把葡萄酒买回家。正如你可能已经猜想到的那样，排序方式决定了学生们对葡萄酒的价格和品质的重视程度。在按照价格对葡萄酒进行排序时，他们会购买更便宜的葡萄酒；而在按照品质对葡萄酒进行排序时，他们会购买品质更高的葡萄酒。一周后，在学生们应该已经品尝过自己购买的葡萄酒的情况下，林奇和艾瑞利让他们再次到网站上购买葡萄酒。结果表明，上一次买酒时网页上显示的葡萄酒的排序方式仍然在影响学生们的选择。那些一周前买酒时看到的网页上不同的葡萄酒是按照价格排序的学生，这一次看到的网页上的葡萄酒即使不再是按照价格排序，也倾向于购买价格比较便宜的葡萄酒。这里要再次强调的是，排序方式并不会改变葡萄酒本身，但会改变人们在决策时采用的合理路径，并且，即使人们已经把酒喝完，排序方式的影响仍在持续。

菜单心理学的谬误

有一次，在参加完一个决策研究会议后，我来到了会议地点附近的一家好评颇多的餐厅。我的心中充满了期待，因为我要跟一位很久没有见面的朋友共进晚餐，一起喝上一杯。服务生给我们两人都递上了菜单。这家餐厅的菜单是小餐厅常用的那种折页菜单，由一张大纸左右对折而成。菜单的封面上印着餐厅的名字，封底是空白的，而实质性的内容则被印在了中间的两页上。

我突然意识到，这份菜单是一个选择架构，它可能会对我的选择产生影响。在设计菜单时，设计者（也许是厨师？）有意或无意地做出了许多涉及选择架构的决策。刚刚还在参加会议、研究选择架构的影响的我意识到，也许可以试着弄清楚，这些涉及选择架构的决策会如何影响我当晚的点餐。这个想法出现的时机恰到好处，因为和我共进晚餐的朋友正是《助推》的作者之一——理查德·塞勒。

塞勒和服务生聊起了这份菜单。服务生说，他在当地的烹饪学院学习过，这类学院通常会开设一门名为"菜单心理学"的课程。事实上，确实有一些专门的菜单心理学顾问，他们的职责就是帮助餐厅引导顾客选择能给餐厅带来更多利润的主菜。塞勒感到十分得意，因为他发现了选择架构研究的一个新领域，为本书的创作提供了新的研究素材，对此，我十分感激。不过，虽然菜单心理学这一概念确实存在，并且有学校开设了相关课程，但事实上，这些课程所教授的内容大部分都是错的。

后来，那个服务生给我发来了一封电子邮件，在邮件中告诉了我他在学习菜单心理学课程时用到的教材的名称。我订购了那本书，很好奇自己能从中学到些什么。书中有很多非常具体的建议，并且，虽然菜单心理学专家没有用到"选择架构"这个词，但他们显然也认为菜单呈现菜品的方式十分重要。一位菜单心理学顾问曾说："如果你认为顾客会点哪些菜完全是由他们自己决定的，那你就错了。一份菜单应该让顾客知道餐厅希望他们点哪些菜。"[14]

书中的一些建议十分具体:"菜品名称的位置、图形设计及菜品简介都会向顾客传达信息,让顾客知道餐厅希望他们点哪些菜。例如,在一份算上封面和封底在内一共4页的菜单中……右侧内页的中上区域是菜单的'黄金位置'。"[15]

那位顾问认为,餐厅老板可以轻松提高利润空间更大的菜品的销量。由于顾客会从黄金位置,即图7-2中数字1的位置开始看菜单,将高利润菜品列在黄金位置就能让顾客更多地关注这些菜品,从而提高这些菜品的销量。在进一步查询相关资料后,我发现,许多顾问都给出了类似的建议,但他们对菜单的黄金位置的判断往往存在分歧。

基于我对选项排序的了解,我对这个建议及类似建议感到怀疑。为什么顾客会从所谓的黄金位置开始看菜单呢?这听上去似乎

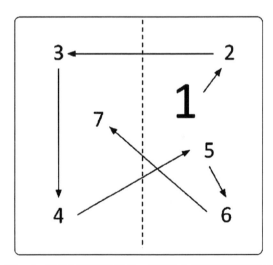

图 7-2　菜单心理学顾问认为,顾客按此序号顺序浏览菜单

和首因效应有关，但是，为什么顾客会先看菜单的第二页呢？实际上，菜单心理学的相关书籍和心理学关系不大，书中的建议主要是基于菜单心理学顾问的直觉。事实证明，我真正从那本教材及其他类似书籍中得到的收获是：菜单心理学顾问给出的建议有可能错误至极。本来，我和理查德·塞勒期待能够看到这一领域的大量经典案例，以为这一领域有强有力的研究基础作为支撑，相关课程能让烹饪学院的学生学到实用的知识，但事实恰恰相反，这只不过是人们根据直觉创建选择架构的又一个糟糕的例子，完全没有坚实的理论或实验基础做支撑。

一篇题为《顾问是否在误导他人——关于菜单布局对菜品销量影响的实证研究》的论文检验了另一位菜单心理学顾问提出的类似设计建议的有效性。研究人员在一家真实的餐厅中展开了为期4个月的实验，以观察将菜单中的两页调换位置是否会造成菜品销量的变化。结果发现，同一菜品被列在顾问推荐的位置与否对其销量并没有影响。所以，顾问是否在误导他人呢？答案是肯定的。菜单心理学中还有很多类似的谬误。即使这个领域中一些已发表的论文已经因为研究的可靠性存疑而被撤回也于事无补。[16]

这是否意味着菜单不会受到选择架构的影响？答案是否定的。但顾问们的建议可能是基于对人的注意力和寻找最佳选项的方式的错误假设而提出的。餐厅老板之所以会聘用顾问，是因为他们的建议听起来似乎有一定的合理性。但是，餐厅老板一般不会去检验这些建议的有效性，所以他们并不知道这些建议是否真的有用。

问题在于，图7-2中显示的顺序是错的，它的依据不过是某位专家的意见和顾客们在接受采访时所说的话，而在接受采访时，顾客已经点完菜很久了。如今，一台简单的眼动仪的价格只有100美元左右，研究人员可以观察顾客看菜单时的眼动轨迹。那么，顾客看菜单时的注意力究竟是如何分配的？利用眼动追踪技术，当时正就读于康奈尔大学酒店管理学院的西比尔·杨记录了顾客看一份两页的菜单时的视线轨迹。图7-3中显示了顾客在看这种两页的菜单时实际的注视顺序，即"扫视路径"。[17]这一路径和图7-2中显示的菜单心理学顾问提出的路径截然不同。顾客看菜单的顺序似乎和平时看书没有什么不同，也是从左到右，从上到下，先看第一页，再看第二页。扫视完毕后，顾客最关注的是主菜部分。杨认为，顾客会以他们对主菜的选择为基础去选择其他菜品。

如果这确实是人们普遍采用的扫视路径，那么顾问们根据"行业惯例"所给出的建议就是错的，顾客不会从"黄金位置"开始看菜单。这一扫视路径说明，在看一份只有10道菜品的简单菜单

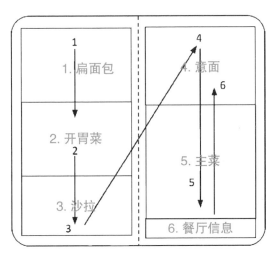

图 7-3　根据眼动追踪数据发现的普遍注视顺序

注：意面和主菜的受关注程度大致相同，人们似乎会先选择一道主菜，然后再围绕主菜选择其他菜品（比如意面）。

时，顾客会从左到右、从上到下看完整个菜单。我们可以预料，首因效应会发挥作用，菜单上第一道菜的销量会增加。而如果菜单比较长，近因效应可能就会发挥作用，菜单上最后一道菜的销量会增加。埃兰·达杨和马娅·巴尔－希勒尔通过实验对此进行了验证，他们让学生从一份虚构的菜单中做出选择，还在特拉维夫的一家咖啡馆内进行了实地研究。显然，他们非常善于说服他人，因为他们成功让店主同意配合他们的实验，在一个月的时间里每天都更换菜单。需要注意的是，菜单上所有类别菜品的排序都是由研究人员控制的，他们决定着同一道菜每天是排在同类菜品中的第一位，还是中间位置或最后一位。例如，牛角包和布朗尼有时分别排在甜品类的第一和第二位，有时排在中间，在10道甜品中分别排在第四和第五位。研究结果发现，同一道菜排在同类菜品中的首位（触发首因效应）或末位（触发近因效应）时，会更受欢迎。无论是在实验室研究中还是在实地研究中，同一道菜在菜单中排在中间位置时只有大约45%的概率会被选择，而排在首位或末位时却有大约55%的概率会被选择。[18]这一结果和刚刚迈入餐饮行业的企业家们在菜单设计课程中学到的内容恰恰相反。

但在这里，我们应该明白的最重要的一点是，如果只通过关注菜品在菜单中的位置去理解顺序效应，我们就搞错了方向。我们需要理解的是注意力对决策的影响，需要关注的是顾客看菜单的顺序，而不是菜单上菜品的呈现顺序。菜单上的很多元素都会吸引顾客的注意力。菜单上的图片会吸引顾客的目光，分类标题和分隔线能够帮助顾客更快找到他们想点的菜。事实上，顾客有时会像看书一样看菜单。这会让菜单的选择架构设计变得更简单，因为我们知道顾客会从哪里看起。但我怀疑，菜单上的图片和分类标题会分散顾客的注意力，尤其是那些颜色鲜艳明亮的图片和分类标题。在这种情况下，像"把价格高的主菜列在黄金位置"这样简单的建议就不那么有用了。例如，你可以想象一下，当顾客面对的是一本像电话号码簿一样厚的菜单时，这种"标准建议"还有多大的参考价值。为了理解顺序效应，我们必须理解是什么决定了顾客看菜单的顺序。

虽然这一章的主题是选项的排序，但顺序效应的主要驱动力来源于我们选择的合理路径及记忆的作用。如果你是一名选择架构师，可能会有人问你这样一个问题："是在菜单上排在第一位的菜品更有优势，还是排在最后的菜品更有优势？"我希望，现在你已经明白，在回答这个问题之前，你应该先反问一或两个问题，比如"请介绍一下这份菜单，这是一份纸质菜单，还是一份由服务员口头介绍的菜单？这份菜单有多长？它复杂吗？"知道这些问题的答案后，你才可能给出有用的回答。

说到口头介绍的菜单，我们需要关注一个一直被我们忽略了的重要问题，那就是菜品的价格在哪里。事实上，在介绍菜品时，服务员往往根本不会提及价格！作为菜品的一个重要属性，价格往往会被自动省略。如果想要知道价格，你就只能开口询问（而这可能会让你觉得自己像个小气鬼），这样一来，价格属性在决策中的重要性就降低了。这就引出了我们将在下一章中探讨的选择架构工具——选项特征或选项属性的呈现方式。

决策

8

选项描述
选择架构设计的核心

来自洛杉矶的工程师拉尼·卡多纳驾驶汽车行驶100英里只消耗了1加仑①汽油。卡多纳是一名"超级惜油族",热衷于追求汽车的最佳燃油经济性。就像一些驾驶员喜欢吹嘘自己能够在多短的时间内迅速将车子的时速从0提升到60英里一样,超级惜油族喜欢较量自己能够实现的汽车的燃油经济性。超级惜油运动吸引了成千上万的参与者,他们会在网络论坛上分享自己的省油技巧和节油成就。一些电动汽车的车主也参与到了超级惜油运动中,他们比的是谁能够驾驶充满电后的汽车行驶最远的里程。就连一些飞行员也成了超级惜油族。

卡多纳驾驶的是一辆大多数人都认为相当省油的汽车——本田思域混合动力汽车,美国国家环境保护局认证的这款汽车的燃油效率为45英里/加仑,但卡多纳利用省油技巧进一步提升了它的燃油效率。这给卡多纳带来了特别的感受:

----

① 1加仑≈4.5升。——编者注

当你看到油耗表的指针指向 100 英里/加仑，并且你的脚完美地控住了油门时，感觉简直棒极了……那种感觉难以言喻，仿佛你的车几乎要冲破物理规律的限制，而你觉得有些飘飘然。

让燃油效率达到100英里/加仑非常了不起。为了实现这个目标，超级惜油族会调整他们踩油门的力度，尽可能减少踩刹车的次数。他们还会以最节油的速度在高速公路上行驶，通常是50英里/小时左右。当你以这样的车速行驶时，难免会有恼怒的司机在超车时通过按喇叭或者其他更糟糕的方式来向你表达不满。除了引发他人的不满，超级惜油族在驾车时可能还会做出一些危险操作，比如熄火滑行、转弯车速过快或者一直跟在大卡车后面行驶等。这些操作能够提升燃油经济性，但也会增加事故发生的概率。卡车可能会急刹车，发动机有可能无法重新启动，车也有可能在道路出口的转弯处打滑。至于以超级惜油的方式驾驶飞机会带来的危险，我简直不敢想象。

超级惜油族如此节油的动力是什么呢？燃油效率是汽车的一个属性，通常以"英里/加仑"为衡量单位。超级惜油族会在驾驶过程中努力提升汽车的燃油效率，他们的行为提升了这个属性的价值。但是，超级惜油族如此节油的动力并不是实现燃油效率的最优化，而是燃油效率最优化所代表的目标。两者之间存在重要的区别。汽车的某些属性固然可以被最优化，但选择者寻求的其实是实现目标的方法，而对不同的选择者来说，同一个属性代表着不同的目标。

有些人的目标是成为超级惜油运动中的佼佼者。混合动力燃油效率挑战赛的参赛者或许就是以此为目标的。在该项挑战赛中，参赛者要驾驶汽车在威斯康星州麦迪逊市的街道上行驶20英里。冠军的成绩往往远高于100英里/加仑。2006年，冠军创下了183英里/加仑的纪录。

还有其他一些人，比如卡多纳，参加超级惜油运动是为了促进可持续发展。卡多纳说："我想要尽自己的绵薄之力。从宏观层面看，这样做可能意义不大，但我的努力确实对我住的地方还有我的生活产生了影响。我认为这样做具有积极的意义，而且其他人也受到了我的感染。"

最早提出"超级惜油"一词的韦恩·格迪斯也是这项运动中的一位重要人物，但是，他的动力来源与众不同，他参与这项运动是为了减少对外国石油的消费。"在'9·11事件'发生后的第二天，我开始改善我的生活习惯，从那时起，我就一直在想办法提升汽车的燃油经济性。我们都有各自的动力来源，而我的动力来源是维护国际安全。"

这说明，一个属性和它所代表的不同目标之间存在重要的区别。卡多纳和格迪斯都想提升燃油效率，但对他们来说，燃油效率代表着不同的目标。卡多纳的目标是减少温室气体排放，而格迪斯的目标则是减少对外国石油的消费。对于不同的超级惜油族，燃油效率代表的目标可能各不相同，对此，格迪斯表示："无论你参与超级惜油运动的动机是什么，是因为担心全球变暖、雾霾或政府债务，还是因为担心油费支出，都没有关系。这些都是成为超级惜油族的正当理由。"

大多数节能汽车的仪表盘都配有油耗表。它通常有很大的彩色显示盘，能够实时显示汽车的燃油效率。超级惜油族在驾驶汽车时会观察前方的交通状况，预测前方车辆会在何时减速，以便自己能够及时减速，从而避免踩刹车。他们会观察前方是否将出现上坡路或下坡路，以确定自己应该在何时加速，何时熄火。他们还会预测前方是否将出现弯道，并估算自己能够在不踩刹车的前提下以多快的车速驶过弯道。而明亮的LED油耗表则始终是他们注意力的焦点。韦恩·格迪斯曾说："有一个广为流传的笑话，许多超级惜油族会把油耗表戏称为'战绩表'，把油耗表上的数值比作电脑游戏中的累计积分，因为我们总是在努力地超越之前的成绩，超越之前的低油耗纪录。"

在格迪斯参加混合动力燃油效率挑战赛时，杜克大学商学院的两位教授里克·拉里克和杰克·索尔正共乘一辆汽车前往学院。他们开的是索尔的2005款凯美瑞混合动力汽车，10英里的路程大约需要行驶20分钟。在车上，拉里克和索尔不仅聊到了学术政治和最新的研究论文，还聊到了杜克大学的蓝魔篮球队和汽车油耗表的设计。和格迪斯一样，索尔经常关注油耗表，他说："我觉得我的车燃油效率还是挺高的，但有时我会注意到，油耗表上显示的数值非常低。"索尔并没有沉浸在失望之中，他更加仔细地观察了油耗表的设计，意识到："油耗表真的很具有欺骗性……我们发现，它的设计非常'反直觉'。"事实证明，油耗表的设计以及所有围绕油耗的讨论其实都是基于一种误解。

我们可以通过一个例子来理解拉里克和索尔的发现。利用一系列省油技巧，韦恩·格迪斯能够让一辆普锐斯的燃油效率翻倍。但为了实现这个目标，驾驶的舒适性和安全性会有所降低。例如，在炎热的天气里，为了省油，格迪斯不会打开车上的空调，而是会穿上一件装满冰袋的背心。现在，请想象一下，格迪斯从混合动力燃油效率挑战赛的举办地驱车1 000英里回家，不顾自己的舒适和安全，用尽一切省油技巧，把普锐斯的燃油效率从50英里/加仑提升到了100英里/加仑。

假设韦恩有一位叫德韦恩的朋友，他也要驱车1 000英里回家。需要租车的他有两辆汽车可选，一辆是燃油效率为13英里/加仑的吉普切诺基，另一辆是燃油效率为27英里/加仑的丰田荣放。德韦恩选择了荣放，并且，他全程1 000英里都是正常驾驶，没有使用任何省油技巧。韦恩和德韦恩都做出了选择，韦恩选择了使用省油技巧，而德韦恩选择了正常驾驶。谁的选择更省油呢？

在通勤途中感到无聊的拉里克和索尔就类似的问题展开了讨论。韦恩和德韦恩都做了选择，他们的选择分别对油耗产生了什么样的影响呢？在继续往下读之前，请你先花点时间，想想答案。你可能会像拉里克和索尔一样，对正确答案感到惊讶。

如果你和大多数人一样，认为韦恩的选择更省油，那么你就掉入了拉里克和索尔所说的"油耗错觉"陷阱。之所以说这是一种错觉，是因为看上去显然韦恩是赢家，但只要稍作计算，我们就会发现事实并非如此。韦恩用的汽油确实更少，但他节省的汽油也少得多。韦恩将燃油效率从50英里/加仑提升到了100英里/加仑，将耗油量减少了一半。而租了一辆比切诺基省油的荣放的德韦恩只将燃油效率提升了14英里/加仑。相比之下，韦恩节省的汽油必然比德韦恩节省的汽油多得多，对吗？答案是否定的，而你之所以会产生这样的错觉，是因为你和大多数人一样，对燃油经济性这个属性发挥作用的原理存在误解。

为了理解这一点，让我们先从韦恩说起。他开车行驶1 000英里消耗了10加仑汽油（1 000英里除以100英里/加仑）。如果他不穿装满冰袋的背心，不长时间跟在卡车后面行驶，也不使用其他任何省油技巧，那么他开车行驶1 000英里会消耗20加仑汽油（1 000英里除以50英里/加仑）。通过使用省油技巧，他将汽车的耗油量减少了一半，从20加仑减少到了10加仑。在驾驶过程中，他可能大汗淋漓，还要冒生命危险。在油价为3美元/加仑的情况下，他这一程省下了10加仑汽油和30美元油费。

再来看看德韦恩。如果选择了那辆极其耗油的吉普切诺基，他开车行驶1 000英里应该会消耗大约77加仑汽油（1 000英里除以13英里/加仑）。而他选择了相对省油的荣放，这一程消耗了大约37加仑汽油（1 000英里除以27英里/加仑）。韦恩节省了10加仑汽油，而德韦恩却节省了40加仑汽油（77减37）。德韦恩全程正常驾驶，但由于他选择了更省油的汽车，他的节油量是韦恩的4倍。

同样，德韦恩也节省了更多的油费。当他们进行交流时，韦恩会炫耀说他节省了30美元的油费。而德韦恩则会平静地指出，由于在两辆车中选择了更省油的那一辆，他节省了120美元的油费。无论是以省钱、省油还是以减少碳排放为出发点，德韦恩的选择都产生了更大的影响。

为什么会这样？原因其实非常简单，那就是每加仑汽油可行驶英里数是一个错误的指标。图8-1解释了为什么燃油效率和每加仑汽油可行驶英里数之间的关系如此具有误导性，为什么每加仑汽油可行驶英里数这个指标会让我们错误地以为韦恩节省的汽油比德韦恩多。我们可以从图中看到，每加仑汽油可行驶英里数和耗油量之间并不存在线性关系。正如拉里克和索尔所说的那样，我们真正应该关注的是汽车每行驶1英里消耗的汽油量（加仑/英里），而不是汽车每消耗1加仑汽油能够行驶多少英里（英里/加仑）。决定油费、碳排放量和外国石油进口量的是汽油的消耗量。

决策

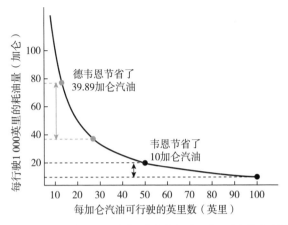

图 8-1　每加仑汽油可行驶英里数与每行驶 1 英里消耗的汽油量

　　拉里克和索尔发表过一篇十分著名的论文。该论文表明，大多数人的想法都和韦恩类似。从参与者对汽车的选择来看，他们似乎认为每加仑汽油可行驶英里数和燃油效率之间存在线性关系。拉里克和索尔的研究表明，参与者们愿意出于自己的这一认知而付费。如果你问他们，他们愿意花多少钱将汽车的每加仑汽油可行驶英里数从20英里提升到30英里，他们会说自己愿意在初始价格的基础上多付6 000美元。这是合理的，因为你只要稍作计算就会发现，如果这辆车他们会用10年，那么他们省下的油费刚好比6 000美元多一点。但是，如果你问他们，他们愿意花多少钱将汽车的每加仑汽油可行驶英里数从40英里提升到50英里，他们会说自己愿意多付4 600美元。但就经济角度而言，他们多付出的这4 600美元并不会得到相应的回报，因为他们因此而省下的油费还不到2 000美元。换句话说，拉里克和索尔发现，以每加仑汽油可行驶英里数为指标，会导致人们在每加仑汽油可行驶英里数低的时候不愿意花足够多的钱去提升燃油经济性，在每加仑汽油可行驶英里数高的时候又会为了省油而多花钱。拉里克身体力行，他非常关心温室气体的排放问题，但他不会在驾驶混合动力汽车或电动汽车时拼命提升每加仑汽油可行驶的英里数。他开的车每消耗1加仑汽油只能行驶30英里。他不会把钱花在提升每加仑汽油可行驶英里数上，相反，他会把钱用在其他更有利于减少碳排放的地方，比如在自己家的屋顶上安装太阳能电池板。

那么，我们怎样才能解决这个问题呢？拉里克和索尔认为，只需要改变指标即可。"英里/加仑"是汽车每消耗1加仑汽油能行驶的英里数，即行驶的英里数除以耗油的加仑数所得出的结果。"加仑/英里"是耗油的加仑数除以行驶的英里数所得出的结果，如果以"加仑/英里"为指标，这个指标同节省油费或减少碳排放等目标之间的线性关系就很容易理解。当拉里克和索尔问潜在购车人他们愿意花多少钱降低每行驶1英里需要消耗的汽油量，而不是愿意花多少钱提升每加仑汽油可行驶的英里数时，潜在购车人就能够正确理解汽车的燃油效率了。为了让数字读起来更流畅，拉里克和索尔还建议使用"加仑/100英里"取代"加仑/英里"，如果一辆车每行驶1英里会消耗0.04加仑汽油，那么车上的油耗表就会显示它每行驶100英里会消耗4加仑汽油。[1]

这一建议是选择架构研究的学术成果最迅速地转化为公共政策的范例之一。在短短几年内，这项研究就改变了燃油效率在所有汽车的能源标签上显示的方式。它可能还影响了奥巴马政府对其在2009年推出的一项非常受欢迎的计划的设计，该计划即"汽车折价退款机制"，也称"旧车换现金计划"。

旧车换现金计划有两个目标：一是在2008年金融危机后，通过促进汽车销售刺激经济复苏；二是让"旧车"（即高油耗汽车）不再上路。你可能认为，根据该计划，人们能够用燃油效率为25英里/加仑的汽车折价换购燃油效率为50英里/加仑的混合动力汽车。而实际情况并非如此，这也引起了许多人的不满。但现在，你或许能够理解为什么该计划只面向那些燃油效率最低的汽车了。该计划允许人们用燃油效率低于18英里/加仑的汽车折价换购燃油效率在22英里/加仑以上的汽车。据美国运输部估算，实际上，人们置换的旧车的平均燃油效率为15英里/加仑，换购的新车的平均燃油效率为25英里/加仑。置换完成后，新车每行驶1万英里的油耗比旧车减少了260加仑。虽然将燃油效率尚可的旧车置换为燃油效率更高的混合动力汽车听上去很不错，但这只能让汽车每行驶1万英里的油耗减少200加仑。此外，该计划面向的"旧车"往往已经年久失修，空气污染物的排放量更高。

对于该计划作为经济刺激政策是否有效，经济学家们持有不同的看法，但不可否认的是，它受到了大众的欢迎。在该计划推出的第一个月内，奥巴马政府最初投入的10亿美元预算就已经用尽，随后，国会又为该计划追加了20亿美元的经费。我们不知道该计划的设计者是否读过拉里克和索尔的论文，但该计划有一个与避免油耗错觉一致的明确目标，它不是要帮助那些像韦恩一样已经拥有节能汽车的人，而是要帮助那些像德韦恩一样的人开上更加节能的汽车。

在向选择者呈现选项之前，设计者必须先决定要向选择者呈现选项的哪些属性，以及要如何呈现这些属性。交友应用程序的设计者可能会在用户的主页中显示身高和体重等具体属性，但不会显示一些比较抽象的属性，比如智力和魅力等。美国国家橄榄球联盟的选秀名单则会显示运动员的40码[①]冲刺时间、垂直弹跳高度和体重指数，甚至还会显示他们的温德利人事测验（一种智力测试）分数。

选择架构师还要给属性命名。在第3章中，我们已经见识过属性名称的力量。对要购买牛肉饼的人来说，贴着"25%肥肉"标签的牛肉饼远没有贴着"75%瘦肉"标签的牛肉饼受欢迎。但是，关于属性的命名，我们需要了解的还有很多。

假设你现在要设计一个选项列表，比如亿客行上的航班列表或者《消费者报告》杂志中的洗衣机列表。作为设计者，在设计这个选项列表时，你要决定选项的数量和排序方式，如果要设置默认选项的话，你还要决定将哪个选项设为默认选项。我们已经在前面的章节中深入了解了这些选择架构工具。但是，你接下来还要做的事很少被提及，那就是描述选项。对选项的描述看起来不那么重要，但事实并非如此。

本章的内容和其他章节略有不同。关于选项属性描述的研究还不像关于默认选项和选项排序的研究那样深入。现有研究大多是针对特定领域的案例研究。因此，在本章中，尽管我仍然会像在之前的几章中一样提出一些基本原则，但这些原则更多的是基于逻辑和观点，而不是大量实证研究的结果。

属性名称如何助推环保

如前所述，选项的属性本身并没有那么重要。它们不是我们选择某个选项的原因。我们需要将选项的属性和我们的目标联系起来，

---

① 1码≈0.9米。——编者注

我们的目标才是我们做出选择的原因。我们选择某个医疗保险计划，不是为了特定的免赔额，而是为了保护我们的健康。我们选择某些食物，不是因为它们的原料中有面粉、豆腐或香菜，而是因为它们既美味又健康。我经常看到，一些产品开发团队沉迷于优化产品的某些属性，却忘了去介绍这些属性和客户的目标之间的联系（甚至根本没有思考过这个问题）。在个人电脑面世初期，微软公司有一个负责研发鼠标等电脑配件的团队。该团队痴迷于鼠标的一个属性，那就是鼠标内部被橡胶包裹着的大金属球的重量。那时的鼠标需要依靠这个金属球与桌面的接触来操控光标。金属球越重，光标定位就越准确。他们希望营销团队能够为鼠标的这个属性打广告。但营销团队认为，单纯地强调这个属性对消费者来说没有意义。消费者的目标是享受流畅精准的鼠标操控体验，而不是得到一个重重的鼠标球。

2013年，美国国家环境保护局对燃油经济性标签的设计做出了重大改变。图8-2和图8-3分别为1995年到2008年使用的旧版标签和2013年推出的新版标签。如果你去买车，就会看到每辆汽车的车窗上都按照法律规定贴着燃油经济性标签。旧版标签上只有两个数字，一个是汽车在城市道路上行驶的燃油效率，另一个是汽车在高速公路上行驶的燃油效率。除了这两个我们知道可能具有误导性的数字，标签上就没有什么信息了。标签上还有一些小字，介绍了类似车型的每加仑汽油可行驶英里数，但你必须眯着眼睛才能看清这些小字。

我们可以将这个旧版标签与图8-3的新版标签进行对比。显然，新版标签包含的信息更丰富，新增了温室气体排放量评级、空气污染物排放量评级和5年内节省的燃油费用等数据。美国国家环境保护局还参考了拉里克和索尔的研究，在标签上增加了汽车每行驶100英里的耗油量数据，尽管与其他数据相比这个数据并不是那么显眼。

乍一看，这个标签的信息量似乎很大，但实际上很多数字都是冗余信息，它们虽然被冠以不同的名称，但本质上都是从燃油经济性转化而来。新车在5年内的平均燃油费用其实就是1.5万英里除以22英里/加仑，乘以3.70美元（一加仑燃油的价格），再乘以5得出的结果。小字部分甚至还介绍了计算方法。温室气体排放量评级也是如此。因为燃烧1加仑燃油会释放大约20磅的二氧化碳，所以，只要将燃烧的燃油的加仑数乘以20，再在10分制的评级表中找到计算结果对应的评级，就能得出汽车的温室气体排放量评级。由于碳捕获技术尚未应用于汽车领域，所以，无论是保时捷还是混合动力汽车，燃烧1加仑燃油所产生的二氧化碳排放量都是相同的。这个标签将汽车油耗这个属性转化成了每加仑汽油可行驶英里数、每行驶1英里消耗的汽油加仑数、年燃油费用、5年内节省的燃油费用和温室气体排放量评级等多个指标。就连空气污染物排放量评级也与汽车的油耗密切相关。为什么美国国家环境保护局要提供这么多的冗余信息呢？

起初，我以为这只是设计团队因为无法达成共识而做出的糟糕设计。但是，在和其他研究环境决策的心理学家进行交流后，我们对这些标签产生了兴趣。阿德里安·卡米列里、克里斯托夫·昂格马赫、里克·拉里克、埃尔克·韦伯和我都意识到，与超级惜油族一样，普通人追求汽车的高燃油经济性也是为了实现不同的目标。有些人是为了省钱，有些人则是为了减少碳排放。燃油经济性和这两个目标都有关联，但选择者可能注意不到这些关联。设计团队意识到了，重要的不是燃油经济性，而是燃油经济性和选择者想要实现的目标之间的关联。为了帮助节俭的选择者实现目标，设计团队将燃请在经销商处获取免费的《燃油经济性指南》，将本车型与其他车型进行比较。

城市道路燃油效率
（英里/加仑）
23

燃油经济性信息

能源部　环保局

高速公路燃油效率
（英里/加仑）
30

实际燃油效率因车辆配置、驾驶条件、驾驶习惯和车辆状况而异。美国国家环境保护局的统计数据表明，在预期燃油效率相同的车型中，大多数车型的实际燃油效率在城市道路上为19~27英里/加仑，在高速公路上为26~35英里/加仑。

1993款加纳利 2.0L
直列四缸发动机 燃油喷射
3速自动变速箱 催化器
燃油反馈控制系统
预计年燃油费用：
850美元

选购汽车时可以参考以下信息：所有紧凑型车的城市道路燃油效率都在11~31英里/加仑之间，高速公路燃油效率都在16~41英里/加仑之间。

图 8-2　2008 年以前使用的燃油经济性标签 [2]

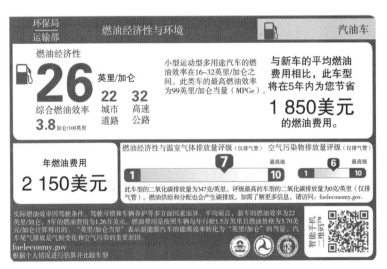

图 8-3　现在使用的燃油经济性标签

油经济性转化为了燃油费用。而为了帮助注重减少碳排放的选择者实现目标，设计团队则将燃油经济性转化为温室气体排放量评级。虽然这两类选择者做出了相似的选择，都购买了节能汽车，但他们之所以会这样做，是因为燃油经济性这一属性被转化成了不同的指标，这让他们意识到，这个属性和他们的目标是密切相关的。并且，两类选择者都可以随心所欲地忽略那些和他们的目标无关的指标。

我们在实验中证实了这一点。我们邀请了两组有着不同目标的参与者。一组参与者最关心的是油费，另一组参与者最关心的是环保。我们发现，当我们向他们呈现的是与他们的目标相关的转化指标时，两组参与者都做出了更好的选择，买到了更接近其目标的汽车。显示年燃油费用为想要节省油费的参与者提供了帮助，显示温室气体排放量评级让热爱环保的参与者做出了更好的选择。尽管参与者可以根据燃油经济性数据轻松地算出哪一辆汽车更符合他们的需求，但直接呈现与他们的需求相关的转化指标还是帮助他们做出了更符合自己目标的选择。相比之下，当我们只向他们呈现与其目标无关的转化指标时，他们的决策表现没有任何提升。事实上，当参与者看不到与自己的目标直接相关的指标时，尽管我们可以确定呈现给他们的指标与其目标没有多少关联，但他们对这些指标（比如汽车的售价）的关注程度还是会提升。与我先前的想法不同，标签上的各种指标并不是官僚主义造成的冗余，而是从燃油经济性这一属性转化而来的有用信息，能够帮助目标不同的选择者做出正确的选择。[3]

汽车的其他属性也可以被转化为多个不同的指标。追求速度的人要找的并不是一台拥有347立方英寸[①]排量的发动机，而是一辆

---

① 1立方英寸 ≈ 16立方厘米。——编者注

能够迅速提速的汽车。因此，与发动机排量相比，将车速从0提升到60英里/小时所需的时间很可能和这个目标更紧密相关。以配备"狂暴+"模式的特斯拉Model S汽车为例，在启动该模式后，Model S能够在不到2.3秒的时间内迅速将时速从0提升到60英里，比其他任何汽车都要快。不过，由于Model S是电动汽车，我们不能用"立方英寸排量"这样的指标来体现它的加速性能。总而言之，本节的核心观点在于，属性的描述远远不止技术参数的呈现那么简单。对选择者来说，属性是实现目标的手段，而不是目标本身，属性名称能够帮助选择者将属性转化为目标。

让我们再来看一个例子。假设你正在一个网站上预订国际往返机票。有两趟航班的时间都非常合适，剩余座位的位置也很不错，而且，这两趟航班都能够让你获得常旅客里程。但它们有一个不同之处，那就是其中一趟航班会收取5美元的费用，用于对飞机在飞行过程中产生的碳排放进行补偿。这笔费用可以有两个不同的名称，一个是碳排放税，另一个是碳补偿。假设无论采用哪个名称，这笔费用的用途都是相同的，比如说都会用于植树，那么，你认为这两个名称会对你的选择产生相同的影响吗？

大卫·哈迪斯蒂、埃尔克·韦伯和我对此进行了网络调查。我们增设了一个环节，让受访者把他们在决策时的想法用打字的方式记录下来。你可能已经猜到，虽然这5美元费用的金额和用途是相同的，但其名称造成了极大的影响，对那些自称是共和党人的受访者来说尤其如此。当费用名称为"碳排放税"时，一些自称共和党人的受访者在记录想法时爆了粗口，但即使排除这些不宜在书中展示的内容，他们在决策时的想法也大多是负面的，比如"更多抢来的钱被浪费了"和"都是骗钱的把戏"，等等。总而言之，"税"这个字眼就像牛肉饼包装上"25%肥肉"的标签一样，非常容易让人产生负面的联想，对于共和党人来说尤其如此。

"碳排放税"这个名称对民主党人选择的影响相对较小，62%的民主党人选择了收取碳排放税的航班，相比之下，只有26%的共和党人选择了这趟航班。

当这5美元的费用被改名为"碳补偿"时，受访者的选择发生了怎样的变化呢？共和党人对这一费用的负面评价虽然没有完全消失，但减少了一部分。他们更有可能产生积极的联想，并且这些积极的联想会更早地浮现在他们的脑海中。而且，民主党人和共和党人在选择上的差异几乎消失了。64%的民主党人和58%的共和党人都选择了收取"碳补偿"费用的航班。[4]

让我们回到菜单设计这个话题上来。现在，越来越多的餐厅开始在菜单上注明每一道菜的热量。食物的热量是一个相当重要的属性，而且它显然和控制体重这个目标相关。然而，对于在菜单上注明每一道菜热量的做法是否有助于人们选择更健康的饮食，目前的证据并不一致。其中一个问题在于，我们需要理解应该如何将食物的热量这一属性转化为与人们的目标相关的指标。要理解吃一个热量为250卡路里的汉堡会产生什么样的影响可能是一件很难的事情。有人提议，可以将食物的热量转化为能够消耗等量热量的运动量。例如，可以像图8-4中显示的那样，告诉顾客"这个汉堡的热量相当于步行2.6英里所消耗的热量"。一所大型州立大学的员工参与了验证这一做法有效性的实验。在实验中，一半参与者要从一份既显示了餐品热量，又显示了能够消耗等量热量的"步行英里数"的虚构快餐菜单中做选择，而另一半参与者看到的菜单并没有显示这两项信息。当菜单上显示了步行英里数时，参与者选择的餐品的热量从

1020卡路里降到了826卡路里，下降了大约20%。不幸的是，其他同类研究得出的结论并不总是如此。一些研究表明，虽然在菜单上显示消耗餐品热量需要的运动量确实能够帮助人们减少热量的摄入，但与只显示餐品的热量相比，多显示一项运动量信息的影响并不大。然而，一些证据表明，在菜单上显示消耗餐品热量需要的运动量即使并不能影响人们对餐品的选择，也能够促使人们做一件十分有益的事，那就是步行走更多的路。但这还有待于进一步研究证实。[5]

图 8-4 简单易懂的热量指标

既然我们已经知道，属性和目标并不是一回事，现在我们就来探讨一下另一个重要的设计问题，那就是应该向选择者呈现多少个属性。要回答这个问题，我们先要了解选择者在决策时会有多少个目标。一个合理的假设是，设计者应该为每一个目标提供一个对应的属性，一个命名及标注清晰的属性。[6]

令人困惑的优步打分系统

在乘坐优步网约车后，应用程序总是会请你按照5分制为司机打分。在连锁休闲餐厅奇利斯用餐后，餐厅也会请你在平板电脑上为向你提供服务的服务员进行5分制的评分，4分代表"满意"，5分代表"非常满意"。这些评分机制其实都是指标，是我们描述属性的方式。你或许不知道，在你下车后，优步司机也会给你打分。如果你的评分很低，以后可能就没有司机接你的单。这样的评分机制在我们的生活中十分常见，它们影响着服务员、司机和乘客。

然而，我们真的了解这些评分机制的评分标准吗？作为一个以教书为生的人，我对学校里常用的字母等级评分制十分熟悉。在一些课程中，我甚需要按照学校的要求控制各个分数等级的分布，将得分为各个等级的学生的比例分别控制在一定的范围之内。但是，对于优步或来福车等网约车平台所使用的评分标准，我就一无所知了。直到不久前我还以为，对任何一次尚且算不上完美的行程而言，4星是挺不错的分数。我的理解是，只有那些极其不愉快的行程才应该得到1星、2星或3星的评分。或许，不同年龄和不同职业的人对这些评分有着不同的理解。一个比我年轻的朋友曾经惊恐地表示，他的母亲几乎每次都会给优步司机打3星，理由是行程"没有亮点"。但是，对优步司机来说，3星并不是一个中等水平的分数，而是灾难性的低分。

我朋友的母亲和我都误解了优步评分机制的评分标准。"商业内幕"网站的数据显示，在5星制下，优步司机的平均评分为4.8星。如果最近100次行程的平均评分低于4.6星，司机将有可能失去做优步司机的资格。在了解到这一点之前，我完全不知道我的评分对优步司机来说如此苛刻。我对评分标准的误解可能会害某位司机丢掉工作。如果一名司机在4名乘客那里都获得了5星好评，但接下来，他遇到了我那位朋友的母亲，而她按照惯例给他打了3星，那么，这位毫不了解评分标准的母亲就把他的评分拉低到了4.6星，让他面临失业的风险。使用评分者并不了解的评分机制会造成严重的后果。不了解评分标准的乘客可能会在无意中对司机造成伤害，而这是司机们非常害怕的。[7]

使用什么样的指标来描述属性是由设计者决定的，而同一个属性可以有多种不同的描述方式。例如，在描述一家新餐厅的食物时，你可以说"很棒"，可以打9分（满分10分），可以打4.5星，可以像某位著名影评人一样"竖起两个大拇指"，也可以直接说"很美味"。所有这些描述指向的都是同一个属性，那就是你对这家餐厅食物的评价。但是，如果不了解指标的衡量标准，选择者就会做出错误的决策。

即使一种指标是客观的，它也仍然有可能被消费者误解，认识到这一点非常重要。例如，汽车的每加仑汽油可行驶英里数从技术角度而言是正确的，食物的热量在客观上也是正确的。但是，那些不知道该如何将属性和自己的目标联系起来的选择者仍然会误解这些指标。

分期付款如何吃掉你的钱

在美国消费者金融保护局做访问学者的那几年里，我曾经研究过贷款机构披露利率的方式。消费金融领域是非线性指标造成的经济损失最严重的领域。我们根据年利率选择信用卡和贷款，根据年收益率决定进行哪项投资。但是，正如我们隐约了解的那样，利息是指数式增长的，会随着时间的推移而产生复利。这意味着人们往往会低估利率的力量。

你可以问问自己下面这个问题，在回答这个问题时，请像在面对大多数理财决策时一样，不要借助搜索引擎或计算器，迅速给出答案：

你花 1 万美元购买了一种年利率为 10% 的证券，并将这笔投资作为礼物送给了一位 20 岁的年轻人，在 65 岁退休之前，他无法动用这笔投资。假设这笔投资的收益和个人退休金账户里的存款利息一样不需要纳税，请问这份礼物值多少钱？

你的答案是什么？

当得知这份礼物价值 728 904 美元时，大多数人都感到十分震惊。为了了解人们对这个问题的判断，我在线搜集了 509 名受访者的反馈。接近一半的受访者认为这份礼物的价值不到 10 万美元，而所有受访者给出的平均估值为 27 万美元，90% 的受访者给出的估值低于正确答案。

为什么他们会答错？一些受访者承认，他们只是给出了一个猜测，但大多数受访者都采用了一条简单的合理路径来回答这个问题。他们会先估算出一两年的利息，然后再将复利因素考虑在内，对自己的估算进行调整。在这个问题给出的情境中，一年后，这笔投资的价值将变成 1.1 万美元。因此，他们推断，45 年后，这笔投资的价值约等于 1 万美元加上 45 年利息的总和（1 000 美元/年 × 45 年 = 4.5 万美元），即 5.5 万美元。考虑到复利的影响，他们会对这一估值进行调整，但他们的调整幅度往往很小。例如，他们可能会将估值翻倍，变成 11 万美元，但这还是比正确答案低了 60 多万美元。平均而言，受访者对这笔投资的估值比其实际价值要低 40%。可见，这笔投资对人们的实际吸引力远低于其应有的水平。[8]

无论是存款还是贷款，低估复利的影响都会造成严重的后果。储蓄的吸引力会降低，因为我们低估了储蓄的利息收入。而贷款的吸引力会上升，因为我们低估了复利对债务的影响。事实上，研究表明，98%的人会低估贷款的成本，尤其是低收入、低学历群体以及那些不善于思考数字问题的人。

虽然我们都隐约知道利息是复合增长的，但复利的计算方法既不简单，也不直观。贷款或投资的时间越长、利率越高，复利的影响就越大。在这些情况下，我们更需要认真思考复利这个问题。研究表明，贷款的周期越长、利率越高，人们估算复利时偏差就越大。对复利的误解还会影响其他重要决策，比如，自由支配性储蓄、退休储蓄、对通胀的感知以及信用卡的使用等。

如果不了解复利，我们就会在贷款时蒙受损失。下面就是一个例子。在美联储的全国性调查中，有这样一个问题：

> 假设你以1 000美元的价格购买了一套家具，将在12个月内向经销商分期付款。若将手续费和利息等各种费用计算在内，你认为自己在这一年里一共要为这套家具付多少钱？

这个问题要求人们在不知道具体利率的情况下估算总费用。平均而言，人们估算的费用为1 350美元。根据已知的贷款本金和贷款期限，我们可以计算出在总费用为1 350美元的情况下，这笔贷款的年利率为57%。这是一笔非常糟糕的贷款。很多州都会根据高利贷取缔法禁止发放利率如此之高的贷款，将贷款利率限制在监管机构认为合理的范围内。经济学家维克托·斯坦戈和乔纳森·津曼对这些数据进行了分析，他们发现，当他们问受访者，如果总费用是1 350美元，那么对应的贷款利率是多少时，受访者会回答17%。

有一种现象叫作"指数增长偏差"，不了解复利就是其表现形式之一。一般来说，人们会低估指数式增长的力量。这种偏差在很多重要领域都有体现。例如，人们会低估大气中二氧化碳含量增加的长期后果，低估流行病的传染速度，而这些影响都是指数式增长的。显然，这种偏差远远不止出现在金融领域。

利率（以及指数增长偏差）是选项的属性与选择者的个人目标之间存在非线性关系的又一个例子。选择者的目标可能是在退休后有很多钱可用，也可能是尽可能降低贷款成本。利率是一个有着明确定义的概念，它指的是一个周期内的增长率，但是，如果利率涉及多个周期，其计算就没有那么简单了。

通过直接显示结果，我们可以设计出一个同选择者的目标联系更为紧密的指标。例如，对于赠送给那位20岁的年轻人的1万美元投资，我们可以直接标明，这笔年利率为10%的投资45年后的价值为728 904美元。对于那笔用于购买家具的贷款，我们也可以直接注明贷款的总成本是350美元。这种做法呈现了人们关心的结果，也让投资或借贷的决策变得更加简单，因为人们只需要比较各种本金为1 000美元的贷款的借款成本，找到成本最低的贷款就可以了。

然而，这个方法并不是普遍适用的。挑战在于，许多财务安排都没有固定的期限或固定的利率。投资的平均收益率或许还可以计算，但股票的收益会随着市场的波动而变化。以抵押贷款为例，虽然合同约定的贷款期限为30年，但你可以提前卖掉房子，并且，很多抵押贷款都是可以根据条款进行调整的。这种复杂性在信用卡上体现得最淋漓尽致，持卡人不仅需要关注自己的欠款情况，还必须考虑到新的支出可能造成的影响。人们在估算支出时经常出错，所以很难确定信用卡会有多少欠款。尽管如此，对潜在客户而言，与目前使用的复杂冗长的合同相比，典型消费者使用信用卡的成本或许更容易理解。美国银行典型的信用卡合同长达13页，合同文字使用单倍行距，里面列出了20种不同的价格和费用。而且，由于不同银行的信用卡合同各不相同，人们几乎不可能进行横向比较。无疑，有人会说，计算借款成本需要了解各种数据，但我认为，恰恰是这些数据在妨碍人们计算借款成本。他们会使用更简单的方法，只比较利率，而不会比较总的借款成本。[9]

长跑者为何以整点为目标

马拉松跑者通常有跑完全程的目标时间。我那些体格强健的朋友会以在3个小时内跑完全程为目标，而其他人则可能会满足于在5个小时甚至6个小时内跑完全程。埃鲁德·基普乔格的目标最为著名，那就是在两个小时内跑完全程。为此，他做了两次尝试，并在2019年进行第二次尝试时成了全世界第一个在两小时内跑完全程的人。他以1小时59分40秒的成绩跑完了26.2英里。这一成绩不是官方的世界纪录，因为他得到了许多帮助。在他跑步的过程中，有一辆电动前导车始终在他的前面引导。这辆车会用绿色的激光在地面上标示出能让他跑得最快的路径，还会为他的领跑员提供指引。这些领跑员都是世界顶级的马拉松运动员，他们7人一组，以V字队形跑在他的前方，为他减少阻力。基普乔格还穿上了耐克Vaporfly系列当时尚未发售的一款跑鞋(Alphafly)，那双跑鞋让他的跑步效率提高了大约4%。但尽管如此，他在不到两个小时的时间内在维也纳街头跑了26.2英里还是让人震撼不已。

他的成就受到了广泛的关注。一位播音员将这一成就与人类登月相提并论，称之为"尼尔·阿姆斯特朗时刻"。《纽约时报》则表示，这是"体坛的里程碑，跑步界的神话，突破了几年前人们还认为无法突破的大关"。

但我想知道的是，如果把两个小时换算成分钟，基普乔格的成绩还会被视为非凡的成就吗？"突破120分钟大关"是否仍然会受到如此多的关注？出于一些原因，整数是更有吸引力的目标。罗杰·班尼斯特因为在1954年突破了1英里赛跑的4分钟大关而闻名于世，但如果用突破了1英里赛跑的240秒大关来描述他的成绩，他还会如此享有盛名吗？使用特定的衡量尺度，比如整数，能够让一些数字成为引人注目的目标。[10]

目标也会影响普通的马拉松运动员。为了达到目标，他们会更加努力地训练，但如果无法实现目标，他们就会感到懈怠。马拉松运动员也是选择者，他们需要决定，为了达到目标，自己要在训练和比赛中付出多少精力。对他们来说，目标非常重要。

为了检验目标是否会影响运动员的表现，一个由决策科学家和经济学家组成的团队研究了近1 000万条马拉松比赛的完赛时间数据。与他们事先的猜测一样，当被问及完赛的目标时间时，运动员们的回答往往是整数。4小时是个很常见的目标，很少有人会把目标定为4小时19分钟之类的时间。研究人员在观察运动员的完赛时间时发现，许多运动员的完赛时间都刚好接近整数时间。图8-5显示了这近1 000万条完赛时间数据的分布情况。在4小时这个时间点附近，我们可以看到，很多运动员的完赛时间都刚好在4小时以内，而接下来，在刚刚超过4小时的时间点完赛的人数大幅减少，就好像那些原本会在4小时1分钟内跑完全程的运动员都非常努力地跑进自己的目标完赛时间。4小时这个时间并没有什么特别之处。同样的现象也出现在3小时、3小时30分钟、4小时30分钟和

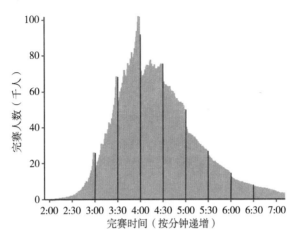

图 8-5　近 1 000 万条马拉松完赛时间数据的分布图

5 小时这些时间点附近。没能实现目标同样会对运动员产生影响。如果没能实现自己的目标，运动员可能会松懈下来。完赛时间刚好超过 4 小时（以及 3 小时、3 小时 30 分钟、4 小时 30 分钟和 5 小时）的运动员人数之所以会大幅下降，部分原因可能在于，在意识到自己无法跑进目标时间后，许多人放慢了速度，这就导致他们的完赛时间变得更长。目标会对行为产生影响。

　　知道这一点后，设计者就能够通过改变属性的呈现方式来改变选择者的行为。想象一下，如果马拉松比赛中 20 英里打卡点处的大计时钟是以分钟而不是小时和秒为单位显示时间，2 小时 30 分钟就会被显示为 150 分钟。这两个时间其实是一样的，对吗？如果以分钟为单位来计算和显示时间，那么，与以小时为单位显示时间相比，可能会有更多的马拉松运动员想要跑进 200 分钟。不知道为什么，3 小时 20 分就没有这么大的吸引力。由于衡量尺度的选择权掌握在设计者手中，设计者可以用它来引导选择者将特定的值设为目标，让选择者更加努力地去实现这些目标。

我和埃尔克·韦伯与工程师特里普·希利、莱迪·克洛茨以及律师露丝·格林斯潘·贝尔一起查看了多个评估新建筑可持续性的系统，以探究指标的变更是否会影响决策。如今，任何人在检查新建成的商业建筑时，都会询问这座建筑是否获得了诸如"能源与环境设计先锋"等组织的环保建筑认证。能源与环境设计先锋组织的自愿认证有4个等级，从低到高依次为认证级、银级、金级和铂金级。目前，已经有超过10万座建筑获得了该组织的等级认证。

认证过程是在一个建筑商们使用的计算机系统中完成的。该系统会向建筑师或工程师呈现一组设计决策，并根据他们的选择给建筑赋分（能源与环境设计先锋及与其类似的组织将这些分数称为"积分"）。使用太阳能电池板能够为建筑增加一定数量的积分。增设自行车停放区、为骑手配备淋浴设施及减少汽车停车位的数量都能让建筑得到更多的积分。将这些积分累计到一起，建筑就会获得相应的认证等级，比如金级。

我们想知道，目标是否会影响专业工程师在这些关于可持续性的决策中做出的选择。或许不会。毕竟，与那些出于兴趣而利用周末时间跑马拉松的运动员不同，这些专业工程师是一直在使用此类系统的专家。在现实生活中，通过升级建筑来获得可持续性积分通常需要付出成本。但是，工程师会不会像马拉松运动员一样，因为目标的变化而改变自己的行为呢？

可持续基础设施研究所开发了一个名为"愿景"的系统，该系统的工作原理和能源与环境设计先锋组织的系统十分相似。[11]该系统同样采用积分制，但赋分的依据是新建筑的基础设施和经济影响。在愿景系统中，按照通常采用的行业标准打造的新建筑的初始分数是0分，只有采用了更有利于可持续发展的选项时才会获得更多积分。该系统一共设置了几十个问题，在此，让我们以其中一个系列的问题为例，这些问题都与建筑对周边社区生活质量的影响有关。其中一个问题是：项目团队将如何提升当地人的技能和能力？如果你的选择和行业内通常的做法没有任何不同，就只能获得0分。但如果你选择雇用当地人，就会获得1分。如果想要获得更多积分，你就要和大量的本地公司建立合作关系，这个选择将为你赢得12分。如果你为少数族裔和弱势群体提供培训，让他们获得可以在未来的工作中使用的技能，你就会获得15分。因此，这个问题的得分范围是0分~15分。

我们可以如何调整这个指标，让目标变得更加明确呢？我们将每个选项对应的得分都减去了12分，将这个问题的得分范围变为了−12分~3分，其中，0分变成了第二高的分数。这样一来，指标就变了，从采取任何可持续性措施都能获得加分变成了只有采取两个最高等级的措施才不会被扣分。选项本身没有发生变化，我们只是把"自然目标"0分变成了第二高的分数。没有任何选项被设为默认选项，但在我们进行调整之前，0分，也就是按照通常采用的建筑标准打造的新建筑所对应的分数，代表的是最低程度的努力。而在调整后，0分反映的是相当大的改进。为了达到特定的等级，建筑仍然需要满足相同的要求，只不过，同样的要求对应的分数发生了变化。

这一调整引发了巨大的变化。看到新指标的工程师们选择了让建筑更具可持续性的选项。在调整前，建筑可以获得的最高分为181分。要想拿到这个分数，工程师必须在回答每个问题时都选择最具可持续性的选项去获得最高分。在采用旧指标为选项赋分，最高分为181分的情况下，建筑的平均得分为81分。而在采用新的指标后，建筑的平均得分相当于旧指标下的112分。

设计者可以选择能够利用选择者目标的指标，改变选择者的行为。无论是参加马拉松比赛还是打造可持续性建筑，指标表达方式的变化都能够改变决策。

让指标分布有意义

在为属性设计指标时，设计者面临的挑战之一在于，选择者不仅需要理解指标的含义，还需要对指标的分布有基本的了解。他们需要知道哪些值是好的，哪些值是差的，哪些值是中间值。

还记得你在学生时代拿到老师评阅后的考卷时的情形吗？你需要了解的第一件事是什么？尤其是在阅卷老师有些古怪，不是采用百分制打分，可能这周采用35分制，下周又采用22分制的情况下。又或者，阅卷老师采用的是百分制，但他这周给出的最高分是73分，下周给出的最高分是87分。拿到考卷后，你会首先查看分数，而接下来，你会想知道，自己的得分算不算高。只有在知道平均分后，你才能判断自己考得好不好。这和在优步上给司机评分是一个道理，如果事先有人告诉我平均分是4.8星，我给司机的打分可能就会不同。

为了做出选择，我们需要了解属性指标的分布情况。假设你正在选购冰箱，你想要买一台售价不太高，日常使用成本又不至于高到让你破产的冰箱。如果你是在美国购物，许多种电器上都贴有黄色的能效标签，这是法律规定的。这种标签有一个特别重要的属性，那就是显示预估的年使用成本。这是一个经过转化的属性，是将预估的年用电量和电力价格相乘得到的结果。有了这个属性，我们就能够比较两台冰箱在价格上的差异，并判断我们是否能够利用节省下来的电费来弥补价格上的差异。这种转化能够帮助我们实现自己的目标，即节省当下与未来的开销。标签上还会显示使用成本的范围。图8-6显示了平均使用成本。有了这些数据，我们就能知

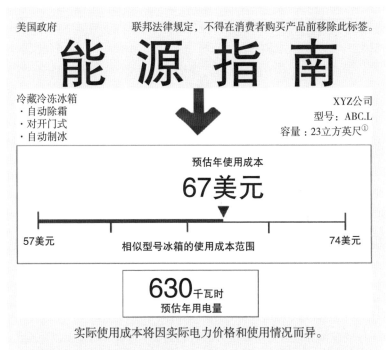

图 8-6　美国能效标签

---

① 　1立方英尺≈0.03立方米。——编者注

道，如果选择另一款冰箱，我们的使用成本将会增加或节约多少。

设计者还能用另一种方法来介绍范围，那就是用人们已经理解的衡量标准来反映数据。我们理解交通灯颜色的含义。红色带有消极意味，绿色带有积极意味，而黄色则介于两者之间。我们还明白字母等级的含义。虽然现在字母等级出现了"膨胀"，但我们都知道，A是最佳的等级，不是人人都能得到的；D是不太好的等级；而F则是我们不惜一切代价要避免的等级。影评人吉恩·西斯克尔和罗杰·埃伯特甚至还有著名的"拇指向上，拇指向下"的评价指标。我们可以利用这些类似的指标，把既有的知识融入对眼前属性的理解。

在美国的能效标签上，能效是用美元显示的。而在欧盟的能效标签上，能效是用字母等级和不同颜色的显示条显示的。图8-7是丹麦一款干衣机的能效标签。乍一看，这个标签似乎很有吸引力。它试图将数据转化为在学校中常用的字母等级——A、B、C和D，用字母等级来显示不同干衣机的能效高低。同时，它还利用交通灯的颜色强化对等级的体现。在彩色的能效标签上，A+++、A++和A+级是不同深度的绿色，A级是黄色，B级和C级是不同深度的橙色，D级则是亮红色。这提醒着我们，D级比C级和B级差，而C级和B级比不上A级。

这种标签大多会将数据分类。它们会将一个数字，比如630千瓦时的年用电量归入某一个分组（这款干衣机的能效属于B组）。由于人们很熟悉B这个等级，干衣机的能效属性就更容易理解了。同时，B级的隐含之意是：谈不上优秀，但也不太糟糕。这样的分类量表能让指标变得更容易理解。

但是，有一点值得关注。显然，欧盟的评级已经出现了严重的

"膨胀"，似乎没有任何干衣机会被评为F级，最好的干衣机不是A+级，而是A+++级！

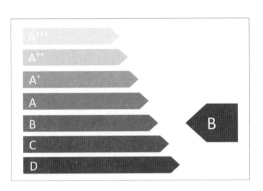

图 8-7 欧盟能效标签

为什么是A+++级呢？评级膨胀现象之所以会出现，是因为随着技术的进步，干衣机的能效在不断提高。被评为A+级的干衣机太多了，消费者无法区分能效较高的干衣机和能效极高的干衣机。于是，欧盟的能源管理机构做了一件一家管理宽松的大学可能很想效仿的事，那就是提高了等级的上限。[12]

这种膨胀表明，分类评级有一个缺点，那就是它会限制指标的变化能力。替代方案是重新调整评级系统，但这是需要付出代价的：已经理解B级评定标准的人不得不改变他们原有的理解，而原来被评为A级的干衣机的制造商也不愿意看到自己的产品被降为B级。纽约市卫生局制定的餐厅卫生条件评价指标也是一个例子。曼哈顿90%以上的餐馆的清洁度都是A级。这是件好事，但对想要进一步对餐厅做出区分的人来说，这个指标就没有什么意义了。

当新技术取代现有技术时，这种情况十分常见。例如，当新的、非常节能的发光二极管照明技术出现时，人们感到了困惑。

7瓦的灯泡能够取代60瓦的旧灯泡吗？人们已经习惯了用能耗（瓦）来衡量亮度。但是，在发出同等亮度的光时，新型灯泡所消耗的电量比旧灯泡要少得多。适用于旧技术的衡量标准不再适用于新技术了。事实上，衡量亮度的标准科学单位并不是瓦特，而是流明。一个60瓦的白炽灯泡能够发出800流明的光。而14瓦的一体式荧光灯和10瓦的LED灯也能发出同样流明的光。但很少有消费者知道这一点。因此，企业使用"60瓦当量"的说法来为这两种新型灯泡做宣传也就不足为奇了。但是，2010年，欧盟开始要求企业把流明作为包装上最显眼的标准衡量单位。

学习理解新的指标需要投入精力，这个事实有助于解释为什么几个世纪以来，我们一直在用旧的指标衡量新的技术。在1948年以前，烛光度一直是衡量电灯亮度的标准；而直到今天，詹姆斯·瓦特在1782年为衡量蒸汽机的能量输出而提出的马力仍然是衡量汽车能量输出的单位。（如果你感到好奇的话，我可以告诉你，1马力约等于742瓦。）

分类评级的第二个缺点在于，属性之间的差异会因此而变得难以比较。假设你正在比较两台干衣机。根据欧盟采用的能效标签，一台被评为B级，而另一台被评为A级。如果那台能效更高的干衣机价格也更高，那么买它是否划算？你应该多花50美元购买能效为A级的干衣机吗？你对此毫无头绪。

这说明，当我们想要鼓励人们权衡利弊时，简单的分类评级并不能带来多大的帮助，尤其是在涉及用数字描述的重要属性时。但另一方面，如果我们想要呈现的是总体评价，或者想要让人们知道哪些选项是非常糟糕的选项，分类评级或许能派上用场。和许多选择架构工具一样，分类量表让一些合理路径（筛选）变得简单，却让其他一些合理路径（权衡利弊）变得更难。

　　还有一种策略试图寻求折中，利用混合视觉效果，将分类量表和数字指标的优势两相结合。英国食品标准局在设计食品标签时就采用了这种策略，为每个属性都设了3种不同的指标。如图8-8所示。

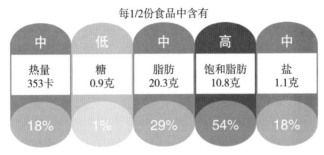

图 8-8　英国食品标准局的"混合型"食品标签

　　这种标签为不愿意自己做计算的人提供了分类指标。图中显示的这款食品热量为353卡路里，在同类产品中属于中等水平。该标签使用交通灯的颜色进行分类评级（低热量、中热量、高热量分别对应绿色、黄色和红色）。这款食品含糖量不高，所以对应的含糖量类别的颜色是绿色的。同时，该标签还利用百分比指标显示每半份食品所包含的各种营养成分在每日推荐摄入量中的占比。例如，请注意，这款食品中含有大量的饱和脂肪，红色的分类颜色也说明了这一点，根据每日推荐摄入量，这款食品一天内最多只应该吃一份。如果你已经了解标签上的指标，就会知道1.1克的含盐量还算不错。不同的指标能为具有不同需求的选择者服务。具体的含盐量克数、含盐量在每日推荐盐摄入量中所占的百分比和含盐量对应的颜色等级这3种不同的指标能帮到不同的人。对于营养标签等，不同的人确实有不同的需求，这种利用混合视觉效果寻求折中的方法似乎特别有效。

和上面的标签形成鲜明对比的，是纽约市使用的含盐量标签，也就是图8-9显示的那张标签。该标签是一个"警告标签"。它的设计理念非常简单：餐厅菜单上所有钠含量超过2 300毫克的主菜旁边都必须显示这个黑色的标签。2 300毫克是钠在一天内的推荐摄入量，黑色标签说明光是吃这一道菜，你当天的钠摄入量就会达到上限。研究表明，人们约1/4的盐摄入量来自餐厅中的食物，并且，人们对于餐厅食物含盐量的预估要比实际情况低大约1 000毫克。

即使你赞同纽约市使用这种标签的意图，这种标签也是十分糟糕的。它并未告诉我们相关菜品到底有多么不健康，而且，我也不确定人们是否明白黑色的三角形表示这道菜会对健康造成危害。我怀疑，有些人根本不知道它表示的是菜品含盐量过高还是含盐量不足。

这并非只是我的个人判断。有研究人员利用决策模拟器对这种标签进行了评估，比较了它和如图8-10所示的标签的效果。图8-10的标签借用了交通灯的颜色作为指标，将菜品的钠含量分为3类，红色表示"钠含量警告"，黄色表示"钠含量高"，绿色表示"钠含量低"。标签上有相应颜色的盐瓶图标和文字说明。在实验中，参与者随机拿到不同的菜单，有的菜单采用的是警告标签，有的菜单采用的是交通灯颜色标签，还有的菜单上什么标签都没有。无论是在减少钠摄取方面，还是在介绍菜品的钠含量方面，警告标签的效果都没有交通灯颜色标签的效果好。[13]

图 8-9　纽约市含盐量警告标签

红色：钠含量＞2 300毫克

 钠含量警告

黄色：1 500毫克＜钠含量≤2 300毫克

 钠含量高

绿色：每100克食品钠含量≤140毫克
（符合美国食品药品监督管理局的“低钠”标准）

 钠含量低

图 8-10　交通灯颜色版含盐量警告标签

　　这个例子说明，即使是出于好意的纽约市官员，也有可能好心办坏事，使用错误的标签；如果你的目标是帮助人们减少钠摄取，通过实验来检验标签的效果就很重要。同时，这个例子还体现了借用指标的力量。已经有多项研究表明，交通灯颜色指标在食物营养成分标签中发挥了作用。另外，这个例子还让我们看到了，筛选有时也会成为合理的目标——2 300毫克的钠含量相当高，相当于一个人一天的总推荐摄入量，知道自己在一餐之内摄入了足量的钠，很可能会对你有帮助。最后，请注意，纽约市并没有禁止餐厅提供钠含量过高的菜品。如果你想点一道主菜，一次性摄入一天的推荐钠摄入量，就尽管去点吧。

智利是世界上肥胖率最高的国家之一。75%的成年人体重超标。2016年，智利将警告标签的作用发挥到了极致。如果食品中含有过多的盐、饱和脂肪、糖或者热量，食品标签上就会显示停止标志，上面写着"含量过高"的字样。智利人的饮食习惯自那时起发生了改变。例如，含糖饮料的消费量下降了25%。不过，很难说这都是警告标签的功劳。在采用警告标签的同时，智利还采取了许多其他措施。垃圾食品电视广告的播放时间被限制在了晚上10点之后，对含糖饮料的征税也有所增加。因此，尽管看到了变化，但我们无法确定警告标签在其中发挥了多大的作用。[14]

然而，有一点是确定的，那就是停止标志会促使人们进行筛选，也就是我们在第3章中讲到的合理路径。"不考虑带有'糖含量过高'的停止标志的食品"是一条相当流畅的合理路径。一些食品公司似乎意识到了这一点，所以，它们并没有给自己生产的食品打上停止标志，而是重新调整了产品的配料，将各种成分的含量降到了警告值之下。

让数字易于理解与比较

许多指标都可以缩放。我们前面讨论了汽车每行驶1英里消耗的汽油加仑数这个指标，但实际上，我们使用的是汽车每行驶100英里消耗的汽油加仑数，因为设计者们认为，3.8加仑/100英里比0.038加仑/英里更容易理解。他们很可能是对的。将数字乘以100会让数字变得更好理解。数字指标通常可以通过这种方式进行缩放。例如，我们可以按照年数、月数或天数体现某种服务的价格。众所周知，公共广播电台等需要公众捐助的机构会调整捐款单位，强调捐款人每天只需要捐几美分就够了。每天捐0.28美元就相当于每年捐100美元，但由于0.28美元看起来比较少，所以对捐款人的影响似乎要小得多。较小的数值会改变我们组合偏好的方式。我们会把0.28美元和一些无关紧要的东西做比较，比如一包口香糖，却会把100美元和一些重要的东西做比较，比如一顿高级晚餐或者一件价格昂贵的毛衣。对数字指标进行缩放可以改变人们在决策时为了做比较而调动的记忆。

小数字更易于比较，而大数字则令人难以想象。联邦预算中的数字尤其如此。预算文件（通常有1 400多页）里面的很多数字大得惊人，超出了我们的经验范围。20世纪的物理学家理查德·费曼说："银河系有1 011颗恒星。曾经，这是一个巨大无比的数字。但它其实只等于1 000亿，还没有美国现在的赤字大！过去，我们把巨大的数字称为'天文数字'。而现在，应该把它们称为'经济数字'才对。"

应对大数字的一个办法是将它们具体化和个人化。就像给公共广播电台的年度捐款可以被分解为每天几美分一样，预算的变化也可以表述为给公民个人或整个国家带来的变化。例如，特朗普政府称，2017年的一次环境政策调整，即"美国第一能源计划"的出台，将"帮助美国工人，让他们的工资在未来7年内上涨超过300亿美元"。这个数字看似令人印象深刻，却让人难以衡量。

只要稍作计算，这300亿美元就可以被转换为每个美国工人能获得的个人福利，在未来7年里，约1.5亿美国工人平均每人每年的工资将上涨约29美元。描述方式的变化会影响人们的权衡取舍吗？300亿美元看似令人印象深刻，但十分抽象；相比之下，每年29美元要容易理解得多，因为它是个人化的，而且十分具体。

埃尔克·韦伯和我想要知道，以这种方式改变指标单位是否会让人们改变主意。我们询问了一些美国人的看法，其中，部分受访者看到的是大的总数（300亿美元），其他受访者看到的则是更加具体的数字（29美元）。图8-11显示了希望保持现行政策（即选择放弃加薪）的受访者的百分比，并按党派和他们所看到的数字的类型对受访者进行了划分。

显然，使用更小、更具体的数字改变了受访者的选择。当新政

面对"300亿美元"和"29美元"不同党派的受访者选择放弃加薪的百分比

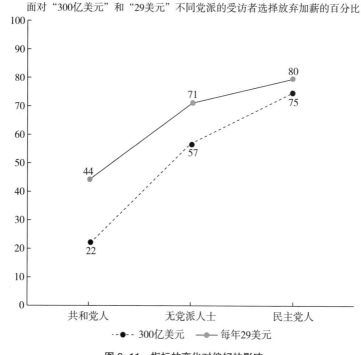

图 8-11　指标的变化对偏好的影响

策带来的变化被描述为年平均工资仅上涨29美元时，希望保持现行环境政策的受访者增加了12%。更惊人的是，当我们使用具体的数字时，不同党派的受访者之间的共识也增强了。当我们用更小、更具体且更个人化的数字描述政策变化的福利时，受访的共和党人中有44%希望保留现行政策，这个比例是我们用抽象的巨额数字描述政策变化的福利时（22%）的两倍。[15]

虽然我们在面对受访者时没有表现出对任何一种立场的倾向性，但调查数据仍然再一次表明，属性的呈现方式可以显著地改变人们的选择，而在本次调查中，这个属性就是政府政策变化所带来的福利。

让艰难的取舍更简单

已经有相当多的研究关注了我们在调查满意度时使用的衡量尺度。许多书籍用整本的篇幅探讨了类别的数量、描述类别时使用的文字及字数的影响，或者探讨了我们是否应该使用图片。但是，对于我们应该如何呈现选项信息的研究却少得多，并且，大部分相关研究都是在近10—15年内进行的。尽管如此，这对设计者来说仍然是一个重要的工具。我们在本章开头谈到的超级惜油族找到了许多提升燃油效率的巧妙方法，但在某种程度上，他们一直在寻求优化错误的指标。如前所述，将汽车每消耗1加仑汽油能行驶的英里数从99提升到100只能节省很少的汽油——汽车行驶1 000英里才能节省大约0.1加仑的汽油。如果知道这一点，他们或许就不会长期跟在卡车后面行驶或以35英里/小时的速度转弯。我们非常擅长在各种竞争中力争最高分，却不太善于理解分数的意义。

然而，选项描述才是选择架构设计的核心。好的设计者可能会竭尽全力确保他们呈现的信息是准确的。但和选择者一样，他们有可能意识不到，像指标选用这样看上去无足轻重的设计决策对选择的影响可能比属性本身还要大。让人难以理解的指标有一个特点，那就是它们不仅会改变人们的选择，还会改变人们做出选择的方式，也就是他们采用的合理路径。本章谈到的许多决策都涉及艰难的取舍，比如是要美味的食物还是要最终的健康，是支持增税还是支持削减政府支出，以及建筑商和消费者是否应该为了未来的环境效益而在当下付出更多的成本。这些决策本身就已经十分棘手，而当设计者使用了错误的属性指标时，选择者就无法以他们想要的方式做出选择，并且会做出更糟糕的决策。选项描述是最不受重视的选择架构工具，也是研究人员研究得最少的选择架构工具，但它具有非常重要的意义。

9

选择引擎
更积极的决策助手

决策环境是多种多样的，决策可以在纸上完成，也可以在实体商店的货架完成，还可以在网上甚至是智能手机上完成。随着决策环境从纸张和实体商店变成像素和浏览器，选择架构师能够实现许多难以在实体环境中实现的设计。商店无法为每位购物者重新排列货架上的商品，也无法让购物者只看到他们最喜欢的品牌的商品，但网站能够做到这些。商店的货架无法指导你使用产品，但销售员可以。由于交互式决策环境与众不同，我将把交互式选择架构称为"选择引擎"，以彰显它们强化和回应选择者偏好的能力。

你可以在亚马逊平台上购物，浏览网飞，在猫途鹰网站上预订旅游行程，在点评网站 Yelp 上搜索餐厅，还可以在互联网电影数据库中找电影来看。这些选择引擎是美国访问量最高的网站。例如，亚马逊一个月的访问量就超过了6.9亿次。这些网站的设计者都影响着你的选择。[1] 即使是对用户使用这些网站做出选择的方式做一些很小的调整，网站的赢利能力和用户的选择质量也会受到很大的影响。由于能够根据用户输入的内容进行自我调整，选择引擎能够做到其他类型的选择架构做不到的事。

选择引擎与其他选择架构的不同之处主要有3点。

- 选择引擎是**可定制的**。利用用户模型，选择引擎能够迎合用户的需求。还记得能够为不同用户设定不同最优默认选项的"智能默认选项"设计吗？选择引擎能够让这一设计理念成为现实。
- 选择引擎能够给予选择者**控制权**。如前所述，选择架构会促使或阻碍选择者采用不同的合理路径。而选择引擎能够改变选择架构。在亚马逊平台上，我可以按照价格或平均评分来排列商品。我既是设计者，又是选择者。我能够让网站为我想要采用的合理路径提供便利。
- 最后，选择引擎能够帮助选择者**理解**自己的选择。我们经常会在网页上看到，勾选框旁边可能会有一个小问号。如果我们点击这个问号，就会弹出一个帮助窗口。选择引擎还能够给选择者提供更为复杂的帮助，比如可以为购票者提供模拟体验，让购票者感受真实剧院中任意座位的视角。

我们将同时通过正例和反例来说明选择引擎的这些特殊能力。让我们先来看看设计最为周密的选择引擎之一：网飞的着陆页。

网飞如何利用选择架构的5个工具

漫长的一周终于过去，在周五晚上，你决定看部电影放松一下。正如你已经在前面的章节中了解到的那样，让你爱人向你推荐电影不会有很好的结果。出于一些原因，当她向你推荐电影时，你们最后看的总是她更喜欢的电影。你爱人显然是一位非常优秀的选择架构师，或许她比你先读了这本书，利用了书中介绍的经验来引导你选择她想看的电影。至于她是构建了黑暗模式的选择架构，在对你的选择形成阻滞，还是说她只是十分了解你的喜好，就要由你自己来判断了。

所以，你没有让爱人推荐电影，而是打开了网飞，全球最大的流媒体服务平台。网飞也是一个典型的选择引擎，它的目标是帮助用户找到他们愿意看的节目。网飞不会只是被动地为用户呈现选项，而是试图为用户定制选项，让用户掌握一定的内容呈现的控制权，甚至还会帮助用户了解那些他们可能会喜欢的新节目。网飞做到了我们认为选择引擎能够做到的一切。

事实上，网飞生存的基础就是帮助用户从它庞大的授权影视库中找到自己感兴趣的节目。吸引用户持续访问网站并每月支付会员费是网飞的主要收入来源。网飞的股价会随会员数量的变化而波动。当网飞宣布其会员数量在2019年减少了13万（在其全部6 000万会员中占比不到0.2%）时，它的股价在一天之内就下跌了10%。网飞需要将用户和它的影视资源连接起来，只有这样，用户才会认为它能够帮助自己找到感兴趣的节目。

你在流媒体设备上打开了网飞。屏幕上出现了一个简单的问题：谁在观看节目？是你、你的爱人、你的孩子，还是其他人？回答完毕后，你就会进入另一个网页，网页上自动播放着内容似乎十分有趣的有声预告片。你会看到一些你可能不记得或者不知道的电影和节目。预告片的自动播放可能会让你感到不悦，但你很快就对节目产生了兴趣。在预告片播放结束后，你会看到两个非常显眼的按钮，一个写着"播放"，另一个写着"详情"。下拉页面，你会看到一行行分类推荐的影视节目。第一行的分类标题可能是"新片上映"，下一行的标题可能是"当前热门影片"，接下来可能是"备受评论界赞誉的电视剧"。继续下拉页面，你会看到一行你曾经看过的节目。当你的鼠标在某个节目上停留超过一秒钟时，这个节目的预告片就会自动播放，而你一旦移开鼠标，预告片的播放就会停止。如此浏览几分钟后，你开始观看《谐星乘车买咖啡》，这是一个你从来没有听说过的节目，主持人杰瑞·宋飞是你最喜欢的演员之一。

网飞符合选择引擎的全部3个特点，它的着陆页用到了本书介绍过的所有选择架构工具。让我们来看看其中一些工具：

合理路径：网飞知道，选择者对决策方式即合理路径的选择是迅速完成的。它不会让选择者等待。为此，它投入了许多精力，让用户选择观看内容的过程非常流畅。网飞的工程师们常常炫耀他们为提升着陆页的加载速度而运用的技术创新，强调不让用户等待对于留住用户是多么重要。

默认选项：按照默认设置，在你打开网飞后，一段有声预告片会自动开始播放。尽管社交媒体上出现了诸多对此不满的声音，但直到2020年初，网飞才提供关闭自动播放的渠道。

选项数量：网飞的影视资源库收录了将近6 000部影视作品（大约4 000部电影和2 000部电视剧）。通过某种方式，网飞从中选择了大约80个它认为符合用户喜好的节目向用户推荐，而没有进行海量推荐。我们即将了解到，这其中需要用到一些高级的人工智能"魔法"。

选项排序：网飞首先对推荐内容的类别进行了排序。是将"当前热门影片"排在第一行，还是将"新片上映"排在第一行？确定了推荐内容的类别排序后，网飞还要确定每一行中每个节目的排序。某个节目是应该排在一行的开头、中间还是末尾？如果把你的着陆页同其他用户的着陆页进行比较，你就会发现，这两种排序都是为用户量身定制的。与呈现在其他位置的节目相比，用户更有可能选择观看位于网页第一屏左上方的节目。

选项描述：每一行推荐节目都有一个类别标题，比如"备受评论界赞誉的电视剧"、"当前热门影片"或"妙趣横生的电视节目"等。在不同用户的着陆页上，不仅这些类别的排序不同，每个类别下推荐的节目也不同。每个节目都有一个静态的封面。在选择封面时，网飞是要确保所有推荐内容都能吸引用户的关注，还是想要更有针对性，让特定的推荐内容更受欢迎呢？

在描述选项时，网飞要确定当用户将鼠标停留在封面上时，自动播放的预告片将展示哪些片段。对于长达62集的《绝命毒师》，网飞是如何决定要展示哪些片段的？为了介绍美国版《纸牌屋》的内容，网飞根据历史观看记录，为不同的观众设计了3个不同版本的预告片。第一个版本面向的是那些喜欢英国版《纸牌屋》的观众。第二个版本展示了罗宾·怀特（饰演克莱尔·安德伍德）和其他女性角色出演的片段，专为观看过《末路狂花》的观众而设计。第三个版本则面向资深影迷，因为该剧的制片人大卫·芬奇是《社交网络》和《龙文身的女孩》等电影的导演，在影迷圈中享有很高的声誉。[2]

网飞以百分比为衡量尺度，预测用户对每个节目的喜爱度。它还以"拇指向上"和"拇指向下"为衡量尺度，收集用户对节目的评价。为什么网飞要使用两种不同的衡量尺度呢？曾经，这两个属性使用的衡量尺度都是5星评分制，但网飞认为，这会让用户感到困惑。人们觉得拇指评价更简单。在改用拇指评价后，网飞收集到的评价数量翻了一番。网飞还发现，用户往往只会给高雅严肃的电影打5星，但十分愿意给一部吸引他们多集连看的情景喜剧"点赞"。拇指评价似乎让评分者不再那么故作高雅，反而更加诚实。[3]

　　这一整套选择架构工具经过了大量对比实验的打磨，这类对比实验每年多达100次，会关注用户体验的每一个细节。由于每天都有数百万用户访问网飞的着陆页，对比实验可以提供大量的信息。

　　让我们将网飞的选择架构设计和纸上的选择架构设计做个比较。首先，和网飞不同的是，纸张无法根据你填写的内容调取数据，也很难根据具体情况进行调整。为了理解这一点，我们可以想一想报税表的设计。你或许还记得，表格上有这样的说明："若c列的总和大于d列的总和，请将c列的总和除以5，并将计算结果填写在第八行。"毫不夸张地说，这样的说明十分冗长。

　　那么，网飞是怎么做的呢？在刚开始讲授关于选择架构的大学课程时，我十分注重听取学生的意见。他们比我更常上网。在最后一节课上，我总会问学生，他们最喜欢和最不喜欢的选择架构是什么。在大多数学年里，学生最喜欢和最不喜欢的选择架构都是网飞。在向学生们询问原因时，我常常会听到这样的回答：

　　　　"我喜欢网飞，因为它能帮我找到一些我愿意看的节目。"
　　　　"我讨厌网飞，因为我无法在其中找到我想要看的节目。"

　　　　　　　　　决策

仔细听学生们说的这些原因就会发现，一些选择者的目标和网飞的目标是脱节的。网飞并不会试图最优化用户的满意度，或者说是"愉悦感"。正如网飞的一位产品工程副总裁所说的那样，网飞追求的是效率最大化，也就是说，要让网飞为影视资源库投资的"每一美元给用户带来的愉悦感最大化"。像《王冠》这样的电视剧能给用户带来巨大的愉悦感，但它的制作成本非常高，单集的制作成本在1 000万美元以上。如果网飞的影视资源库里全是这样的节目，用户或许会很高兴，但会员费会高得令人望而却步，网飞也将因此无法继续生存。因此，网飞的选择架构的目标是找到成本不高，但能够给用户带来愉悦感的内容。网飞的全球媒体关系总监珍妮·麦凯布曾说："我们要找的是那些收视率相对于版权费用而言最高的影视作品。" 4

就像我的学生们所说的那样，网飞的目标是否与你的目标一致取决于你想要的是什么。如果你把网飞当作影视资源库中的国会图书馆，期望从中找到所有已经制作完成的影视作品，那么你一定会感到失望。但是，如果你想要的是一个能够轻松高效地为你提供娱乐消遣的影视平台，那么网飞会是你的理想之选。

但是，为了成为你的理想之选，网飞必须先对你有所了解。让我们来看看，像网飞这样的网站是如何做到这一点的。

特点一：选择架构定制与用户模型

定制选择架构是交互式选择引擎的功能之一。选择架构的定制可以提升用户满意度，提高企业的生产效率。早在2013年，网飞的影视资源数量就已经超过了3 300万。为此，网飞必须了解一些有用的用户信息。其中一些信息来源于网飞的推荐系统。据估计，它为网飞创造了10亿美元的价值。我们稍后将会谈到推荐系统这个话题，但首先，我想谈谈一个更宽泛、更简单的概念，那就是用户模型。[5]

我们之所以会为选择者定制网站，以让网站对选择者来说更有用，是因为我们认为自己对选择者有所了解。我们对选择者的了解正是定制背后的驱动力。用户模型有时可能是复杂的分析系统，但有时也可能相当简单。别忘了，在你登录后，网飞问你的第一个问题是"谁在观看节目？"，问题下方有3个按钮，通常，这3个按钮分别是你、你的爱人和孩子们。网飞之所以会首先询问这个问题，是因为它为不同用户定制的网站不一样。

还记得我们前面提到德国汽车公司吗？该公司向顾客提供了许多选项（例如，光是发动机就有16种），并且将最便宜的选项设为了默认选项，无论是对公司还是对顾客来说，这种做法都是很不明智的。由于默认发动机更有可能成为顾客的选择，该公司开始担心，默认选项可能会让一些顾客的满意度降低，也会导致最便宜的发动机销量上升。

我们建议该公司为顾客定制默认选项，即设定智能默认选项。该公司的管理层认可这个建议，但建议的落实存在一个小问题——他们不想为了设定智能默认选项而投资开发一个复杂的推荐系统。这样一个系统不仅开发起来极其费力，而且不一定能有多大的用处。汽车不是快消品，而且，以往的购车记录可能没有太大的参考价值，因为人们在换车时对汽车的需求往往会发生变化。一位30岁的购车人买的上一辆车是跑车，但现在，已经结婚生子的他需要的可能是一辆家用轿车或一辆运动型多用途汽车。此外，到德国汽车公司的网站上买车的顾客此前并不一定购买过该公司的汽车，甚至可能没有买过汽车。

德国汽车公司想出了一个聪明而简单的办法："我们为什么不直接问问顾客，他们想要买什么样的车呢？"于是，该公司设计了一个着陆页，在页面上呈现了这个问题，并为顾客提供了如下选项：

家用轿车

跑车

经济型轿车

越野车

要设定智能默认选项，知道顾客对这个简单问题的回答就足够了。如果顾客选择了跑车，那么系统不仅会将默认发动机设为性能优越的发动机，还会根据这个选择设定其他默认配置，比如真皮座椅、价格更高的木质方向盘和变速杆，以及高性能的镀铬轮毂和轮胎。选择了家用轿车的顾客则会看到不同的默认选项，比如侧气囊和儿童安全座椅固定装置。不需要借助价格昂贵的人工智能系统，仅靠一个问题就改善了决策。我们可以将这些默认选项称为"足够智能的默认选项"，因为它们的设置不涉及多少建模工作，却实现了智能默认选项能实现的大部分效果。德国汽车公司表示，顾客对此感到满意。这些足够智能的默认选项增加了德国汽车公司的收入。我们的研究表明，与先前采取错误做法（将价格最便宜的选项设为批量默认选项）时相比，使用足够智能的默认选项后，每辆车的平均销售收入增加了800欧元。

只要知道选择者的一些简单的信息，比如年龄等，就能设定足够智能的默认选项。在第5章中，我们谈到了目标日期基金。随着投资者年龄的增长，这种基金会提高投资者退休金账户中债券的配置比例，减少股票投资，从而为投资者降低风险。只要知道选择者的出生年份，基金管理者就能将最适合选择者的股债配置比例设为默认选项。更重要的是，随着投资者年龄的增长，这种基金会自动调整股债配置比例，这一点是大多数人都会忽略的。这说明，定制并不一定是件难事。选择者提供的一个数字或许就能改善默认选项的设置。这种足够智能的默认选项给投资者带来的好处不仅仅体现在购买基金的那一刻，它会让投资者在一生中持续受益。

　　当然，还有更为复杂的定制方法。"协同过滤"方法可能更为强大。协同过滤技术会收集用户的历史购物数据，并利用人工智能预测用户未来可能会购买哪些商品。这项技术既可以利用显性信息，比如用户给选项的评分，又可以利用隐性信息，比如用户是否看完了网飞上的某个节目。最著名的例子或许是亚马逊利用协同过滤技术生成的"购买此商品的顾客也买了……"列表。为了进行预测，协同过滤技术需要用到大量的用户历史行为数据。这也是苹果音乐的音乐推荐、推特的"推荐关注"以及Tinder的匹配机制的核心所在。是的，Tinder会根据你的界面滑动记录来调整它向你推荐的条件匹配对象。你每一次右滑界面都会对它接下来向你进行的推荐产生影响。

　　协同过滤技术本身并不需要利用关于选项的深层信息，意识到这一点非常重要。在向你推荐歌曲时，苹果音乐对歌曲本身的节奏、节拍、歌词和配乐乐器一无所知。它只知道，和你相似的用户也喜欢这首歌。

　　相比之下，"基于内容的过滤"则需要利用选项的属性信息。

有时，这很容易做到。例如，在销售男士衬衫的网站上，一件牛津纺衬衫的商品描述包含了许多信息，比如衬衫的颜色、材质、领型，以及衬衫是否免熨烫等。所有顾客在做出选择时看到的都是相同的信息，而设计者可以利用这些信息来预测顾客的选择。但是，要了解音乐作品等其他产品的属性就非常具有挑战性了。利用基于内容的过滤技术的公司会请用户从不同的维度给选项打分，比如一件衬衫的运动舒适性或者一首歌曲的节奏等。接着，它们会编写算法，将歌曲从它的数字化表现形式（比如MP3文件）分解为多个属性。在线流媒体服务平台潘多拉打造的"音乐基因组计划"利用了基于内容的过滤技术。一位训练有素的音乐学家会花20—30分钟的时间聆听一首歌，并从数百个维度（即潘多拉所说的"基因"）给歌曲评分。算法会根据这些评分挑选出相似的歌曲。与协同过滤技术不同，基于内容的过滤技术了解更多的是歌曲而不是用户。2018年，天狼星XM公司以35亿美元的价格收购了潘多拉，并利用基于内容的过滤技术为旗下的部分电台选择歌曲。随着时间的推移，企业开始结合应用协同过滤技术和基于内容的过滤技术。这样做是有道理的，因为这两种技术可以优势互补。[6]

然而，用户模型并不是复杂的人工智能的同义词，这一点十分重要。如果想要了解顾客，为顾客提供重要的定制服务，我们通常只需要问一个简单的问题就可以，比如"你想要买哪种车？"或者"你多大了？"。

围绕推荐系统的讨论大部分关注的都是如何代替用户做出选择。但也有人认为，用户模型赋予了设计者强化选择架构的能力。我们要关注的或许不是如何利用人工智能做出选择，而是如何通过智能增强让选择架构辅助用户做出选择。

特点二：将控制权交给用户

几乎在所有的网站上，你都拥有控制权。例如，你可以在亚马逊旗下的Zappos在线鞋店里看到两种主要的选择架构工具。第一种工具能够让用户而非网站的设计者决定选项的排序方式。用户可以按照相关性、适配度、上架时间、顾客评价、销量、价格（从高到低或从低到高）或品牌来给鞋子排序。用户的排序选择取代了设计者的排序选择。第二种工具则能够让用户根据鞋码、性别、样式、品牌、价格或颜色等属性筛选鞋子。这种工具采用了我们在前面讲到过的一种合理路径，那就是筛选。我们可以根据上述任意属性对鞋子进行筛选。例如，我们可以通过对颜色和样式的筛选让搜索结果列表只显示米黄色的高跟鞋。这些工具似乎非常棒，因为它们让选择者获得了原本属于企业的选择架构设计权。这必然会让选择者做出更好的选择，对吗？

事实上，这种做法有几个潜在的问题。首先，设计者仍然拥有很大的控制权，只是这种控制权可能被隐藏起来了。默认的排序方式仍然是由设计者决定的。即使是在网站上，默认设置也是有"黏性"的。还记得我们之前关于择校网站的讨论吗？在择校网站上，家长能够轻松地改变排序方式，但这样做的家长并不多。默认的排序方式仍然是最常用的排序方式。即使用户想要在下拉菜单中更改排序方式，排序方式本身的排序也是由设计者决定的。不足为奇的是，在包括Zappos在内的很多网站上，按价格（从低到高）排序并不是下拉菜单中的第一个选项。让选择者有能力改变排序方式并不意味着选择者真的会改变排序方式。

筛选也是如此。设计者决定了可用于筛选的属性（如品牌）的排列顺序。Zappos提供的品牌列表中共有100多个品牌，从ABLE开始一直排到了Zamberlan。筛选也是有缺点的。为了控制选项列表的长度，人们很容易把他们本来有可能会喜欢的选项排除在外。在第2章中，我们曾经提到，采用筛选路径可能会导致最佳的条件匹配对象被排除。在Zappos网站上筛选鞋子也可能会出现类似的情况。最适合你的鞋子可能会被排除。

真正的问题在于，让选择者掌握对选择架构的控制权是否能够优化他们的决策。或许可以。如果人们明白选择架构对决策的影响，或许会"自行设计"决策环境，帮助自己做出更好的选择。价格敏感度高的人或许会选择按价格排序，以便于比较不同商品的价格。那么，允许人们选择合适的选择架构是否真的能够帮到他们呢？

不幸的是，无论是肯定的回答还是否定的回答，都没有充分的证据做支撑。我们知道，排序能够提升一个属性对选择者的重要性，但我们不太了解，当选择者自主决定排序方式时会出现什么情况，不太清楚这能否帮助他们做出更好的选择。但是，当选择者需要进行与属性相关的计算时，赋予他们控制权确实是有帮助的。还记得我们在第6章中谈到的人们在购买医疗保险时遇到的困难吗？人们难以准确估算出保险的总费用，因为它至少涉及3个方面：免赔额、实付费用和挂号费。综合考虑这3个方面，才能估算出保险的总费用。医疗保险交易网站的管理人员很早就注意到，人们没有对保险的总费用给予足够的重视。有些人只关注了其中的一个方面，比如保费，却忽略了其他方面，比如自付额。后来，许多交易网站都增设了计算器，以帮助选择者计算总费用。在《平价医疗法案》实施的第四年，在美国的50个州里，已经有45个州的交易网站为用户显示预估的总保险费用。

为用户提供计算器会影响他们的选择吗？有研究人员让一些美国人从3种保险计划中做选择，这个选择集比我们在现实生活中看到的要小得多，从中做出选择也更加容易。当参与者能够使用计算器时，他们做出了更好的选择，选择性价比最高的保险计划的人数增加了7%。最重要的是，在低收入群体、低学历群体和医疗需求因经济困难而得不到满足的群体中，选择的改善尤为明显。提供计算器不仅能够帮助选择者，而且最弱势的选择者最能够从中获益。[7]

但我们还能为选择者提供更多帮助。保险费用取决于你实际的保险使用情况。计算器给出的估算费用大多数是根据所有人或者与用户情况相似的人的平均就诊次数得出的。但由于自身的特殊情况，有些人的就诊次数远高于其他人，他们需要服用更多的处方药，医疗支出也更高。同时，也有一些人对医疗服务的需求远低于平均水平。我们可以对计算器做出改进，让估算结果更准确。例如，如果能够访问某个大型医疗档案数据库，我们就能够根据医疗保险的历史使用情况建立模型，预测人们使用医疗服务的情况。我们还可以给出各种保险计划的预估最高费用和预估最低费用，让人们对费用的分布情况有所了解。（我曾经为《财富》杂志撰写一篇题为《〈平价医疗法案〉能从网飞身上学到什么》的文章，探讨这个话题，为文章拟定标题的不是我，而是杂志的工作人员。）

Picwell是一家利用模型预测医疗服务使用情况的公司。该公司的总部设在费城，其主要业务就是帮助保险公司指导消费者选择最符合自身需求的保险计划。想象一下，如果有人问你"你觉得你今年会去看多少次医生？"，你可能会不太确定，努力想要回忆起自己去看皮肤科医生的时间是今年1月还是去年12月。Picwell不依赖你的记忆，而是会根据与你情况相似的人的医疗服务使用情况建立统计模型，从而预测你的就诊频率。[8]需要再次强调的是，Picwell的预测系统并不会代替选择者做选择，它只是增强了选择者的智能，帮助选择者预估选择的影响，让选择者自己做决定。

我们在进行计算时需要帮助，电脑和智能手机都能帮到我们，这两点或许显而易见。然而，我们可能会忽略的是，选择引擎能够帮助我们更好地理解那些我们必须面对的决策。

特点三：帮选择者理解自己的选择

选择引擎的第三个特点是，它能够为我们提供指导。它可以化身为一名无比耐心的指导者，不厌其烦地为你讲解某个术语的含义。如果你想要知道什么是保险自付额，就可以将鼠标停在这个术语上，然后，相应的解释可能会出现。如果你想要知道某种颜色的服装在搭配中的优势，你或许能够在商品评价中找到有用的信息。

理论上，好的选择引擎不仅能够帮助你做出选择，还能够帮助你学到新知识。但在一些复杂的领域，比如投资领域，利用选择引擎指导决策往往面临着很大的挑战。证券的主动买卖不仅复杂，而且风险很高。如果选择引擎无法胜任指导工作，选择者就有可能犯下大错。事实上，选择引擎可能会让选择者更快更轻易地犯下大错，如果你是一个投资新手，刚刚开始在复杂多变的市场中进行操作，这种情况就更容易发生。

新冠肺炎疫情的暴发和封锁措施的实施导致了个人投资者数量的飞涨。或许是因为人们在家里感到百无聊赖，又或许是因为人们被市场的波动所吸引，2020年上半年，多家散户券商的新开户数达到了数百万。其中，罗宾汉交易平台的个人投资者成了2020年底和2021年初多轮市场趋势的主要推动者。2020年初，在罗宾汉平台注册的新用户超过了300万，其中有一半都是投资新手。虽然罗宾汉是2015年才成立的新平台，但截至2020年6月，它的日均交易量已经超过了两家线上散户券商巨头嘉信理财和亿创理财的日均交易量的总和。你或许已经对罗宾汉平台上的个人投资者对市场价格造成的影响有所耳闻，但在这里，我想要关注的是罗宾汉平台作为为数百万投资新手提供服务的选择引擎所发挥的作用。

亚历山大·卡恩斯就是罗宾汉平台的新用户之一，20岁的他就读于内布拉斯加大学林肯分校的管理专业，即将升入大四。和很多学生一样，在新冠肺炎疫情期间，他回到了伊利诺伊州内珀维尔的家中，和父母住在一起。在这段时间里，卡恩斯在罗宾汉交易平台上注册了账户，开始买卖股票。他似乎乐在其中，并开始和亲戚们谈论他对股票、美联储和经济前景的看法。但是，他的这个新爱好最终是以悲剧收场的。

为了了解这背后的原因，我们要先来看看智能手机的变革和发展历史、股票和期权的交易规则，以及罗宾汉平台应对新用户大量涌入的方法。如今，股票交易已经变得比点外卖还简单。只要在智能手机屏幕上点三下，你就能买入任何一只股票。交易成本也很诱人——平台不收取任何费用。20世纪90年代，当折扣券商将每笔交易的佣金降至10美元时，证券交易发生了第一次革命性的变化。而现在，许多散户券商已经不再直接向客户收取交易佣金了。

罗宾汉平台的创始人弗拉德·特内夫和拜朱·巴特对这个平台抱有很大的野心。不收佣金是这个服务平台能够吸引客户的一个重要原因。特内夫希望，"当客户听到罗宾汉这个名字时……他们会觉得自己正在获得巨大的收益"。

顾名思义，罗宾汉的目标是为那些不那么富裕的人提供投资平台。平均而言，股票交易的收益率远高于大多数其他类型的投资。因此，一些专家不理解，为什么有人会不愿意做股票投资，尤其是那些不太富裕的人。与 Acorns 和 Stash 等公司一样，罗宾汉致力于向更多人开放投资机会。[9]

实现这个目标的方法之一是降低投资者参与股票交易的资金门槛。为此，一些公司开始销售"零星股份"。当特斯拉股票的单股价格超过 2 000 美元时，一些初入股市的投资者可能连一股也买不起，更不用说投资多家不同公司的股票以有效实现投资的多元化了。有了零星股份，个人投资者哪怕只有 1 美元资金，也能够买入一部分股票。

为了让更多新用户参与投资，罗宾汉还向用户普及投资知识。它的网站上有这样一句话："无论你有多少投资经验（或者是否有投资经验），我们的目标都是要让金融市场投资变得更符合你的购买力、更直观且更有趣。"

挑选股票并不简单。开发投资类的选择引擎，特别是进行股票和期权交易的选择引擎似乎十分困难，要开发在智能手机上使用的此类选择引擎难上加难。毕竟，股票交易是复杂的，而手机屏幕的大小有限。那么，罗宾汉对投资者的投资知识普及做得如何呢？用户是否真正理解了投资知识呢？罗宾汉网站设有一个专门的知识普及板块，网址是 learn.robinhood.com，里面有对各种术语的解释，但许多解释似乎还不够充分。例如，购买零星股份被比喻为购买火箭的一部分，比如购买其尾翼，而不是购买整个火箭。这个比喻是完全错误的，因为它的言外之意是，零星股份与整股股票是不同的。但实际上，零星股份的增值或贬值与整股股票是一样的。相比之下，脱离了火箭的其他组成部分，尾翼就失去了作用。对于股票期权，该网站的解释是，股票期权交易"就像种水果一样……你希望种子长成能在收获时节被采摘下来的果实。如果水果坏了，不能食用，那么你就损失了购买种子的成本。但是，如果果实成熟完好，你并没有必须把它从树上摘下来的义务，你可以自己选择摘或不摘"。这个解释会让人感到困惑。网站上还有一个类似的比喻："期权就像一把雨伞……对你来说，它可能会变得很有价值，也可能会变得毫无价值。和雨伞一样，期权的美妙之处在于，你并不一定要用它。你买下它之后可以自己选择要不要用它。你会在下雨时打开雨伞，也会在有利可图时行使期权。不过，期权会过期，雨伞则不会（世界上不存在无懈可击的类比）。"[10]

除了这些不够标准的知识普及，罗宾汉还在社交媒体上营造了一个庞大的生态系统。截至2020年9月，罗宾汉在红迪网上的社区已经拥有大约36万名会员。优兔上也出现了海量的相关视频，标题类似于"如何每天只花30分钟，月入至少1 000美元"。在播放量最高的视频中，有一个视频是面向投资新手的期权交易教程，其播放量达到了190万次。

对于那些经验丰富的投资者，罗宾汉或许没有什么吸引力。特斯拉和苹果公司都在2020年8月初宣布将会在8月底前完成拆股。拆股当天，苹果的股价上涨了3.3%，特斯拉的股价上涨了12.5%。那一天，由于交易量激增，罗宾汉平台出现了系统故障。

但拆股并没有引发实质性的变化。拆股不过是将1股价值2 000美元的股票拆分成了4股价值500美元的股票。用罗宾汉网站上的知识普及类比来解释，这就相当于把一张比萨切成了12块而不是8块。比萨的块数变多了，每块比萨的价格也更低，但比萨的总量和总价都没有变。当时，有人在红迪网的罗宾汉社区询问为什么特斯拉的股价下跌了这么多，还有人在谈论能以如此低的价格买到特斯拉的股票是一个多么难得的机会。

考虑到罗宾汉的用户构成，你可能会认为，罗宾汉平台上的交易应该是以股票交易这样的简单交易为主。曾经确实如此，但现在，情况已经大不相同。2017年12月，罗宾汉开始提供免佣金的期权交易服务，短短两年后，罗宾汉的利润大头就变成了期权交易。股票的概念相对简单，但大多数人都不了解期权是什么。这是一个在金融课堂外鲜少被介绍的概念，但它的吸引力十分明显，它是一个可能会带来巨额收益（或造成一定损失）的小赌注。

下面这个例子也许能帮助你理解这个概念。期权赋予你以特定价格买入（或者卖出）一股股票的权利。在期权到期之前，你可以随时行使期权。例如，假设今天是4月1日，苹果的股价为每股100美元。你可以购买期权，获得在5月1日之前随时以每股100美元的价格买入苹果股票的权利。"期权"指的就是：你拥有以每股100美元的价格买入苹果股票的权利，但没有这样做的义务。你并不持有股票本身。如果苹果的股价在5月1日之前涨到了每股110美元，你就可以行使期权，以每股100美元的价格买入股票，再以每股110美元的价格卖出。

这样一来，你就赚取了10美元的利润，当然，还要从中减去你为期权支付的费用。

这个概念并不那么简单易懂，甚至还可能变得相当复杂。期权是一种金融衍生品，而金融衍生品是金融产品的一个大类。如果你对这个概念有印象，很可能是因为极其复杂的抵押贷款衍生品是引发2008年经济衰退的一个主因。

期权的吸引力在于价格低廉。如果你认为苹果公司的股价将会从每股100美元上涨到110美元，你可以立刻以每股100美元的价格买入。而期权能够让你以低得多的成本，比如1美元，完成对苹果股票的投资。假设你以每份1美元的价格买入了100份苹果股票期权，拥有了以每股100美元的价格买入100股苹果股票的权利。那么，你购买这100份期权的成本与实际买入1股苹果股票的成本是一样的，都是100美元。假设苹果的股价随后涨到了每股110美元。如果你之前花100美元买入的是一股股票，那么你就只能赚到10美元。但如果你之前花100美元买入的是100份期权，那么你就可以按照每股100美元的价格，花1万美元买入100股苹果股票，再按照每股110美元的价格，以1.1万美元将股票卖出，赚1 000美元的差价。从中减去你为购买期权支付的100美元成本后，你最终可以赚到900美元。你甚至不需要进行实际的买入操作，因为每份期权的价值将上涨10美元，你直接将期权卖出就可以净赚1 000美元。

但如果你猜错了股票的走势，期权的缺点就会暴露出来。如果苹果公司的股价一直保持在100美元，而你买入的是股票，那么你不会有任何损失，因为你仍然持有股票。但是，如果你买入的是期权，那么它们就会变得一文不值。虽然有人认为，股票市场上的所有投资都像是赌博，但股票交易更像是为赛马场上你最喜欢的那匹马下赌注，或者是在轮盘赌中押红或者押黑。相比之下，期权交易的胜算要小得多。和买彩票或者在赛马场买三重彩一样，期权的买入价格很低，但你很可能会输掉这笔钱，因为赢一大笔钱的概率也

　　　　　决策

很低。

在罗宾汉平台上，用户可以免佣金进行股票交易和期权交易。你可能会问，不收取佣金，公司怎么赢利？秘密就隐藏在价格的显示方式之中。每笔交易都能让罗宾汉获得报酬，但向其支付报酬的是那些真正执行交易的公司。那些公司被称为"做市商"，专门负责匹配股票的买家和卖家。但问题在于，在许多市场中，股票的买入和卖出价格都是不一样的。两者之间存在微小的差距，我们将这种差距称为"价差"。[11]做市商会向罗宾汉（及所有提供免佣金交易服务的零售券商）支付价差的一部分，作为发送交易订单的佣金。在这种机制下，用户看到的交易价格有可能并不是最优价格。

免佣金的交易机制一直饱受争议。2019年，由于未能确保用户在交易中获得最佳执行价格，罗宾汉被独立监管机构美国金融业监管局处以罚款。2020年12月下旬，在美国证券交易委员会发起的一场诉讼中，罗宾汉支付了6 500万美元和解费。美国证券交易委员会称，罗宾汉将交易订单发送给那些支付最高佣金的做市商，而不是那些能让用户获得最佳执行价格的做市商，这种做法在2015年到2018年年底之间给用户造成了共计3 400万美元的损失。[12]

与股票交易相比，期权交易是罗宾汉更大的收入来源。[13]或许是由于罗宾汉提高了期权交易量，做市商支付给罗宾汉的期权交易佣金是股票交易佣金的3倍。对罗宾汉的核心用户群体，即那些缺乏经验且资金有限的个人投资者来说，期权交易可能并不是一项合适的投资；但对罗宾汉来说，它是使公司赢利最大化的理想业务。2020年第二季度，罗宾汉的总收入为1.8亿美元，其中，有1.11亿美元来自做市商为期权交易订单支付的佣金。

在罗宾汉平台上买卖股票非常简单。一些热门股票，比如特斯拉的股票，可能会出现在网站的首页，你只需要在手机屏幕上点击股票的名字，就会看到一个写着"买入"的绿色按钮。期权交易不比股票交易难多少，只不过需要比股票交易多点开一个页面而已。然而，虽然罗宾汉让期权交易变得更加简单了，但它的选择架构没有让期权本身变得容易理解。它至少让一名用户误以为自己犯下了大错。

这名用户就是亚历山大·卡恩斯，那位十分活跃的投资新手。在内布拉斯加大学林肯分校，人们对他的评价是，他总是想要让朋友们高兴起来。他还曾经被选为商学院入门课程"优势投资"的助教。[14]但是，在期权交易这个新爱好上，卡恩斯遇到了大问题，至少他自己是这么认为的。有一天，在打开罗宾汉的应用程序后，他看到界面上以红色的数字显示自己亏损了73万美元。事实上，这只是复杂的期权交易的一部分。在交易完成后，另一个没有被显示出来的部分会抵消掉几乎所有的损失。但他对此一无所知。

第二天，有人在他家附近的铁轨上发现了他的尸体。他在自杀遗书中写道："如果你读到了这封信，就说明我已经死了……为什么一个没有收入的20岁的年轻人能够获得将近100万美元的交易杠杆？我买入和卖出的看跌期权应该是能够相互抵消的，但现在看来，我其实不知道自己之前在做什么。"

卡恩斯是对的，他买入和卖出的期权确实能够相互抵消，但罗宾汉的应用程序误导了他。卡恩斯的表姐夫比尔·布鲁斯特是Sullimar资本集团的一名研究分析师，他说："悲哀的是，我认为他根本没有犯下多大的错误。这完全是界面设计的问题。"我们不知道具体的细节，但布鲁斯特展示了卡恩斯的账户，里面实际上还有16 174美元的余额。作为回应，罗宾汉的高管承诺将改进界面，并提高用户参与期权交易的门槛。[15]

选择引擎可以产生极大的影响。智能手机上的应用程序和通知已经取代了股票自动报价机的纸带和证券交易所里的实体交易席位。我们前面谈到过选择引擎能帮助选择者更好地理解自己的选择。然而，尽管罗宾汉做出了努力，想要让用户了解更多的投资知识，但它在这方面所取得的成效受到了质疑。卡恩斯自杀或许不是罗宾汉的错，但更大的悲剧在于，投资新手们可能正在学习错误的交易方式。绝大多数专家都认为，如果一个投资者的目标是积累财富，那么他就不应该频繁地交易。但罗宾汉的用户并不是这样做的。《纽约时报》的一篇分析报道显示，在2020年第一季度，罗宾汉用户每1美元的股票交易量是亿创理财用户的9倍和嘉信理财用户的40倍。而罗宾汉用户的期权交易频率更是达到了嘉信理财用户的88倍，这同样是在根据账户规模对数据进行调整之后得出的结果。罗宾汉的企业形象是一个以帮助并不富裕的投资新手为宗旨的创新交易平台。罗宾汉确实让交易变得更加容易，但平均而言，它并没有帮助它的用户积累财富。频繁的交易常常会导致收益率走低。例如，罗宾汉的用户买卖涨跌幅排行榜上股票的可能性更大，但这些股票的价值平均会在一个月内下跌近5%。罗宾汉塑造的企业形象和它的选择引擎的实际效果似乎是脱节的。[16]

理解不确定性

做出选择并不容易。你必须结合不同的属性考虑多个选项。我们已经讨论过选择架构可能会降低或增加选择的难度，但有一个方面是我们的讨论还没有涉及的，那就是不确定性。

预测本身就具有不确定性。无论要预测的是股票价格、天气、选举结果，还是超级碗冠军，都没有人能事先知道最终的结果，但人们确实对自己的预测有着不同程度的把握。例如，比起几周前的预测，临近选举日或比赛当天的预测往往具有更高的确定性。尽管很难解释清楚，但确实有证据表明，选择引擎能够帮助人们理解不确定性。

我们可以用3种方式呈现2016年美国总统大选选举日当天对选举结果的预测。

我们可以给出概率：

唐纳德·特朗普的胜率为 0.36。

也可以用图表显示预测结果的分布情况，如图9-1所示。

还可以将预测结果转化为如果进行100次或1 000次大选，不同的结果可能出现的次数，如图9-2所示。

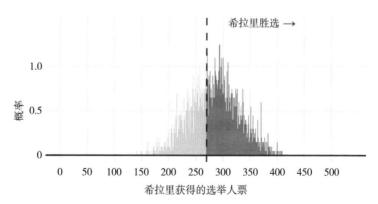

图 9-1　2016 年美国总统大选的预测结果分布图 [17]

资料来源：FiveThirtyEight.com

决策

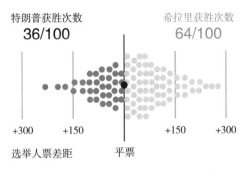

特朗普获胜次数
36/100

希拉里获胜次数
64/100

+300　　+150　　　　　+150　　+300

选举人票差距　　　平票

图 9-2　由上方分布图转化而来的点图 [18]

这 3 种方式呈现的都是相同的预测结果,即由内特·西尔弗创办的著名政治预测网站 FiveThirtyEight.com 给出的预测结果。前面两种方式是这个网站常用的,而第三种方式则是《经济学人》杂志在呈现类似的预测结果时使用的,如图 9-3 所示。

大量心理学研究表明,人们会在不同的情况下使用这 3 种不同

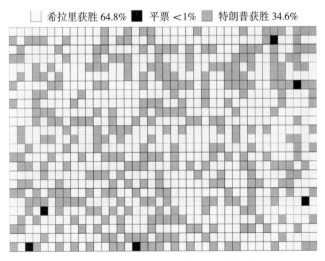

☐ 希拉里获胜 64.8%　■ 平票 <1%　▨ 特朗普获胜 34.6%

图 9-3　《经济学人》的类似预测数据 [19]

的呈现方式。如果你想要进行计算，那么第一种方式或许会有帮助，但如果你想要形成整体印象、记住结果并做出推断，后面两种方式的效果似乎更好。

在探讨默认选项时，我曾经提到过丹·戈尔茨坦。他任职于微软研究院，曾和诺贝经济学奖得主威廉·夏普尝试将这个想法应用于对金融收益的理解。金融从业人员或许听说过夏普根据研究提出的"夏普比率"，它衡量的是风险调整后的股票收益。[20]

有一些数字指标，比如贝塔系数，可以衡量投资的波动性。对专业人士来说，这些指标非常有用，但戈尔茨坦和夏普想要帮助的是那些为退休后的生活进行投资的普通人。

戈尔茨坦和夏普设计了一个和上面两个图表类似的可能结果显示图，并采用动画的方式，让图中的圆点逐个消失，直到只剩下最后一个圆点。整个过程可以重置，重置后，圆点会以另一种随机次序逐个消失。正常情况下，在看到这样一个图表时，我们都会愣住，但戈尔茨坦和夏普让这个图表变得生动了。在你按下按钮后，图中的圆点会一个接一个地消失，直到只剩下最后一个。这个动画模拟的是所有投资都会遇到的情况，投资的结果有很多种可能，但最终的结果只有一个。通过多次演示圆点的消失过程，戈尔茨坦和夏普证明了，除了望着静态图表发呆，人们还能够以参与性更强、更直观的方式体验概率。这些图表属于"模拟结果图"，模拟结果图能够让人们体验结果出现的过程，而不只是被动地看展示图。[21]

和股票的价格一样，飓风的路径是不确定的，而且，它的路径会造成严重的影响。人们需要决定自己是从家中撤离，还是留在家中等待风暴过去。为了让人们了解飓风路径的不确定性，天气预报员会使用一种和图9-4类似的地图。传统的飓风路径图不能很好地帮助人们预估潜在的威胁。传统的飓风路径图上会显示一个"不确定性之锥",预测的时间范围越大,锥形就越宽,因为预测的时间范围越大,不确定性就越大。随着飓风登陆的时间越来越近,对飓风路径的预测也会越来越准确。然而,这种呈现方式有一个问题,那就是有些人会认为锥体的变宽意味着风暴会变大。事实上,由于这种误解十分普遍,传统的飓风路径图上甚至加上了一份免责声明。但是,人们会产生这种误解是很自然的,毕竟,在地图上,面积通常表示的是大小,而不是不确定性。

图9-4 飓风萨莉的不确定性之锥

资料来源:美国国家海洋和大气管理局。

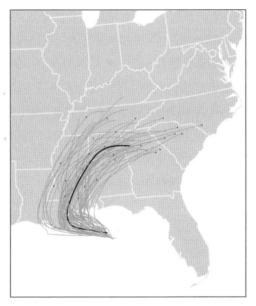

图9-5　在相同的预测阶段对同一飓风进行预测的意大利面条图

　　事实上，现在已经出现了呈现飓风路径的新方式，那就是利用模拟结果图来展示飓风的一系列可能路径。这种图被称为"意大利面条图"，因为每一条飓风路径看上去都像一根意大利面条。图9-5与图9-4显示的是在大致相同的时间和预测阶段对同一飓风路径的预测。每一条线都代表了飓风的一条可能路径。你可以看到，更多的可能路径都停留在了密西西比州和亚拉巴马州的交界处，但也有一些可能路径向西到达了路易斯安那州、向东到达了佐治亚州。每一条路径上还显示了飓风的强度。但我认为，如果能够采用戈尔茨坦和夏普的做法，随机选择一条可能路径，将其制作成动画，并不断重复这个过程，让人们切实感受到可能路径的分布情况，将会产生更好的效果。[22]

这种图似乎很受大众欢迎。当时正在气象频道工作的迈克·洛厄里说，美国国家飓风中心表示，一个以意大利面条图为特色的网页为他们的官网引来的流量比他们的推特账号或Meta主页引来的流量还要多。

将飓风路径图制作成动画形式体现了选择引擎的关键属性——交互性。交互性让选择者能够控制选择架构，定制选择架构，并学到新的知识。但选择引擎同样可以增强设计者的影响力。它们为设计者提供了更多工具，这就意味着设计者可能会对选择者的选择产生更大的影响。选择引擎让选择架构从被动显示选项和属性的界面变成了更加积极的决策助手。

选择引擎让选择架构变得更加强大，让选择架构拥有了更多可能性，也让设计者对选择有了更大的影响力。当设计者能够为每个选择者定制决策环境，决定显示哪些选项和属性、如何描述属性以及如何为每一名选择者定制默认选项时，他们就有了更多的责任，而且无法再忽视这些责任。正如我们将在下一章中看到的那样，忽视这些责任可能会造成不好的结果。

10

如何成为更好的选择架构师

在初次了解选择架构时，许多人都对这个概念感到不安甚至恐惧。我的学生曾经告诉我，无论是作为设计者还是作为选择者，他们都有所担忧。作为选择者，他们害怕自己的选择会在不知不觉中受到不可控因素的影响，还担心自己会遭到利用。作为设计者，他们则担心自己会在无意中影响他人或者损害他人的利益。这样的恐惧心理并不新鲜。

1957年，纽约市的一名市场研究员詹姆斯·H.维卡里声称，他在新泽西州利堡的乔治·华盛顿大桥附近的一家电影院里进行了一项为期6周的研究。在电影播放期间，他会迅速插播"饿了吗？吃爆米花吧"和"口渴吗？喝可乐吧"等短句，每个短句的显示时间只有1/3 000秒。他认为，虽然人们不会有意识地去感知这些短句，但是在"阈下知觉"的作用下受到影响。心理学家会说，任何人都不可能理解这些短句所包含的信息，这些短句至少得在屏幕上停留1/30秒——1/3 000秒的100倍——才能产生影响。但维卡里坚称，这些短句增加了人们对可乐和爆米花的消费。他表示，电影院里爆米花的销量提升了58%，可乐的销量提升了18%。围绕此事的相关报道引发了一场集体疯狂。维卡里的公司因为这项研究引发了关注，签下了总价估计有450万美元的咨询合同。

同年，万斯·帕卡德的畅销书《隐藏的说服者》（*The Hidden Persuaders*）出版，该书讲述了市场营销人员如何在人们不知情的情况下，影响人们对产品的选择和在政治选举中的投票。这加剧了人们的恐惧。多年后的1974年，美国联邦通信委员会发出警告，任何利用听众潜意识的广播公司都将面临被吊销执照的危险。

但问题在于，维卡里根本没有进行研究。在受到质疑时，他先是声称自己的研究只是一项初步研究，样本量太小，不具有统计学意义，后来又承认自己从来没有进行过这项研究。电影院的经理表示，从来没有人对该电影院爆米花或可乐的销量进行过研究。[1]

研究是假的，恐惧却是真的，而且这种恐惧至今仍然存在。在感觉到自己被操纵时，我们会产生强烈的情绪反应，如果我们发现自己并没有意识到行为受到了影响，这种反应就会更加强烈，因为这意味着，我们不是在独立地做出选择。这关系到一个复杂且有争议的哲学议题，那就是人是否具有自由意志和能动性。一些哲学家认为，自由意志只是一种错觉，所有行为都是由外部力量决定的；另一些哲学家则认为，尽管存在外部影响，但事实上，我们仍然是自主做出选择的。持有这两种观点的哲学家分别被称为"不相容论者"和"相容论者"。

我对哲学家们的观点不太感兴趣，但我很好奇普通人如何看待他们对自己的选择的控制权。人们是怎样看待外部影响，尤其是那些自己不知道的外部影响的作用的？人们会在何种情况下感觉到自己的选择受到了影响，又会在何种情况下对此感到厌恶？为了回答这些问题，我开始关注一个相对较新的哲学流派——经验哲学。经验哲学家思考的不是自己的信念和直觉，而是普通人的观点和看法。他们研究的是心理学家的"常民理论"或"民间信仰"。

事实证明，人们大多对自由意志持有两种相互冲突的观点。在某些情况下，人们会欣然承认，理论上，选择是由外部力量决定的。约翰之所以会买那辆红色的跑车，可能是因为朋友的一些言论让他感到气愤。但与此同时，人们却坚信自己的行为是由自己的想法和信念决定的。他们会说："我买这辆跑车完全是我自己的决定，与朋友对我的发际线和大肚腩的嘲讽无关。"我们对自我的认识就像组合偏好一样，并不总是前后一致。其他人的行为可能是由不受他们控制的因素决定的，但我们相信，我们自己的行为是由自己的偏好或能动性决定的。而当影响涉及个人情绪时，我们会更加重视自由意志。

我们之所以会持有两种相互冲突的观点，一个关键的原因在于，我们能够强烈地感受到自己正在做出选择。我们能够意识到，自己正在进行自我辩论，正在进行权衡取舍，并因此而认为这种自我对话决定了我们的选择。但我们感受不到其他人在脑海中进行的自我辩论，所以我们会自信地说，外部影响会改变他人的行为。[2]

这听起来很奇怪，但解释了几个重要事实。首先，这解释了为什么选择架构看起来可能具有威胁性，因为选择架构让设计者对我们的选择有了一定的控制权。利用默认选项，汽车经销商能够影响我们对汽车配置的选择；利用特定的排序方式，葡萄酒销售网站能够让廉价的低级葡萄酒看上去更有吸引力。选择架构之所以既让人恐惧，又让人着迷，也许是因为它同时触及了我们所持有的两种相互对立的观点。它符合我们的一种直觉认知，那就是他人的许多选择都是由外部环境决定的，我们对这种认知非常自信。但同时，它又与我们的另一种观点背道而驰，那就是我们的选择是由我们自己决定的。为了更好地理解这种对选择架构的意识和恐惧，是时候来看看我们在第3章中谈到过的读心师达伦·布朗是如何施展他的"魔法"的了。

你相信魔术吗

在第3章中，我曾经将英国魔术师达伦·布朗称为"写心师"。心理学家曾经对布朗推广的一个魔术技巧进行深入研究，他们的研究成果不仅能帮助我们理解这个技巧的作用原理，还能帮助我们理解何为意识。

这个技巧用到了魔术师的"强迫选择法"，即潜移默化地影响观众的选择的做法。潜移默化是其中的关键。这意味着，虽然选择者的选择受到了影响，但他们并不会将外部影响和自己的选择联系在一起。当被问及自己的选择是否受到了影响时，选择者会坚称自己是自由做出选择的。一项对布朗的强迫选择法进行深入研究的实验是这样进行的：

你坐在一所大学的自助餐厅里，对面坐着一位一头红发，说起话来略带法国口音的年轻女子。她说："我要试着让你感应到这张扑克牌的牌面。"接着，她举起一张扑克牌，你只能看到扑克牌的背面。她说："不要试图去猜牌面，耐心等待牌面浮现在你的脑海里。"稍作停顿后，她接着说："让你脑海中的颜色变得明艳生动。想象你的眼前有一块屏幕，屏幕上有一张扑克牌，扑克牌底部和顶部的角落位置写着数字，中间则是扑克牌的花色。"在描述过程中，她用手指围出了一个长方形，又用食指在假想的角落处画了两条曲线，表示这是数字的位置。然后，她用拇指、食指和中指指向假想牌面的中心，说："嘣嘣嘣！在牌面中央，可以看到扑克牌的花色。"接着她问："你知道牌面是什么了吗？"一副扑克牌有52张带花色的牌，每张牌随机被选中的概率不到2%。

但在这项实验中，方块3被选中的概率高达18%，是随机选择的概率的9倍。含有数字3的扑克牌被选中的概率是39%，含有方块的扑克牌被选中的概率是33%，都超出了随机选择的概率。你应该已经知道，我对任何只有单项研究做支撑的数据都持怀疑态度，所以在不久之前，我请来了两组相当聪明的工商管理硕士生，向他们展示了最初开展这项实验的心理学家分享的视频，想看看实验的结果是否能够在他们身上再现。事实证明，学生们选择方块3的倾向甚至更强。而当我展示的是另一版删去了那个年轻女子解说的关键要素的视频时，学生们的倾向性就消失了。当关键要素缺失时，学生会随机选择卡牌。而当关键要素被呈现时，他们的选择具有强烈的倾向性。

显然，那位年轻女子对实验的参与者产生了影响。她就是影响了参与者卡牌选择概率的外部力量。她是怎么做到的呢？达伦·布朗将此称为"心理启动力"。事实证明，以手势为主的微妙力量会改变人们的选择。首先，那位年轻女子用手指围成的长方形是倾斜的，看上去就像是扑克牌上的方块。其次，她在空中勾画的曲线是数字3的形状。此外，她用3根手指指向牌面中心，还说了3次"嘣"。最后，她要求参与者想象明艳生动的色彩，这会让参与者更容易想起红色而不是黑色，因为红色更加明艳生动。当然，扑克牌上所有的方块都是红色的。

这就是这个魔术背后的原理，但人们是否对此有所察觉呢？开展这项实验的研究人员是来自伦敦大学金史密斯学院的心理学家爱丽丝·帕耶和古斯塔夫·库恩。他们询问参与者是否注意到了那位年轻女子的提问方式有什么特别之处。结果，他们发现，72%的参与者都注意到了其中至少一个关键要素，但这些参与者都认为，他们注意到的关键要素并没有影响他们的选择。例如，一些参与者表示，他们认为那位女士用手指围出的屏幕形似方块，但他们并没有将这一点和他们对卡牌的选择联系在一起。

不过，为什么他们应该看到两者之间的联系呢？大多数人都对可达性的影响一无所知，对他们来说，"写心"一词充满了神秘感。这个魔术的奥秘在于，它增强了一些概念的可达性，比如数字3和方块，而选择者对此毫不知情。[3]

由于这个方法并非万无一失，所以魔术师从来不会完全依赖这种心理启动力。优秀的魔术师总能找到巧妙的应对方法。例如，他们可能会先问"是方块吗？"，再问"是3吗？"，然后接着问"是方块3吗？"。如果参与者说不是，他们可能会问"是红桃3吗？"。这种问法会提高参与者猜对牌面的至少一个元素的概率。

选择架构和魔术有许多共同点。设计者可以对选择架构做出一些微妙的调整。选择者即使注意到了这些调整，也可能仍然意识不到这些调整会如何影响自己的行为。选择者大多都不知道选择架构会如何影响自己的决策（当然，读过这本书的人除外）。[4]

你认为自己是个慷慨的人吗？慷慨是我们自我认同的一部分，不会轻易改变。经常有实验利用独裁者博弈研究人们的慷慨心。假设你突然得到了10美元，有人问你，你是否愿意将这笔钱的一部分分给一个完全陌生的人。你可以听从经济学家的建议，把这10

美元全部留给自己，毕竟钱多总比钱少好。而且，在此类实验中，你的身份是保密的，你不会和那位陌生人有任何接触。但尽管如此，大多数参与者还是会把这笔"意外之财"的一部分分给那个陌生人，他们通常会给陌生人3美元，给自己留7美元。而这是在选择架构影响之下的结果。

宾夕法尼亚大学的研究人员在网络上进行了一项实验，他们在网页上列出了10美元的各种分配方式，让参与者从中做出选择。这些分配方式包括"给陌生人1美元、给自己留9美元"，"给陌生人2美元、给自己留8美元"等。一些参与者看到的第一个选项是最自私的分配方式，即"给陌生人0美元，给自己留10美元"，而且，这个选项还被预先勾选为了默认选项。而另一些参与者看到的第一个选项是最慷慨的分配方式，即"给陌生人10美元，给自己留0美元"，并且，这个选项也被预先勾选为了默认选项。在这两种情况下，其他分配方式的排列顺序是随机确定的。

先看到最自私的分配方式的参与者平均只给陌生人分了1.47美元，而先看到最慷慨的分配方式的参与者平均给陌生人分了3.14美元，后者比前者翻了一番。选项顺序和默认选项改变了参与者的慷慨程度。[5]选择架构的变化确实改变了参与者的行为，但参与者并没有意识到这一点。虽然71%的参与者都注意到了第一个选项已经被预先勾选，但只有8%的参与者认为这影响了他们的选择。大多数（80%以上）注意到了这一点的参与者都表示，这并没有改变他们的选择。

总而言之，即使注意到了选择架构的特别之处，人们也不认为自己会受到影响。[6]

提醒有用吗

如果人们意识不到选择架构的影响，那么我们或许可以直接告诉他们，他们即将受到影响。既然从吸尘器到香烟，各种产品都带有警告标签，那么为什么不给选择架构也加上一个警告标签呢？

不幸的是，提示选择架构的存在和意图似乎根本不起作用。在多项研究中，参与者都被以多种不同的方式告知了默认选项的作用，包括被告知默认选项的目的就是改变选择者的行为。例如，在一项研究中，研究人员指出，默认选项的目的是增加一家气候保护基金收到的捐款。但事实上，这一提示的作用似乎只是让人们更愿意接受默认选项的助推而已。[7]

提醒人们注意选择架构影响的做法收效甚微，这并不让人意外。人们或许知道自己正在受到影响，但他们并不知道自己是如何被影响的。由于不了解可达性会影响偏好的组合方式，他们可能并不知道默认选项能改变他们的偏好。毕竟，在2019年，尽管人们都知道达伦·布朗会对自己耍花招，但还是有成千上万的人购买了价格高昂的门票，涌进百老汇科特剧院去看他的表演。知道影响的存在并不足以阻止人们被影响。[8]只要不了解魔术背后的原理，你就无法阻止错觉的产生。而在选择架构中，由于你不知道默认选项、选项顺序和排序方式等如何影响你的选择，所以即使得到了提醒，你也难以避免受到影响。

下面来谈谈关于意识问题的最后一点。理论上，人们或许认为，选择架构的变化是可以接受的。在一系列广泛的研究中，卡斯·桑斯坦和露西娅·赖施做了多项调查，了解受访者对一些干预措施的接受度，比如是否可以接受设计者将可持续绿色能源的供应商设为默认供应商。结果显示，在可以接受什么样的干预措施的问题上，受访者之间有相当大的共识，而且这种共识大部分都是全球性的。即使是在美国的共和党人中，认为这种干预措施可以接受的人也略占多数。但是，在理论上可以接受选择架构的干预并不意味着，当人们知道他们受到了选择架构的影响时，仍然可以欣然接受。事实上，他们的想法是："只要我有信心这种干预不会影响到我，我就没有意见。"[9]

被忽视的选择架构

那么，设计者是否了解选择架构的影响呢？在一项研究中，设计者被要求为选择者设定默认选项。可供选择者选择的选项有两个，是两种虚构的药物。一种药价格相对便宜，用药一周只需要花费20美元，但这种药每周需要服用6次；另一种药用药一周需要花费50美元，但每周只需要服用1次。选择者要在价格和便利性之间权衡取舍。研究人员要求设计者利用默认选项来鼓励选择者选择其中一种药物，比如价格便宜但服用起来没有那么方便的药物。

按理说，参与这项研究的设计者应该总是能够利用默认选项鼓励选择者选择其中一种药物。但实际情况是，他们当中只有51.9%的人设定了正确的默认选项，这个比例和随机选择的概率不相上下（因为一共只有两个选项）。不同类型的参与者的表现也不一样。曾经向他人呈现过选择架构的专业人士（比如执业医生和执业律师）表现更好，但他们的表现也远远算不上完美。其他研究也表明，即使有学习的机会，设计者仍然会在一定程度上忽视默认选项的作用。[10]

这是一个非常新的研究领域，并且，遗憾的是，这个领域目前还只有针对默认选项的研究。但这仍然足以说明，设计者并不一定了解那些他们可以运用的工具的力量。由于这种潜在的无知，善意的设计者并不一定能够在呈现选项时充分发挥他们的能力。至于其他选择架构工具，我们几乎没有任何理由认为它们会产生显著的影响。如果设计者对他们的设计决策的影响一无所知，会造成怎样的后果？他们可能会随意选择工具，在无意中损害选择者的利益。

忽视选择架构的危害

忽视选择架构可能会造成危害。在第4章中，我们说过，很多人都应该延迟申领社会保障金。但是，美国社会保障管理局在无意中鼓励了人们做出相反的选择。在美国社会保障管理局提供的信息中，有一个数据叫作"盈亏平衡年龄"。到了盈亏平衡年龄，无论你是否选择了早申领社会保障金，无论你是从62岁还是从70岁开始领取社会保障金，你领到的社会保障金总额都是相同的。有专家认为，盈亏平衡年龄和何时申领社会保障金的决策并不十分相关。出乎美国社会保障管理局意料的是，提供这一信息适得其反。它并没有促使人们延迟申领，反而导致平均申领时间提前了大约18个月。[11]美国社会保障管理局认为，这并不符合退休人员的最佳利益，于是，他们从社会保障金申领的标准介绍中删除了盈亏平衡年龄这项数据。

在这样一种对选择架构的忽视中，设计者的预设是，选择者明白自己应该如何在他们提供的决策环境中做出正确的选择。这种预设忽略了选择者亟须帮助的事实，可能会造成严重的后果。

我们可以以临终护理方式的选择为例。在病重时，患者可以选择接受能够延长生命的介入治疗，但这种治疗具有侵入性，会让患者感到痛苦，而且，即使生命能够延长，患者往往需要靠呼吸机或者喂养管度过余生。这类治疗方法被统称为"延寿护理"。还有一种护理方式是"舒适护理"。舒适护理注重减少侵入性介入治疗的使用，以缓解疼痛和确保舒适为主要目标。

在理想情况下，患者应该在身体状况尚可时通过预嘱或者医生所说的"预先声明"，提前为这一决策做好安排。但在大多数情况下，患者都没有预嘱。有预嘱的患者只占全部患者的1/3。

如果你做过大手术，或许已经有医护人员要求你做过预嘱。在让你填预嘱表时，他们的预设是你能够确定自己的偏好。但是，如果你没有认真考虑过自己想要接受什么样的临终护理呢？大多数人都没有考虑过这个问题，也不想考虑这个问题。临终护理方式的选择往往需要人们去组合偏好。和所有决策一样，预嘱也有选择架构。它的选择架构会对这个重要的决策产生影响吗？

斯科特·哈尔彭和同事们一起做了一项了不起的研究。在研究中，晚期患者需要选择将决定他们临终治疗的临终护理方式。研究人员给他们的选择表上的第一个问题是他们想要接受哪一类护理，是延寿护理还是舒适护理。在1/3的患者拿到的选择表上，舒适护理是已经被预先勾选了的默认选项。另外1/3的患者拿到的选择表上没有默认选项。还有1/3的患者拿到的是已经预先勾选了延寿护理的选择表。当舒适护理被设为默认选项时，77%的患者都选择了它；当选择表上没有默认选项时，66%的患者选择了舒适护理；而当延寿护理被设为默认选项时，只有43%的患者选择了舒适护理。

类似的结果也出现在了对特定介入疗法的选择中，比如是否要使用喂养管。在如此重要的决策上，默认选项竟然产生了如此大的影响，这是非常引人注目的。但接下来发生的事具有更大的启发性。

作为讲道德的科学家，研究人员后来向所有患者（至少是那些还活着的患者）解释说，他们看到的默认选项都是随机设定的，并且，研究人员还向他们说明了默认选项的影响。最重要的是，研究人员向患者提供了改变选择的机会。如果另有偏好，那么患者就可以利用这个机会表达出来。然而，在132名晚期患者中，只有两名患者改变了自己的选择。即使研究人员告知了患者何为默认选项，默认选项是随机设定的，以及默认选项对决策的影响，默认选项的影响仍然存在。

这有力地证明了，人们对临终护理方式的偏好是组合而成的，他们并没有预先对这些选项形成偏好。这是一个极其艰难的决策，在面临决策之前，大多数患者都没有做过气管插管、使用过喂养管或接受过透析治疗，而且，没有人愿意预先为这样的决策做打算。当不得不做出选择时，作为主要决策者的患者本人可能已经失去了意识，而需要替患者做出选择的家属可能也已经不知所措。

确保患者及其家属拥有选择权固然值得称赞，但如果在面对选择时感到不知所措，他们就更有可能选择默认选项。这里存在一个问题。当人们被迫做出选择时，他们的选择往往和在没有压力时做出的选择截然不同。在哈尔彭主持的研究中，当选择表上没有默认选项时，大多数患者都选择了舒适护理，即注重缓解患者的疼痛和减少使用侵入性治疗措施的护理方式。但在现实中，如果患者没有提前做出选择，他们将要接受的就不是舒适护理。除非患者本人或其直系亲属表示想要选择舒适护理，否则医院将会向患者提供延寿护理。换句话说，延寿护理是默认选项，患者将接受介入治疗。大多数预嘱单的设计似乎都在引导人们选择延寿护理。例如，一份常用的预嘱单给出的第一个选项就是"我想要使用生命维持设备"。

假定患者拥有选择自主权并忽视选择架构的影响会对患者的痛苦程度、治疗成本和尊严产生重大影响。医生或许并不愿意影响患者对临终护理方式的选择，但患者同样不愿意做出选择，这种不情愿让默认选项变得更加重要。

一个简单的建议是，可以将默认选项设为大多数人想要的选项，即舒适护理。如果人们不做选择，他们将接受舒适护理。当然，如果确实想要接受延寿护理，他们可以不选默认选项。[12]

对临终护理方式的选择不仅是一个重要的话题，还说明了选择架构会在哪些情况下产生最大的影响。当选择者没有在面临选择之前形成偏好，也没有选择合理路径的经验时，选择架构的影响最为显著。明白了这一点，我们就能够判断在什么情况下忽视选择架构是最危险的了。

大多数决策都是平凡且重复的，但也有一些决策既重要又罕见。当人们必须面对这种决策时，往往并不清楚自己想要什么，也不清楚应该如何做出选择。择校、买房子、选养老金计划及确定临终护理方式，都是会产生重要影响但又十分不常见的决策。如果决策者的目标本身就相互冲突，那么选择架构会产生更大的影响。

用意不良的选择架构

糟糕的选择架构并不一定是无知或天真的产物。对选择架构的忽视或许十分常见，但并非无处不在。一些设计者会利用直邮营销或线上对比实验等方法进行实验，了解怎样的设计更为有效。这些设计者可以利用他们的发现来增进自己而非选择者的利益。这意味着，他们可能会设计出用意不良的选择架构。那么，用意不良的选择架构会造成怎样的后果呢？

我们先来看几个例子，在这些例子中，用意不良的选择架构造成的后果一个比一个严重。

一些用意不良的选择架构会利用流畅性，即人们对合理路径执行难度的最初判断。我们知道，选择者对最初的金钱成本和精力成本都十分敏感。而用意不良的设计者可能会利用这种心理。我们都曾做出过开始或终止某项订阅服务的决定，比如报刊订阅服务或者像Spotify和Hulu这样的流媒体的订阅服务。设计者可以利用流畅性构造"订阅陷阱"，让订阅变得极其简单，让退订变得极其困难。报刊订阅是一个后果不太严重的例子。在大多数报刊的网站上，开始订阅服务都非常简单，你只需要点几下鼠标，就能够以很低的初期优惠价格订阅报刊，比如，在前52周里，每周的订阅费用只有1美元。但是，一旦开始了订阅服务，等订阅费上涨到差不多每周5美元后，退订就会困难得多。如果想取消订阅，你必须拨打一个以800开头的号码。而一些有意构造订阅陷阱的公司会故意让来电者陷入漫长的接听等待。

黑暗模式选择架构的研究人员将这种现象称为"不对称"现象。它还有一个更加形象生动的名称，那就是人机交互界面的"蟑螂屋"。化用那句著名的蟑螂陷阱广告语，订阅者只能"登记入住"，却不能"退房"。"不对称"描述了开始订阅服务和终止订阅服务在执行难度上的巨大差异。[13]

设计者还可以利用流畅性阻止选择者做出某种选择，以维持现状。几年前，我接受了美国全国公共广播电台《市场报道》节目的采访。当时，坐在我旁边的记者正在尝试改变他手机上的隐私设置。按照默认设置，威瑞森通信公司能够追踪他的通话记录，并且有可能出售这些信息。一名来自威瑞森的代表曾经在一次采访中介绍说，用户可以很轻松地通过威瑞森的客服系统禁用这种追踪。但现实情况远非如此。拨通威瑞森的客服热线后，那位记者先是听到了一段冗长的机器人语音信息，告知他可以"限制或改变电信服务信息的各种选项"，然后又听到了一长串选项。听完后，他按下了"1"键，表示他想要改变自己的隐私设置，但他接下来听到的问题是："您是否想要对您的账户施加限制？"这听上去有些可怕，仿佛除了改变隐私设置，他还要再放弃些什么。然后，他需要输入电话账单上显示的十位数的电话号码，并在输入完毕后按下井号键。机器人以非常缓慢的速度逐位重复了他的号码，并要求他再次输入。接着，机器人又要求他输入账单上账号的前13位数字，并说出他的名字、姓氏、住址、所在城镇、所在州和邮政编码，而且每次回答完毕后，他都需要按下井号键，最后，他还要再次说出他的名字和姓氏，以确认他就是机主本人。我怀疑，电话公司其实早就知道他的电话号码。威瑞森公司表示，选择改变默认隐私设置的用户数量只有个位数，这丝毫不让人感到意外。

当然，许多隐私协议都有这样的特征：用户会看到冗长且复杂的服务条款，其目的似乎就是要让用户感到困惑。据估计，90%以上的用户都不会阅读网站上的服务条款文件。这可能会导致用户做出糟糕的决策。在一项研究中，有一项隐私政策明确表示，用户允许美国国家安全局及其雇主共享其所有信息，并且用户要用自己的第一个孩子作为支付方式，而竟然有98%的用户同意了这一协议。

幸运的是，这只是一个实验，但糟糕的选择架构确实会让用户对自己需要付出的代价产生误解。[14]

电子健康档案系统或许是最过分的恶意选择架构。在第1章中，我们看到了一些大型医院如何通过调整系统界面来引导医生多开通用药。对选择架构的这一调整不仅能让病人以更低的价格获得同等效果的治疗，增进了病人的福祉，还加快了医生开药的速度，让医生也从中受益。

小型诊所和私人诊所不具备自己开发和调整电子健康档案系统的资源。这些诊所使用的大多是一家名为Practice Fusion的成功初创企业提供的免费电子健康档案系统。科技新闻网站TechCrunch将这家企业誉为"医疗界的Meta"。在提供免费电子健康档案系统的同时，该企业也经营以医生为目标群体的广告业务。[15]

但是，这家公司的盈利来源并不止于此。它还会收受制药公司支付的酬金，帮助它们调整电子健康档案系统的选择架构。该公司和一家在庭外和解协议中被称为"X制药公司"的公司达成的协议就是一个极其恶劣的例子。2016年，为了获得100万美元的报酬，Practice Fusion在电子健康档案系统中增加了一个提示弹窗，提醒医生询问患者的疼痛程度，还提供了一系列治疗选项。这一弹窗在3年里出现了2.3亿次。据X制药公司估计，这一弹窗会给该公司带来3 000名新客户和高达1 100万美元的销售额。那段时间正是止痛药滥开现象日益引起关注的时期，缓释型阿片类止痛药的滥用尤其引人担忧。美国疾病控制与预防中心发布了指南，敦促医生使用非药物疗法和非阿片类止痛药。该指南建议，如果必须使用阿片类止痛药，医生应该尽量避免使用缓释型阿片类止痛药，因为这类止痛药更有可能让患者形成长期依赖，并且，医生应该限制病人的用药量。然而，尽管该指南强调应该尽量避免使用缓释型阿片类止痛药，Practice Fusion还是将这类药物列入了其电子健康档案系统给出的治疗选项中。

后来，经曝光，X制药公司其实就是奥施康定的制造商普渡制药。2020年，在一场由阿片类药物的误导性营销引发的诉讼中，普渡制药支付了约80亿美元的罚款与赔偿。与此同时，Practice Fusion也承认他们有偿对电子健康档案系统的选择架构进行了调整，并最终以赔偿1.45亿美元为条件与提起诉讼的佛蒙特州达成了和解。[16] 作为设计者，Practice Fusion和普渡制药构建了一个用意不良的选择架构，通过向医生提供不当的选项，对患者造成了伤害。

这说明，设计者的设计决策会产生影响，并且，中立的电子健康档案系统是不存在的，因为设计者要么把奥施康定排除在选项之外，要么把奥施康定囊括在选项之中，而后者会提升奥施康定的销量。尤其具有讽刺意味的是，研究表明，电子健康档案系统的选择架构可以减少阿片类药物的使用。例如，设计者可以通过改变默认选项来减少阿片类药物的开药量，也可以通过调整开药量计算器来让开药量更接近指南给出的标准。[17]

选择架构可以对人们的福祉产生巨大的影响。它能够让我们更难或更容易掌握对个人隐私和个人信息的控制权，帮助我们增加退休储蓄，帮助学生选择更好的学校，还能够增加或减少成瘾性药物的开药量。选择架构能够影响选择，其影响不容忽视。

想一想选择架构对谁的影响最大，我们就知道为什么不能忽视选择架构了。无论选择架构的影响是积极的还是消极的，最弱势的群体，即低收入群体、低学历群体和身处艰苦社会环境的群体受到的影响都更大。换句话说，选择架构在缩小收入差距和促进社会正义方面大有可为。但另一方面，这也意味着，就像我们在前面的例子中看到的那样，用意不良的选择架构对最弱势的群体尤为有害。[18]

我们应该怎么办

在这本书中，我们看到了各种各样或好或坏的选择架构。接下来，让我们看看以下3种说法：

1. 选择者不知道选择架构的影响，也不会在被提醒之后有什么反应。
2. 设计者可能会低估选择架构的影响。
3. 选择架构对最弱势的群体影响更大。

如果这3种说法属实，那我们应该怎么办呢？我们可以从为设计者和选择者普及相关知识开始。我所说的知识普及并不仅仅是指出选择架构的存在和它的影响，还包括让设计者和选择者了解选择架构的影响是如何产生的。

我曾经说过，选择架构发挥作用的方式主要有两种，一是改变合理路径，二是改变偏好的组合方式。这两个过程几乎都是自动发生的。心理学家将它们称为"系统1过程"，并认为它们主要是在我们无意识的情况下进行的。你无法解释自己是如何阅读文本的，也说不清楚自己在刷牙时是如何决定牙刷的移动方向的，同样，你也不知道自己是如何选择合理路径或组合偏好的。因此，即使被告知选择架构可能造成的影响，人们还是无法避免受到影响，这并不让人意外。即使向人们揭示选择架构师的意图也不会带来多大的帮助，因为人们对选择架构作用原理的认识充其量是一知半解。我们可能知道设计者正在试图改变我们的选择，但不知道应该如何避免受到影响。

如果我们知道影响是如何产生的，情况就可能会发生变化。虽然这方面的研究很少，但我们可以依靠一种直觉性的认识。我已经告诉过你们心理启动力是如何发挥作用的。在前面提到的那个实验中，表演者用手指在空中勾画的曲线和说出的3个"嘣"都在引导参与者想到数字3；她还通过要求参与者联想鲜艳的颜色而让红色变得更容易被想起；另外，她用手指围成的长方形也让参与者更容易想到方块。你现在已经知道，她是在利用这些细节增强数字3和方块在参与者记忆中的可达性。你不仅知道她的意图，还知道意图的实现过程。未来，你就能看穿类似技巧的使用，注意到表演者用手指围成的长方形，看到表演者在空中勾画的数字3，意识到提及生动的颜色会让你联想到红色而不是黑色。如果你意识到自己正在被操纵，并且想要避免受到这些技巧的影响，就可以联想其他数字，闭上眼睛，随机选择除了方块3以外的任何一张牌。知道了背后的原理，你就更有可能理解这些技巧的影响。[19]事实上，如果你知道了所有的奥秘，并且观看了魔术视频，可能也会试着去表演这个魔术。

正如了解魔术的原理会影响魔术的效果一样，深入了解选择架构工具的作用原理也会削弱这些工具的影响。例如，我们知道，默认选项之所以会发挥作用，部分原因在于它会让我们把最初的注意力放到默认选项上。知道了这一点，我们就可以先看其他选项。这或许足以克服默认选项的影响。在实验中，我还利用这种方法克服过其他选择架构工具的影响。通过改变参与者的关注点，我们能够让他们变得更有耐心，不再受到禀赋效应的影响。[20]提醒人们他们即将接触到选择架构或许还不够，但让他们了解选择架构工具的作用原理以及应该如何避免受到影响，或许能够帮助他们摆脱设计者的控制。现在，你马上就要读完这本书了，我希望你已经变成了更高明的设计者和更明智的选择者。也许，这本书就是你的选择架构自卫培训的起点。

我还希望，所有读过这本书的人都有志于帮助其他人做出更好、更有益的选择。虽然在深入了解选择架构的作用原理后，有些人会忍不住利用这些知识操纵他人，以实现自己的目的，但我希望这样的人只是极少数。总体而言，随着设计决策对他人的影响变得越来越广为人知，我们应该会看到越来越多目的明确且具有建设性的选择架构，人人都能从中受益。

设计选择架构就像是在地图上选择路线。能够到达目的地的路线有很多，但有些路线更符合选择者的利益。默认选项可以根据选择者的最佳利益设定。好的选项可以出现在更明显的位置，而不是被淹没在糟糕或无关的选项之中。可以让福利计划易于理解而不是难于理解。如果选择者有清晰的目标，一个高明的选择架构既可以帮助他们轻松实现目标，也有可能阻碍他们实现目标。当然，如何利用这些新学到的技能完全由你自己决定。

成为更好的选择架构师

选择架构或许是一个新的概念，但自人类需要进行决策以来它在客观上就已经存在了。理论上，设计者或许会低估选择架构的力量，但是，通过长期观察和不断试错，他们终将找到能够帮助他们实现目标的选择架构设计。

真正与以往不同的是，我们对选择架构对决策的影响有了更好的认识，并且也更容易改变决策环境。改变网站的设计比改变商店的设计要轻松得多，设计者还能够定制网站，以独特的方式改变不同访问者的选择。通过控制实验和对比实验，我们还可以发现什么样的选择架构能够帮助人们做出更好的决策。

与以往相比，另一个不同之处在于，人们意识到了选择架构的影响是不可避免的。所有选择架构都有一些能够影响选择者的要素。我希望，阅读这本书能够让大家了解各种选择架构工具及它们的基本作用原理。

有些人曾经对选择架构的道德性提出疑问，但我恰恰认为，忽视选择架构才是不道德的。设计者对选择者的影响不可避免。对这个事实视而不见只会导致设计者和选择者都得不到想要的结果，双方的利益都会遭到损害。

如果我们认为选择架构将会对那些重要但不常见的决策产生更大的影响，对弱势群体产生更大的影响，那么忽视选择架构就更不道德了。那样做只会造成更消极的后果。

我认为，忽视选择架构不仅是不道德的，还是不明智的。如今，我们面临的许多问题可能都难以用标准经济学理论中的两大工具，即信息和激励来解决。我将给出3个例子，那就是气候变化问题、不平等问题以及政治极化和假新闻问题。要解决这些问题，选择架构可以作为我们已经拥有的其他工具的有效补充。

- **气候变化**：我们已经看到，默认选项能够影响人们在灰色电力供应商和绿色电力供应商之间的选择。我们还看到，选择架构能够让短期的费用节省和长期的能效提升之间的利弊权衡变得更加清晰。选择架构能做的还有很多，而且改变选择架构的成本十分低廉。

- **不平等**：在第 1 章中，我们看到，改变出租车和网约车读卡器的选择界面能够增加司机的小费收入。我们还看到，选择架构能够促使学校做出改进，并增进人们对社会福利项目，比如促进儿童认知发展的项目的参与。这些都有利于减少不平等。而且，与其他工具相比，选择架构发挥作用的成本更低，效率更高，争议也更少。

- **政治极化和假新闻**：在第 8 章中，我们看到，用在政策背景中容易理解的数字来介绍政策可以减少左翼和右翼在税收和碳排放费用上的分歧。最近，推特推出了一项新功能。在你要转发文章时，系统会问你是否已经读过这篇文章。推特没有删除任何选项，但如果你没有读过文章就选择转发，就需要在转发前额外投入一些精力。为了提高"对话质量"，推特还对界面做出了其他类似的修改，比如增加了提醒你与他人之间的共同之处的"人性化"提示，又比如当你转发被标记为虚假信息的内容时会弹出警告弹窗。我们尚不清楚这些调整的有效性如何，但它们拥有两个彰显选择架构吸引力的重要特征，那就是它们的应用成本相对低廉，而且我们可以通过实验评估它们的效果。

这些都是大问题，要解决这些问题，单凭选择架构是不够的。

选择架构这个词从提出到现在只有 12 年，就已经在很多领域得到了重要应用。但是，就像 12 岁的孩子一样，这个领域才刚刚开始成长，未来还有很长的路要走，它对自己未知的领域可能还有些浑然不觉，但我们能在它身上看到巨大的潜力。未来，这个领域面临的挑战有很多，我们需要了解不同工具的适用条件，创造新的工具，寻找新的应用领域。此外，我们还需要想办法推进选择架构在组织和机构中的应用，更好地理解选择架构对个体的影响。

最后，请思考一个问题。作为一名设计者，你能为你最了解的选择者，也就是你自己做什么。你可能认为，选择架构只对大型机构有用。但事实上，在面临求职、择偶、搬家等重要的人生决策时，我们经常需要为自己设计选择架构。本书介绍的选择架构工具或许能帮助你了解应该在哪些情况下花更多时间去寻找最佳选项，在哪些情况下停止寻找，如何给属性命名，如何选择恰当的合理路径并组合有益的偏好。在利用书中介绍的工具为自己设计选择架构时，你或许会意识到，设计者对选择者有巨大的影响，而这位选择者就是你自己。由此，我们可以得到关于选择架构应用的重要启发，也即选择架构应用的黄金法则，那就是：你希望其他人为你提供怎样的选择架构，就要为其他人设计怎样的选择架构。

致谢

　　德国作曲家赫尔穆特·拉亨曼曾说，谱写乐曲的过程会改变作曲家。写这本书的过程无疑也改变了我。在认真写作的四年中，我收获良多，深入思考了一些与应用选择架构有关的问题。我希望，这本书能让那些不知道自己是设计者的人了解到选择架构的各种激动人心的可能。

　　决策研究领域同样发生了变化。在从事选择架构研究的很长一段时间里，我都不知道自己研究的是"选择架构"。我的朋友理查德·塞勒和卡斯·桑斯坦在合著的《助推》中首次提出了"选择架构"一词，这个词非常好地描述了我的研究对象。在我的职业生涯中，对我产生影响的人有很多，但在这里，我要着重感谢那些与本书的创作联系最为紧密的人。我要感谢那些改变了决策研究的学者，因为在其他场合，他们的贡献可能很少被提及。这些学者包括J.爱德华·拉索、赫伯特·西蒙、希勒尔·艾因霍恩和阿莫斯·特沃斯基。我的朋友科林·卡默勒和罗伯特·J.迈耶也给了我很多帮助和启发。

　　本书最初的创作灵感来源于我在受邀参加三年一度的决策研讨

会时组织的研讨小组。这个活动听上去更像是一场严肃的艺术博览会。与会学者坐在一起，共同创作一篇介绍决策研究发展现状的文章。正是最终形成的题为《助推之外：选择架构工具》的高被引论文让我产生了写这本书的想法。在此，我要感谢为那篇论文做出了重要贡献的苏珊娜·舒、贝内迪克特·德莱尔特、克雷格·福克斯、艾伦·彼得斯和大卫·施卡德。

本书中一些章节的初稿是我在哥伦比亚大学商学院教授的课程"成为更好的选择架构师"的教学内容。我要对修读这门课程的学生表示感谢，感谢他们提出的建议、对课程的投入以及对我的包容。哥伦比亚大学商学院也为本书的创作提供了支持，对此我十分感激。哥伦比亚大学的阿曼达·埃克勒编辑了本书的前几章，何钟（音译）为本书的图表制作提供了莫大的帮助。西蒙·徐、伊内兹·安心院、埃丽卡·沙阿和瓦尼娅·瓦韦鲁，尤其是香农·邓肯也为本书的研究工作提供了帮助。

正在宾夕法尼亚大学沃顿商学院攻读博士学位的林内亚·甘地给了我很大的帮助，她让我相信，这本书很有价值，值得我为之付出努力。我希望她是对的。要是没有她最初给予的支持，现在大家就不会看到这本书。在洛克菲勒基金会的贝拉焦中心度过的一个月的时光也让我受益匪浅。在写作期间，我喜欢四处漫步，漫步在贝拉焦中心的小路上尤其让我精神焕发。我随时愿意再次回到那里。

鲍勃·恰尔迪尼、卡斯·桑斯坦、奇普·希思和丹尼尔·卡尼曼都对本书的构思和初稿提出了建议。他们的建议对我很有帮助，让我受到了很大的启发。

在过去两年里，本书的创作进入了更严肃的阶段，这一切都离不开我的经纪人马克斯·布罗克曼给出的建议以及里弗黑德出版社编辑考特妮·杨的监督和编辑工作。考特妮业务能力相当出色，她帮助我把那些冗长散漫的文字变成了更加简洁紧凑的最终版本。杰奎琳·肖斯特为本书的制作提供了指导，Bookitect公司的大卫·莫尔达沃也帮助我调整了多个章节的结构。

我还要感谢几位阅读了本书部分内容的朋友。我要特别感谢格雷戈里·墨菲，他为整本书的内容提出了详尽的修改建议，措辞巧妙且幽默。丹尼尔·G.戈尔茨坦、凯伦·姆尔克瓦和纳撒尼尔·波斯纳也点评了部分章节。我要衷心感谢我在书中提到的各项研究的所有研究人员，他们曾巧妙地指出我的错误，帮助我改善表达。这些研究人员包括：杰西卡·安克尔、杰克·索尔、玛雅·巴尔-希勒尔、温迪·布莱纳·德布朗、拉卢卡·乌尔苏和杰伊·拉索。此外，我还要感谢理查德·塞勒，在器官捐献的决策问题上，他与我进行了许多探讨，给出了许多见解。

我曾通过电话和电子邮件采访过几位研究人员，以进一步了解相关研究的背景信息和他们的一些看法。这些研究人员包括欧文·莱文、格拉尔德·海布尔、里克·拉里克、阿尔·罗思以及斯科特·哈尔彭。这些采访让本书的内容更加准确，也更加丰富。

我已在本书的各个章节中尽可能突出曾经与我合作撰写研究成果的学者所做的贡献，尽管我在这里没有重复他们的姓名，但是，对于他们的见解和耐心，以及我们在共事过程中享受的乐趣和建立的友谊，我都心怀感激。

最后，我要感谢我的妻子埃尔克·韦伯，她为我承受了很多。对于我在午餐、晚餐和散步时提出的种种不成形的想法，她总是充满耐心。除此之外，作为我多个研究项目的合作者和研究成果的合著者，她为本书的创作做出了极大的贡献。谢谢。

致谢　　　　289

注释

1 | 塑造选择：什么影响了我的决策

1　演讲参见："House of Commons Rebuilding: HC Deb 28 October 1943 Vol 393 Cc403-73."。相关历史参见："Bomb Damage"；"Churchill and Commons Chamber."。当下议院会议的参会人数由于需要保持社交距离而遭到了限制时，座无虚席的会场对会议的重要性更加突显。下议院议长林赛·霍伊尔说："没有什么比看到议员们争先进入会场，挤满会场的每一个角落更让人高兴的了。这种景象让下议院充满了活力，造就了下议院。但在确保安全之前，我们是无法再看到这样的景象的。"参见：Elgot, "Commons May Never Return to Packed Chamber Debates, Says Speaker."。

2　治疗效果参见：Shrank et al., "The Implications of Choice: Prescribing Generic or Preferred Pharmaceuticals Improves Medication Adherence for Chronic Conditions."。激励措施失败的案例参见：O'Malley et al., "Impact of Alternative Interventions on Changes in Generic Dispensing Rates."。

3　Malhotra et al., "Effects of an E-Prescribing Interface Redesign on Rates of Generic Drug Prescribing: Exploiting Default Options"；Meeker et al., "Effect of Behavioral Interventions on Inappropriate Antibiotic Prescribing among Primary Care Practices: A Randomized Clinical Trial."。

4　Haggag and Paci, "Default Tips"; Hoover, "Default Tip Suggestions in NYC Taxi Cabs."

5　各州根据《平价医疗法案》建立的保险交易网站存在相当大的差异。例如，阿拉斯加州和亚拉巴马州的交易网站提供的可选保险计划最多不超过6个；俄亥俄州的交易网站却提供73个可选保险计划。这些数据收集于2020年10月，收集方法是在不同地区（如阿拉斯加州朱诺市或俄亥俄州哥伦布市）访问当地的保险交易网站，查看一名已婚已育的40岁男性可选的不覆盖牙科的保险计划。感谢鹿特丹伊拉斯姆斯大学伊拉斯姆斯经济学院的贝内迪克特·德莱尔特。

6　Rosenblatt, "Ad Tracking 'Blocker' Comes to iOS6."

7　Brignull, "Dark Patterns: Inside the Interfaces Designed to Trick You." 数据来自Tune咨询公司的一项研究：Kaye, "Use of Limit Ad Tracking Drops as Ad Blocking Grows."。

8　Auxier et al., "2. Americans Concerned, Feel Lack of Control over Personal Data Collected by Both Companies and the Government."

9　Leswig, "Apple Makes Billions from Google's Dominance in Search–and It's a Bigger Business than iCloud or Apple Music"; Wakabayashi and Nicas, "Apple, Google and a Deal That Controls the Internet." 面对社交媒体公司的竞争，苹果公司最近开始将保护用户隐私作为其核心价值观进行宣传。

2 | 合理路径："切负荷"助你做出关键决策

1　该负责人为安柏瑞德航空大学飞行训练系主任肯尼思·P.伯恩斯，参见：Wichter and Maidenberg, "More Jobs Will Be Cleared for Takeoff. Aspiring Pilots Are Ready."。

2　Wodtke, "Sully Speaks Out."

3　参见：Croft, "Connectivity, Human Factors Drive Next-Gen Cockpit."。

4　National Transportation Safety Board, "Loss of Thrust in Both Engines after Encountering a Flock of Birds and Subsequent Ditching on the Hudson River, US Airways Flight 1549 Airbus A320-214, N106US Weehawken, New Jersey, January

15, 2009." 书中图片在原图的基础上做了修改。

5　参见：Langewiesche, "Anatomy of a Miracle"; National Transportation Safety Board, "Loss of Thrust in Both Engines after Encountering a Flock of Birds."。飞行表现的相关图表和统计数据以及驾驶舱话音记录出自美国国家运输安全委员会的报告。

6　事实上，萨利机长认为，在整个迫降过程中，飞机的飞行速度都与绿点速度一致，始终高于失速速度。然而，飞行记录仪显示，飞机当时的飞行速度其实一直都低于绿点速度（所以下降得也更快），且在迫降的最后阶段降到了失速速度以下。美国国家运输安全委员会认为，出现这种情况是因为萨利机长在高压状态下产生了"隧道视觉"。这种推断是合理的。但这个例子也印证了本书的一个重要主题，那就是决策者的自我陈述可能具有误导性。

7　在决策研究文献中，这种决策通常被称为"决策策略"或"决策启发式"。为了避免给读者造成困惑，我没有使用这些术语。卡尼曼等人提出了一套著名的启发式，但我所说的决策启发式有几点不同。最重要的不同在于，它们不是自动发挥作用的，在被选择后，它们通常是在人们有意识的情况下发挥作用的。人们可以讨论它们，可以让它们停止发挥作用。但是，正如我们将会看到的那样，人们对决策启发式的选择过程往往是自动完成的，属于卡尼曼所说的"系统1思考"。关于对决策启发式的深入研究，参见：Johnson and Payne, "Effort and Accuracy in Choice"; Payne, Bettman, and Johnson, *The Adaptive Decision Maker*。

8　Hulgaard et al., "Nudging Passenger Flow in CPH Airports." 书中图片在原图的基础上做了修改。

9　Hulgaard et al., "Nudging Passenger Flow in CPH Airports."

10　人们不计算利率的证据来自那些会向参与者提供利率信息的研究。在看到利率信息后，人们会变得更有耐心。相关讨论参见：Read, Frederick, and Scholten, "DRIFT: An Analysis of Outcome Framing in Intertemporal Choice."。

11　在较为复杂的决策中，合理路径的变更更为常见也更为频繁。关于这一点，有一项应用了眼动追踪的研究是一个很好的例子。参见：Shi, Wedel, and Pieters, "Information Acquisition During Online Decision Making: A Model-Based

Exploration Using Eye-Tracking Data."。

12　早期，关注合理路径的选择方式的研究曾经探讨过正确性和决策投入之间的利弊权衡。近年来，多项经济学研究表明，人们在决定应该为决策投入多少精力时存在即时倾向。参见：Augenblick, Niederle, and Sprenger, "Working over Time: Dynamic Inconsistency in Real Effort Tasks"; Augenblick and Rabin, "An Experiment on Time Preference and Misprediction in Unpleasant Tasks."。这些研究与经济学领域的"理性疏忽"研究形成了对比。根据理性疏忽理论，人们会将决策时需要投入的精力考虑在内，选择符合标准经济学理论的策略。例如，相关模型显示，当决策涉及较高的风险时，人们会愿意投入更多的精力，即时倾向会减弱。

13　关于流畅性对判断的影响的研究有很多，但这些研究有些杂乱无章。相关研究综述参见：Alter and Oppenheimer, "Uniting the Tribes of Fluency to Form a Metacognitive Nation."。另见：Oppenheimer, "The Secret Life of Fluency."。有人认为，对流畅性的感知是在无意识的情况下快速形成的，涉及目标对象的多个方面。关于这个观点，参见：Reber, Wurtz, and Zimmermann, "Exploring 'Fringe' Consciousness: The Subjective Experience of Perceptual Fluency and Its Objective Bases"; Wurtz, Reber, and Zimmermann, "The Feeling of Fluent Perception: A Single Experience from Multiple Asynchronous Sources."。关于流畅性对决策的影响，参见：Novemsky, "Preference Fluency in Choice."。关于类似的观点在推理过程中的应用，参见：Marewski and Schooler, "Cognitive Niches: An Ecological Model of Strategy Selection."。这篇文章研究的是元认知，即对认知的认知。我并不想回顾该领域的大量文献和相关争议，但我认为，这个概念相当有用，能够帮助我们理解人们对决策过程的主观感受。

14　参见：Undorf and Zimdahl, "Metamemory and Memory for a Wide Range of Font Sizes: What Is the Contribution of Perceptual Fluency?"。人们之所以会有这样的认知，可能是因为他们觉得字号大的文字更易于阅读，也可能是因为他们相信字号大的文字更易于阅读（但实际上，他们可能并没有这种感觉）。虽然这两个原因有着重要的理论性差异，但在我们的讨论中，重点在于：尽管大号文字和小号文字在便于记忆方面并无优劣之分，但字号的大小还是影响了我们对记忆难度的看法。

15 Rosenfeld, Thomas, and Hausen, "Disintermediating Your Friends: How Online Dating in the United States Displaces Other Ways of Meeting."

16 后来，BernieSingles变成了loveawake.com。参见：Cesar, "Of Love and Money: The Rise of the Online Dating Industry."。

17 Etherington, "Daily Dating Site Coffee Meets Bagel Lands $600K from Lightbank, Match.Com Co-Founder."

18 Bruch et al., "Extracting Multistage Screening Rules from Online Dating Activity Data."

3 | 组合偏好：记忆如何被调取与操控

1 Green, "How Derren Brown Remade Mind Reading for Skeptics."

2 参见：Levin and Johnson, "Estimating Price-Quality Tradeoffs Using Comparative Judgments."。

3 目前，"词汇小世界"网站已经收集到360万条回复，收录了超过1.2万个词汇的联想数据。你可以访问这个网站，看看当你看到自己最喜欢的单词时，会想到什么，同时也可以看看其他人的回复。"词汇小世界"网址为https://smallworldofwords.org.。

4 Kristensen, "8 E-Commerce A/B Testing Examples You Can Learn From."

5 当然，除了沙发，曼德尔的研究还用到了其他产品和网页背景图。参见：Mandel and Johnson, "When Web Pages Influence Choice: Effects of Visual Primes on Experts and Novices."。

6 科学家们很快指出，一座城市在短期内的小规模天气变化实际上和气候变化无关。

7 这之所以是因果关系，而不仅仅是相关关系，原因之一在于，研究人员使用了计量经济学中一种叫作"工具变量回归"的方法。另见：Zaval et al., "How Warm Days Increase Belief in Global Warming."。对调整温度的实验的描述参见：Risen and Critcher, "Visceral Fit: While in a Visceral State, Associated States of the World Seem More Likely."。其他显示了相关关系的研究参见：Egan and Mullin, "Turning Personal Experience into Political Attitudes: The Effect of

Local Weather on Americans' Perceptions about Global Warming"; Hamilton and Stampone, "Blowin' in the Wind: Short-Term Weather and Belief in Anthropogenic Climate Change."。

8 这项关于汽车销售情况的研究参见：Busse et al., "The Psychological Effect of Weather on Car Purchases."。巴斯等人从"投射偏误"的角度提供了一种略有不同的解释。我们所说的可达性更接近于他们考虑的另一个角度，即"突显性"。正如他们所说，他们的数据无法区分这两种效应。

9 详见：Conlin, O'Donoghue, and Vogelsang, "Projection Bias in Catalog Orders."。

10 在这一测试中，还有一种让人意想不到的增强抑制效应和减弱可达性的方法，那就是让参与者看一张没有标注州名的美国地图。包括我自己在内的大多数人可能都会认为，这会给参与者带来帮助。但事实上，这样一张地图减少了参与者能够回忆起来的州名的数量。在没有地图的情况下，参与者能够想起40个州的名称，而当参与者必须在地图上的相应位置标注州名时，他们通常会忘记9个州的名称，只能想起31个州的名称。参见：Brown, "Reciprocal Facilitation and Impairment of Free Recall"; Karchmer and Winograd, "Effects of Studying a Subset of Familiar Items on Recall of the Remaining Items: The John Brown Effect."。

11 Laberee and Bell, eds., *Mr. Franklin: A Selection from His Personal Letters.*

12 我们将在本书后面的章节中用到查询理论，但是如果你想要进一步了解这一理论，可以参见：Johnson, Häubl, and Keinan, "Aspects of Endowment: A Query Theory of Value Construction"; Weber et al., "Asymmetric Discounting in Intertemporal Choice."。

13 Payne et al., "Life Expectancy as a Constructed Belief: Evidence of a Live-to or Die-by Framing Effect."年金保险利用早逝客户的保费支付长寿客户的年金。你需要成为一名优秀的精算师才能销售年金保险。

14 Partners Advantage, "Getting Your Prospect to Think About Longevity, and Longevity Calculators."

决策

4 | 架构目标：流畅性与正确性的考量

1 "Apple COVID-19."

2 关于新冠肺炎症状追踪器取得的成功，参见：Menni et al., "Real-Time Tracking of Self-Reported Symptoms to Predict Potential COVID-19."。

3 无论决策涉及的是社会保障金，还是其他结构类似的公共福利金或企业福利金，情况都是如此。其他国家（例如德国）的公共养老金计划也是类似的结构。

4 讨论参见：Knoll et al., "Time to Retire: Why Americans Claim Benefits Early and How to Encourage Delay"；Muldoon and Kopcke, "Are People Claiming Social Security Benefits Later?"；Song and Manchester, "Have People Delayed Claiming Retirement Benefits? Responses to Changes in Social Security Rules."。

5 虽然在塞勒和桑斯坦的著作中，"助推"有更为微妙的内涵，但通常，任何让决策者的行为朝着特定方向改变的操纵都可以被称为"助推"，这忽略了一个重要前提，那就是决策的结果应该符合决策者的最佳利益。

6 关于如何鼓励人们推迟社会保障金的申领年龄，有人提出了其他建议。例如，可以让"全额退休福利年龄"所指的年龄从现在的66岁推迟为70岁。

7 参见网页："Retirement Benefits"；"How the Retirement Estimator Works."。截至2021年3月，这两个网页仍然存在，而且网站又增加了几个设计更为流畅的页面。

8 关于这个重要话题的研究十分有限，更多细节参见：Novemsky, "Preference Fluency in Choice."。

9 MacDonald, "How Long Do Workers Consider Retirement Decision?"关于退休时间和退休感受的最新数据，参见：Helman, Copeland, and VanDerhei, "The 2015 Retirement Confidence Survey: Having a Retirement Savings Plan a Key Factor in Americans' Retirement Confidence."。

10 社会保障金还有一个大多数人都没有意识到的好处，那就是，原则上，无论你年纪多大，只要你活着，就能一直领取社会保障金。如果你为退休后的生活存了一笔钱，比如说存了7.6万美元，即美国人退休储蓄的平均值，如果你足够长寿，你的钱就有可能被花光。而有了社会保障金，你就不会面临这种风险。

在保险行业内，这种保险被称为"年金保险"或"长寿保险"。无论你有多长寿，它都会为你提供保障。这种保险显然是有价值的。在计算社会保障金时，我们没有考虑这个因素，但我们是可以将这个因素考虑在内的。

如果你认为，这意味着大多数人并没有选错，那么你可以了解一下针对那些既购买了年金保险又选择了早申领社会保障金的人的研究，参见：Bronshtein et al., "Leaving Big Money on the Table: Arbitrage Opportunities in Delaying Social Security."。这些研究人员发现，这种做法会让家庭遭受高达25万美元的损失，并且，可能有数百万的家庭做出了这样的错误选择。

11　大体可参见：Lichtenstein and Slovic, "The Construction of Preference."。

12　决策模拟器的另一个用途是判断选择者的目标。以交友网站为例，研究人员可以尝试判断用户的"理想型"。为此，他们会通过一些技巧来模拟你的偏好。幸运的是，现在已经有办法对偏好进行权衡取舍，这些新方法常被用于新产品的开发。

这种做法面临着两个挑战。第一，当偏好确实为组合偏好时，对偏好的模拟不可能在不同情况下始终保持准确。第二，模型可能会给出站不住脚的预测（这一论点是技术性的，在此我不会详细论述，如果有兴趣，你可以阅读参考文献）。参见：Meyer and Johnson, "Empirical Generalizations in the Modeling of Consumer Choice."。

13　参见：Mullainathan, Sendhil et al., "The Market for Financial Advice."。

5 | 默认选项：成本与收益间的权衡

1　Johnson and Goldstein, "Do Defaults Save Lives?"

2　Thaler and Sunstein, *Nudge*.

3　Abadie and Gay, "The Impact of Presumed Consent Legislation on Cadaveric Organ Donation: A Cross-Country Study."

4　与约翰逊和戈尔茨坦的论文相比，阿巴迪和盖伊的研究使用了更复杂的方法，关注了更多的国家。在英国考虑改变器官捐献政策之前，有学者在英国对相关研究进行了系统的综述，参见：Rithalia et al., "Impact of Presumed Consent for Organ Donation on Donation Rates: A Systematic Review."。这份报告回顾了比较各国器官捐献的研究以及比较一些国家政策改变前后器官捐献率的研究，得出的结论是，默认选项的调整提高了器官捐献率。但研究人员再次强调，调整了默认选项的国家可能同时加大了对器官捐献的宣传力度和广告力度。

谢泼德、奥卡罗尔和弗格森研究了默认选项对遗体器官捐献和活体器官捐献的共同影响，即经济学家所说的"挤出效应"：当人们知道默认选项发生了改变时，可能就不会捐献器官了。这些研究人员找到了挤出效应存在的一些证据，但这种效应还不足以克服默认选项的影响。参见：Shepherd, O'Carroll, and Ferguson, "An International Comparison of Deceased and Living Organ Donation/ Transplant Rates in Opt-In and Opt-Out Systems: A Panel Study."。比尔盖尔指出，默认选项的效果会受到其他因素的影响。参见：Bilgel, "The Impact of Presumed Consent Laws and Institutions on Deceased Organ Donation."。

这一领域的研究面临的一个挑战在于，不可能随机给不同的国家指定不同的默认选项。但是，利用一些先进的计量经济学方法，一些研究人员尝试通过工具变量回归推断因果关系，他们认为，默认选项的影响确实导致了器官移植手术数量的增加，但与能够证明因果关系存在的实验相比，这一证据还是不够有力。

5　参见：Steffel, Williams, and Tannenbaum, "Does Changing Defaults Save Lives? Effects of Presumed Consent Organ Donation Policies."。

6　新加坡在1987年出台的相关法律仅适用于非穆斯林公民在意外死亡后的肾脏捐献。在2004年修订法律后，新加坡的肾移植手术数量从1987年以前的每年5例增加到了每年49例。参见：Low et al., "Impact of New Legislation on Presumed Consent on Organ Donation on Liver Transplant in Singapore: A Preliminary Analysis."。智利的法律修订参见：Zúñiga-Fajuri, "Increasing Organ Donation by Presumed Consent and Allocation Priority: Chile."。英国对威尔士的法律修订进行了长期研究，参见："Wales' Organ Donation Opt-Out Law Has Not Increased Donors."。法国设立了"国家拒捐登记处"，参见：Eleftheriou-Smith, "All French Citizens Are Now Organ Donors Unless They Opt Out."。加拿大新斯科舍省的政策变化参见："Changes to Organ and Tissue Donation."。

7　显然，医疗基础设施必须到位。在大多数地区，即使潜在捐献者是主动同意捐献器官的，医生也必须征求家属的意见。关于"西班牙模式"的讨论参见：Badcock, "How Spain Became the World Leader in Organ Donations"; Matesanz, "Factors Influencing the Adaptation of the Spanish Model of Organ Donation."。耐人寻味的是，在一些医院里，能够征求到较高同意率的医生会得到奖金。当然，这种做法引发了一些道德伦理问题，参见：Smith, Goldstein, and Johnson, "Choice Without Awareness: Ethical and Policy Implications of Defaults."本书的第10章也探讨了这个问题。

8　Fabre, Murphy, and Matesanz, "Presumed Consent: A Distraction in the Quest for Increasing Rates of Organ Donation."

9　Zink and Wertlieb, "A Study of the Presumptive Approach to Consent for Organ Donation."

10　参见：Glazier and Mone, "Success of Opt-In Organ Donation Policy in the United States."。

11　2019年，调查显示，56%的美国人支持采用退出机制，支持率比2012年增加了5.2%，虽然有人担心，支持率的增加主要来源于网络受访者，但还是有大约50%的受访者支持采用退出机制，并且年轻人支持这一机制的可能性更大。另外，大约30%的受访者表示，如果采用退出机制，他们会选择"退出"。参见："2019 National Survey of Organ Donation."。关于这一可能出现的变化会带来的影响，参见：DeRoos et al., "Estimated Association Between Organ Availability and Presumed Consent in Solid Organ Transplant."。

12　"Organ Trafficking: The Unseen Form of Human Trafficking"; May, "Transnational Crime and the Developing World."

13　Becker and Elias, "Introducing Incentives in the Market for Live and Cadaveric Organ Donations."激励不一定是明确的现金补偿。即使是遗体器官捐献，逝者家属也可以获得补偿。例如，经济学家建议，可以向捐献者的家属发放殡葬补贴。

14　然而，仅靠强迫人们做出回应是行不通的。2012年，纽约州通过了实行主动选择制的"劳伦法"。人们会被询问是否想要成为器官捐献者，但他们也可以选择跳过这个问题。纽约州的这项法律似乎收效甚微，只有28%的公民愿意成为器官捐献者，这一比例在50个州中排在第48位。相比之下，在蒙大拿州，89%的成年人都是登记在册的器官捐献者。

15　Johnson, "Apple, AT&T Shares Fall on Fewer-than-Expected iPhone Subscriptions"; Posner and Snyder, "Attention and Cognitive Control."

16　视频参见：Ezarik, "iPhone Bill."。关于艾萨瑞克的反应的细节及账单的照片，参见：Hafner, "AT&T's Overstuffed iPhone Bills Annoy Customers."。文中提到的刊登在《计算机世界》杂志上的文章是：Haskin, "Technology's 10 Most Mortifying Moments."。美国电话电报公司的应对措施参见：Perenson, "The 300-Page iPhone Bill to Disappear."。

17　Benartzi and Thaler, "Behavioral Economics and the Retirement Savings Crisis."

18　详见：Johnson et al., "Framing, Probability Distortions, and Insurance Decisions."。

19　早期研究关注的是一个更为普遍的现象，该现象被称为"现状偏差"，指的是出于某种原因，一个选项会被预选，预选依据有可能是选择者以往的决策。经典论文参见：Samuelson and Zeckhauser, "Status Quo Bias in Decision Making."。

20　Dinner et al., "Partitioning Default Effects: Why People Choose Not to Choose."另见：McKenzie, Liersch, and Finkelstein, "Recommendations Implicit in Policy Defaults."。关于下一段谈到的德国铁路股份公司的例子，参见：Goldstein et al., "Nudge Your Customers Toward Better Choices."。

21　Pichert and Katsikopoulos, "Green Defaults: Information Presentation and Pro-environmental Behaviour"; Ebeling and Lotz, "Domestic Uptake of Green Energy Promoted by Opt-out Tariffs."

22　后续研究的综述参见：Kaiser et al., "The Power of Green Defaults: The Impact of Regional Variation of Opt-Out Tariffs on Green Energy Demand in Germany."。

23　为了确认参与者的决策没有受到便利效应和背书效应的影响，我们询问了参与者，他们是否认为承包商希望他们选择特定的选项，我们还记录了参与者的决策用时，以便确认便利效应是否存在。这两种效应都没有对他们的选择产生影响。

24　研究参见：Dinner et al., "Partitioning Default Effects: Why People Choose Not to Choose."。

25 例子参见：Sunstein and Reisch, "Automatically Green: Behavioral Economics and Environmental Protection."。

26 相关讨论和类似结果参见：Hedlin and Sunstein, "Does Active Choosing Promote Green Energy Use: Experimental Evidence"；Pichert and Katsikopoulos, "Green Defaults: Information Presentation and Pro-environmental Behaviour"；Sunstein and Reisch, "Green by Default."。

27 最早证明禀赋效应存在的实验参见：Kahneman, Knetsch, and Thaler, "Experimental Tests of the Endowment Effect and the Coase Theorem."。查询理论角度的解释参见：Johnson, Häubl, and Keinan, "Aspects of Endowment: A Query Theory of Value Construction."。

28 这张森林图和标准的森林图不同。我把它调整成了我认为好的选择架构。在这张森林图中，圆点的位置越高，说明默认选项对决策的影响越积极。而在标准的森林图中，默认选项的影响通常是自右向左水平呈现的。另外，我还呈现了置信区间的分布情况，而不只是呈现出95%的置信区间，因为这一调整强调结果接近平均值的可能性更高，还描绘出了结果可变性的连续变化过程。在完整的元分析中，有一项规模较小的研究显示，默认选项产生了显著的负面影响，但我在图中呈现的平均影响力已经涵盖了所有研究的结果。

29 森林图并不能够反映全貌。我们至少还需要注意另外两点。第一，我们是如何选择呈现在森林图中的研究的？如果只关注那些已经发表的研究成果，我们很可能就会忽略那些"没有成功"的研究，即那些显示默认选项几乎对决策没有影响的研究。为什么呢？因为存在"发表偏差"：研究人员提交的主要是那些研究没有"失败"的论文，期刊接受的也主要是此类论文。为了解决这个问题，研究人员需要在所有在线数据库中进行搜索，并系统化地联系相关研究人员，请他们分享此类研究。

关于森林图，我们需要注意的第二点是，它们不一定能够检测出哪些实验的结果被夸大了，也/或者不一定能够检测出哪些实验通过所谓的"p值操纵"缩小了置信区间，即进行多次可能的分析，但最终只汇报那些效果最好的分析。

漏斗图和p曲线分析可以帮助检测此类研究。

30 参见：Jachimowicz et al., "When and Why Defaults Influence Decisions: A Meta-Analysis of Default Effects."。

31 综述和相关研究参见：Goldstein et al., "Nudge Your Customers Toward Better Choices."。我们尤其详细探讨了偏向将某一选项设为默认选项的情况。

32 "Characteristics of U.S. Mutual Fund Owners."

33 参见：Smith, Goldstein, and Johnson, "Choice Without Awareness: Ethical and Policy Implications of Defaults"; Johnson and Goldstein, "Decisions by Default."。

34 Peters, "Zoom Adds New Security and Privacy Measures to Prevent Zoombombing"; Garber, "A Company Called Zoom Technologies Is Surging Because People Think It's Zoom Video Communications (ZOOM, ZM)."

35 "Automatic Voter Registration"; Brater, "Automatic Voter Registration in Oregon a Huge Success."

6 | 选项数量：选择数量越多越好吗

1 Robbins, "Lost in the School Choice Maze."

2 其他例子包括住院医师和医院的配对，以及肾移植手术和潜在捐献者的匹配。

3 Nathanson, Corcoran, and Baker-Smith, "High School Choice in New York City: A Report on the School Choices and Placements of Low-Achieving Students."

4 "The Tyranny of Choice: You Choose."

5 Scheibehenne, Todd, and Greifeneder, "What Moderates the Too-Much-Choice Effect?"

6 Scheibehenne, Greifeneder, and Todd, "Can There Ever Be Too Many Options? A Meta-Analytic Review of Choice Overload"; Chernev, Böckenholt, and Goodman, "Choice Overload: A Conceptual Review and Meta-Analysis."

7 Schwartz, *The Paradox of Choice: Why More Is Less.*

8 我们也可以关注选择集呈现出最好的2个、3个或4个选项的可能性，或者关注选择集包含的最优选项的质量。与文中简单的例子相比，这两个角度涉及的计算要复杂得多，但它们的基本要点是一致的，那就是：经过深思熟虑筛选出来的选项越多，选择集中的最优选项的质量就越高。我们还假定，在这个选择集中，没有一个选项是我们在第4章中谈到的"优势选项"或"弱势选项"。

9　Bhargava, Loewenstein, and Sydnor, "Choose to Lose: Health Plan Choices from a Menu with Dominated Option."

10　Johnson et al., "Can Consumers Make Affordable Care Affordable? The Value of Choice Architecture." 文中的讨论主要以这篇论文中的实验6为基础。

11　和无偿参与实验的人相比，获得了报酬的参与者的决策用时延长了大约30%，但耐人寻味的是，他们并没有因此而做出更好的选择。

12　Barnes et al., "Moving Beyond Blind Men and Elephants: Providing Total Estimated Annual Costs Improves Health Insurance Decision Making"; Johnson et al., "Can Consumers Make Affordable Care Affordable? The Value of Choice Architecture."

13　LoGiurato, "Meet the 16-Year-Old Kid Who Got to Introduce President Obama in Brooklyn"; Saddler, "The Day I Introduced Barack Obama"; Zazulia, "Early College High School a Strong Path for IBM's Radcliffe Saddler."

7 | 选项排序：首因效应与近因效应

1　这一讨论及威尔逊的引语出自：Krosnick, Miller, and Tichy, "An Unrecognized Need for Ballot Reform: Effects of Candidate Name Order."。

2　Grant, "The Ballot Order Effect Is Huge: Evidence from Texas."

3　大多数研究都支持这一观点，参见：Miller and Krosnick, "The Impact of Candidate Name Order on Election Outcomes"; Koppell and Steen, "The Effects of Ballot Position on Election Outcomes"; Meredith and Salant, "On the Causes and Consequences of Ballot Order Effects"; King and Leigh, "Are Ballot Order Effects Heterogeneous?"; Krosnick, Miller, and Tichy, "An Unrecognized Need for Ballot Reform: The Effects of Candidate Name Order on Election Outcomes."。另见：Ho and Imai, "Estimating Causal Effects of Ballot Order from a Randomized Natural Experiment: The California Alphabet Lottery, 1978–2002."。克罗斯尼克、米勒和蒂希推测，在2000年的总统大选中，顺序效应的影响之所以如此之大，是因为人们对两位总统候选人的态度更摇摆不定。参见：Krosnick, Miller, and Tichy, "An Unrecognized Need for Ballot Reform."。

也有实验证实了候选人姓名的顺序效应，参见：Kim, Krosnick, and Casasanto, "Moderators of Candidate Name-Order Effects in Elections: An Experiment."。这是一个需要进行元分析的领域。

顺序效应对政治的影响还要更深。克罗斯尼克发现，姓名排序的不同可以在一定程度上对民意调查结果和实际投票结果之间的差异做出解释。在调查人们对候选人的偏好时，民意调查人员会小心地确保候选人姓名的排序是随机生成的。参见：Adams, "How the Pollsters Got It So Wrong in New Hampshire."。2008年，民意调查结果显示，巴拉克·奥巴马将在新罕布什尔州的初选中以3%至13%的领先优势获胜。然而，实际情况却是希拉里·克林顿以3%的优势赢得了该州的初选，这让所有人都大吃一惊。克罗斯尼克说："我敢打赌，单单凭借姓名排序靠前的优势，希拉里就比奥巴马多得了至少3%的选票。"

4　"Did Trump Win Because His Name Came First in Key States?"; Kam, "No, Donald Trump's Name Will Not Appear Automatically at the Top of Your Ballot"; Saunders, "Court Refuses to Reconsider Ballot Order Ruling."

5　许多论文都探讨了这一效应，参见：Brownstein, "Biased Predecision Processing"; Carlson, Meloy, and Lieb, "Benefits Leader Reversion: How a Once-Preferred Product Recaptures Its Standing"; Blanchard, Carlson, and Meloy, "Biased Predecisional Processing of Leading and Nonleading Alternatives"; Russo et al., "Choosing an Inferior Alternative"; Simon, Krawczyk, and Holyoak, "Construction of Preferences by Constraint Satisfaction"; Simon and Holyoak, "Structural Dynamics of Cognition: From Consistency Theories to Constraint Satisfaction"; Simon et al., "The Emergence of Coherence over the Course of Decision Making."。

6　最初的研究参见：Feenberg et al., "It's Good to Be First: Order Bias in Reading and Citing NBER Working Papers."。另见：Irwin, "How Economists Can Be Just as Irrational as the Rest of Us."。

7　研究参见：Ursu, "The Power of Rankings: Quantifying the Effect of Rankings on Online Consumer Search and Purchase Decisions."。

8　我们在此讨论的是决策中的顺序效应。要了解对顺序效应的更广泛的探讨，参见：Bar-Hillel, "Position Effects in Choice from Simultaneous Displays."。我在本章中用到的一些论点就来自于这篇论文。

其他证明近因效应存在的证据参见：Bruine de Bruin and Keren, "Order Effects in Sequentially Judged Options Due to the Direction of Comparison"; Bruine de Bruin, "Save the Last Dance for Me: Unwanted Serial Position Effects in Jury Evaluations"; Bruine de Bruin, "Save the Last Dance II: Unwanted Serial Position Effects in Figure Skating Judgments."。

最后，应该指出的是，"首因效应"和"近因效应"这两个术语来源于与记忆有关的相似研究。在研究中，研究人员一次一个地向参与者展示了一系列单词或数字，并请参与者回忆这些单词或数字，以研究参与者的记忆情况。虽然这两个术语相似，但研究的结果并不相关。在品酒实验中，参与者是根据呈现在他们面前的信息（和酒的味道）做出决策的，而不是直接凭记忆做出决策的。对品酒实验的描述和图表的改编来源参见：Matonakis et al., "Order in Choice Effects of Serial Position on Preferences."。

9 Atalay, Bodur, and Rasolofoarison, "Shining in the Center: Central Gaze Cascade Effect on Product Choice." 与水平呈现的选择架构相比，在垂直呈现的选择架构中，这一效应似乎更强。参见：Kim et al., "Position Effects of Menu Item Displays in Consumer Choices: Comparisons of Horizontal Versus Vertical Displays."。关于首因效应的深刻影响，参见：Nguyen et al., "Examining Ordering Effects in Discrete Choice Experiments: A Case Study in Vietnam"; Raghubir and Valenzuela, "Center-of-Inattention: Position Biases in Decision-Making."。另见：Li and Epley, "When the Best Appears to Be Saved for Last: Serial Position Effects on Choice," for effects of primacy.。

10 参见：Drèze, Hoch, and Purk, "Shelf Management and Space Elasticity."。

11 为了更好地理解哪些因素是显著的影响因素，设计者可以使用眼动追踪技术，或者利用算法来对图像的数字化版本进行分析。参见：Bartels, "How Eye Tracking Can Unlock Consumer Insights"; Chandon, Hutchinson, and Bradlow, "Does In-Store Marketing Work? Effects of the Number and Position of Shelf Facings on Brand Attention and Evaluation at the Point of Purchase."。

12 Lynch and Ariely, "Wine Online: Search Costs Affect Competition on Price, Quality, and Distribution"; Diehl, "When Two Rights Make a Wrong: Searching Too Much in Ordered Environments"; Diehl, Kornish, and Lynch, "Smart Agents: When Lower Search Costs for Quality Information Increase Price Sensitivity."

13 详见: Glazerman, "The Choice Architecture of School Choice Websites."。

14 语出史蒂夫·米勒, 一个菜单设计研讨班的讲师, 同时也是马萨诸塞州格拉夫顿"米勒资源集团"的总裁。转引自: Panitz, "Does Your Menu Attract or Repel Diners?"。

15 参见: Reynolds, Merritt, and Pinckney, "Understanding Menu Psychology."另一个更现代的例子参见: "Meet the 'Menu Engineers' Who Optimize Restaurant Revenue."。

在 *Cornell Hotel and Restaurant Administration Quarterly* 的1978年11月刊中, 菜单设计师威廉·德夫勒将"黄金位置"定义为菜单中的最佳位置。多年来, 菜单设计师都假定菜单布局会直接影响菜品的销量, 但支持这一观点的研究很少。为了对两者的关系进行实证评估, 研究人员在美国东北部一所大型大学的一家独立休闲餐厅中进行了一项实验。他们先是调整了菜品价格的位置, 但这并没有对餐厅的人均消费产生显著的影响。后来, 他们又将特定菜品调整到了菜单上更加显眼的位置, 以观察这种做法是否会影响菜品的销量。实验的结果再次和假设背道而驰, 顾客点这些特定菜品的可能性并没有受到这种调整的影响。参见: Doerfler, "Menu Design for Effective Merchandising."。

16 Kincaid and Corsun, "Are Consultants Blowing Smoke? An Empirical Test of the Impact of Menu Layout on Item Sales."其中一篇被撤回的论文是: Wansink and Love, "Slim by Design: Menu Strategies for Promoting High-Margin, Healthy Foods."。

17 两张图均出自: Yang, "Eye Movements on Restaurant Menus: A Revisitation on Gaze Motion and Consumer Scanpaths."。

18 Dayan and Bar-Hillel, "Nudge to Nobesity II: Menu Positions Influence Food Orders—ProQuest."但请记住, 这些影响取决于人们分配注意力的方式。沙拉台和菜单不同。在沙拉台上, 越难拿取的食物受欢迎的程度越低。罗津等人的研究表明，在为成年人供应午餐的自助餐厅中，改变按食物重量收费的沙拉台上不同食物的"可达性"会改变人们对食物的选择。稍微增加顾客拿到一种食物的难度（把食物移远10英寸左右）或者改变人们在取餐时使用的餐具（勺子或夹子）会在一定程度上减少这种食物的销量，减幅在8%到16%之间。参见：Rozin, Dingley, and Urbanek, "Nudge to Nobesity I: Minor Changes in Accessibility Decrease Food Intake."。关于助推对饮食的影响，参见：Cadario and Chandon, "Which Healthy Eating Nudges Work Best? A Meta-Analysis of Behavioral Interventions in Field Experiments."。

8 | 选项描述：选择架构设计的核心

1   关于超级惜油运动的信息参见：Gaffney, "This Guy Can Get 59 MPG in a Plain Old Accord. Beat That, Punk"; Moskowitz, "Hypermiling: Driving Tricks Stretch Miles Per Gallon."。卡多纳的本田汽车的燃油经济性数据参见：U.S. Department of Energy, "Gas Mileage of 2008 Honda Civic."。拉里克和索尔的研究详见：Larrick and Soll, "The MPG Illusion."。文中上图也是基于这项研究绘制而成。

2   文中用图改编自：https://www.epa.gov/sites/production/files/styles/large/public/2016-08/label_pre2008_650_0.gif。

3   参见：Ungemach et al., "Translated Attributes: Aligning Consumers' Choices and Goals Through Signposts."。

4   参见：Hardisty, Johnson, and Weber, "A Dirty Word or a Dirty World?"。文中例子出自这篇论文的研究2。这些差异通常被描述为"损失厌恶"，即人们对等量的损失的厌恶程度要高于对等量的收益的喜好程度。然而，损失厌恶更像是这种现象的一个标签，而不是对这种现象的解释。查询理论将记忆查询视为产生这种现象的一个基本过程，很好地补充了传统的解释。参见：Wall et al., "Risky Choice Frames Shift the Structure and Emotional Valence of Internal Arguments: A Query Theory Account of the Unusual Disease Problem."。

5   文中用图和实验结果出自：Dowray et al., "Potential Effect of Physical Activity Based Menu Labels on the Calorie Content of Selected Fast Food Meals."。在阅

读 *Decision Science News* 网站上的一篇文章时，我第一次注意到了这方面的研究。参见：Antonelli and Viera, "Potential Effect of Physical Activity Calorie Equivalent (PACE) Labeling on Adult Fast Food Ordering and Exercise"; Deery et al., "Physical Activity Calorie Expenditure (PACE) Labels in Worksite Cafeterias: Effects on Physical Activity"; Long et al., "Systematic Review and Meta-Analysis of the Impact of Restaurant Menu Calorie Labeling."。

6　许多公用事业账单（比如有线电视费、网费、电费和电话费账单）的设计恰恰相反，它们会为一个目标呈现很多属性。选择者只关心每个月的总费用，但除了总费用，这些账单还呈现了总费用的各个组成部分，比如有线电视的特许经营费或者维护费。由于这些属性并非服务于不同的目标，所以选择者更希望看到账单上只显示总费用。服务供应商列出收费细目也许是为了实现某个合理的目标，但列出这些收费细目会让总费用在账单上不那么显眼，还会妨碍选择者进行比较，除非选择者意识到所有这些费用加在一起就是总费用。参见：Thaler and Johnson, "Gambling with the House Money and Trying to Break Even—The Effects of Prior Outcomes on Risky Choice"; Read, Loewenstein, and Rabin, "Choice Bracketing"; Gabaix and Laibson, "Shrouded Attributes, Consumer Myopia, and Information Suppression in Competitive Markets"; Morwitz, Greenleaf, and Johnson, "Divide and Prosper: Consumers' Reactions to Partitioned Prices"; Greenleaf et al., "The Price Does Not Include Additional Taxes, Fees, and Surcharges: A Review of Research on Partitioned Pricing."。

7　参见：O'Donovan, "An Invisible Rating System at Your Favorite Chain Restaurant Is Costing Your Server"; DeShong, "Do Drivers Think You're a 'Ridezilla'? Better Check Your Uber Rating"; Shaban, "Uber Will Ban Passengers with Low Ratings"; Cook, "Uber's Internal Charts Show How Its Driver-Rating System Actually Works."。

8　实际用到的计算公式是：(log(2)/log(1+利率/100)。我相信你们可以心算出结果。但其实，你可以利用一个简单的技巧算出非常接近的结果，这个技巧就是"72法则"。如果想要知道在利率为 r% 的情况下，本金翻倍需要多长时间，那么你只要算出 72 除以 r 等于多少就可以了。在这个例子中，r 等于 10，72 除以

10等于7.2，这意味着本金将在7.2年后翻倍。也就是说，7.2年后，你就会拥有2万美元。这就意味着，45年后，这1万美元将翻倍6.2次，最终变成76万美元，这个数字和正确答案十分接近。我曾经让我的工商管理硕士生回答这个问题，在答案较为准确的学生中，大约10%的学生都使用了72法则。

9　这一领域研究成果丰富，但这并不意味着人们已经改变了呈现借款成本的方式。这一领域最早的实验型论文之一是：Einsenstien and Hoch, "Intuitive Compounding: Framing, Temporal Perspective, and Expertise."。后来，斯坦戈和津曼对政府调查数据（《消费者金融调查》）进行了分析，参见：Stango and Zinman, "Exponential Growth Bias and Household Finance."。该论文选取了具有代表性的样本，介绍了美国家庭的人口和财务概况，还对这一领域的研究进行了很好的回顾。不能理解利率会产生很大的影响。所有这些关系都是相关的，令人感到担忧。一个家庭对利率的理解越不正确，往往持有的股票就越少（根据经济学理论，这意味着长期而言，其资产增值会减少），背负的短期债务也更多。并且，即使考虑到教育背景和当前财富状况等显性因素的影响，非裔美国人和女性对利率理解的偏差也更大。

其他相关论文包括：Soll, Keeney, and Larrick, "Consumer Misunderstanding of Credit Card Use, Payments, and Debt: Causes and Solutions"; Song, "Financial Illiteracy and Pension Contributions: A Field Experiment on Compound Interest in China"; McKenzie and Liersch, "Misunderstanding Savings Growth: Implications for Retirement Savings Behavior."。

10　基普乔格的成就参见：Keh, "Eliud Kipchoge Breaks Two-Hour Marathon Barrier"; Pope and Simonsohn, "Round Numbers as Goals"; Heath, Larrick, and Wu, "Goals as Reference Points."。数据图和马拉松完赛时间数据出自：Allen et al., "Reference-Dependent Preferences: Evidence from Marathon Runners."。

11　"Envision Version 2.0: A Rating System for Sustainable Infrastructure"; Shealy et al., "Using Framing Effects to Inform More Sustainable Infrastructure Design Decisions."

12　Beko, "Freestanding 7kg Condenser Tumble Dryer DCX71100."该图是型号为DCX71100的7公斤独立式冷凝滚筒干衣机的能效标识。

13 Musicus et al., "Online Randomized Controlled Trials of Restaurant Sodium Warning Labels."

14 参见：Reyes et al., "Development of the Chilean Front-of-Package Food Warning Label"；Taillie et al., "An Evaluation of Chile's Law of Food Labeling and Advertising on Sugar-Sweetened Beverage Purchases from 2015 to 2017."。

15 "President Trump's Energy Independence Policy."相关讨论参见：Peters et al., "Numeracy and Decision Making"；Johnson et al., "Beyond Nudges: Tools of a Choice Architecture."。另见：Peters, *Innumeracy in the Wild: Misunderstanding and Misusing Numbers.*。

9 | 选择引擎：更积极的决策助手

1 Hardwick, "Top 100 Most Visited Websites by Search Traffic（as of 2020）."

2 Carr, "Giving Viewers What They Want."

3 McAlone, "The Exec Who Replaced Netflix's 5-Star Rating System with 'Thumbs Up, Thumbs Down' Explains Why."

4 Ciancutti, "Does Netflix Add Content Based on Your Searches?"；Netflix, "Netflix Quick Guide: How Does Netflix Decide What's on Netflix."

5 Gomez-Uribe and Hunt, "The Netflix Recommender System"；Carr, "Giving Viewers What They Want."

6 协同过滤需要大型的用户行为数据库，基于内容的过滤需要描述选项特征的大型数据库。一家新企业可能只拥有其中一种数据库，但它可以在业务增长过程中开发新的数据库。

7 Giovanelli and Curran, "Efforts to Support Consumer Enrollment Decisions Using Total Cost Estimators: Lessons from the Affordable Care Act's Marketplaces"；Barnes et al., "Moving Beyond Blind Men and Elephants: Providing Total Estimated Annual Costs Improves Health Insurance Decision Making."

8 "Picwell."坦白说，目前，我和Picwell公司没有任何关系，我只是在这家公司刚刚成立时担任过他们的顾问。现在，我和这家公司不存在任何经济利益关系。

9　Chien and Morris, "Household Participation in Stock Market Varies Widely by State." 除了这篇文章，还有很多文献记录了收益率的差异和股票投资的低参与度。各州的差异似乎是系统性的。除了财富水平的影响，社会关系网较为狭窄的人在股市投入的资金也较少。即使将收入水平和财富水平等因素考虑在内，一些州的股票投资参与度也明显低于其他州。例如，内华达人持有股票的可能性远低于佛蒙特人。

10　网页检索时间为2020年9月12日，当时，网页上显示的最后编辑时间为2020年6月17日和6月30日。这些日期非常重要，因为在卡恩斯自杀及2021年初的一系列事件引发争议后，这些网页的内容被大幅修改，变得更加全面和复杂。

11　交易机制非常复杂。做市商可能会以稍低的价格买入股票，比如99.99美元，再以稍高的价格卖出股票，比如100.01美元。这样，价差就是0.02美元。虽然这看起来只是蝇头小利，但每天可能会有超过2亿股的股票易手，如果每股的价差是0.02美元，做市商在一天之内就能赚到400万美元。这笔钱会在做市商、零售经纪商（比如罗宾汉）以及用户之间分配。这种交易机制对用户的影响十分复杂，但可以明确的是，在这种交易机制下，用户的交易量越大，罗宾汉（以及其他免佣金的零售经纪商）获得的利润就越高，如果用户参与的是期权交易，罗宾汉获得的利润就会更高。

并非所有经纪商都会接受做市商的订单流酬金。富达投资会将订单流酬金全部转给用户，而英国的金融市场行为监管局禁止为获取订单流而支付报酬。

12　Popper and Merced, "Robinhood Pays $65 Million Fine to Settle Charges of Misleading Customers."

13　和许多金融服务公司一样，罗宾汉也要求用户在获得平台的认证后才能进行某些期权交易。但通常，只要你说自己有期权交易经验，你就能够获得认证，从提出申请到获得认证可能只需要10分钟。

14　Holladay, "Alexander Kearns Remembered by UNL Community as Positive, Always Willing to Help."

15　亚历山大·卡恩斯在2020年6月12日结束了自己的生命。罗宾汉的高管们表示，他们对卡恩斯的死亡感到万分悲痛，已经向一家致力于预防自杀的基金会捐款25万美元，且正在"考虑提高三级期权交易的授权门槛，并为想要获得三级期权交易资格的用户提供更多的知识普及教育，以确保用户理解更复杂的期权交易"。他们还表示，他们将提供更好的知识普及教育并扩充与期权相关的教育内容，且正在"改良用户界面"。

16　详见：Popper，"Robinhood Has Lured Young Traders, Sometimes with Devastating Results."。关于交易和回报之间关系的研究，参见：Barber et al.，"The Cross-Section of Speculator Skill: Evidence from Day Trading"；Choy，"Retail Clientele and Option Returns."。关于涨跌幅排行榜的影响，参见：Barber et al.，"Attention Induced Trading and Returns: Evidence from Robinhood Users."。

17　改编自："2016 Election Forecast."。

18　这张点密度图是基于和前一张图相同的数据绘制的，2020年，Five ThirtyEight.com呈现对总统大选的预测时采用的就是这种点密度图。

19　图表改编自"President-Forecasting the US 2020 Elections."中模拟2016年总统大选结果的图表。

20　我有幸参与了其中一部分研究工作。参见：Goldstein, Johnson, and Sharpe, "Distribution Builder: A Tool for Measuring Preferences for Investment Risk."。我们的研究表明，这种方法能够生成可靠的风险预测，并且能够更好地预测人们的股票持有量。

　　也许，在戈尔茨坦和夏普看来，最重要的一点在于，人们可以通过构建结果分布图来表达自己对风险的偏好。而我在文中关注的是第二阶段，即体验结果阶段。其他测试和应用参见：Hofman, Goldstein, and Hullman, "How Visualizing Inferential Uncertainty Can Mislead Readers about Treatment Effects in Scientific Results"；Kaufmann, Weber, and Haisley, "The Role of Experience Sampling and Graphical Displays on One's Investment Risk Appetite"；Goldstein and Rothschild, "Lay Understanding of Probability Distributions"；Sharpe, Goldstein, and Blythe, "The Distribution Builder: A Tool for Inferring Investor Preferences."。

21　参见：Hofman, Goldstein, and Hullman, "How Visualizing Inferential Uncertainty Can Mislead Readers about Treatment Effects in Scientific Results"；Kaufmann, Weber, and Haisley, "The Role of Experience Sampling and Graphical Displays on One's Investment Risk Appetite"；Hullman, Resnick, and Adar, "Hypothetical Outcome Plots Outperform Error Bars and Violin Plots for Inferences about Reliability of Variable Ordering."。

22　Ruginski et al., "Non-expert Interpretations of Hurricane Forecast Uncertainty Visualizations"；Meyer et al., "Dynamic Simulation as an Approach to Understanding Hurricane Risk Response: Insights from the Stormview Lab"；Meyer et al., "The Dynamics of Hurricane Risk Perception: Real-Time Evidence from the 2012 Atlantic Hurricane Season."意大利面条图改编自 https://www.weathernerds. org/tc_guidance/images/AL19_2020091318_ECENS_0-120h _large.png。参见：Weathernerds.org。

10 ｜ 如何成为更好的选择架构师

1　Rogers, "How a Publicity Blitz Caused the Myth of Subliminal Advertising"；Salsa, "Subliminal Advertising Doesn't Exist"；Smith, Goldstein, and Johnson, "Choice Without Awareness: Ethical and Policy Implications of Defaults."

2　Nichols, "Experimental Philosophy and the Problem of Free Will"；Nichols and Knobe, "Moral Responsibility and Determinism: The Cognitive Science of Folk Intuitions."

3　参见：Pailhès and Kuhn, "Influencing Choices with Conversational Primes: How a Magic Trick Unconsciously Influences Card Choices." These are Pailhès, "Mental Priming Force."。你可以在补充材料 Pailhès, "Mental Priming Force"中看到利用了心理启动力技巧的视频和没有利用心理启动力技巧的视频。

4　目前还没有正式的元分析，但有许多研究的结论和这一观点一致。

5　Dhingra et al., "The Default Pull: An Experimental Demonstration of Subtle Default Effects on Preferences." 关于博弈实验在偏好研究中的应用的介绍参见：Henrich et al., *Foundations of Human Sociality: Economic Experiments and Ethnographic Evidence from Fifteen Small-Scale Societies.* 。在宾夕法尼亚大学的实验中，每位参与者都进行了4轮分配决策。我在文中谈到的是第一轮决策中默认选项的影响，在其他轮次的决策中，默认选项的影响也是相似的。

6 Bang, Shu, and Weber, "The Role of Perceived Effectiveness on the Acceptability of Choice Architecture." 这些研究人员让参与者体验了选择架构的影响。例如，参与者需要对同一种牛肉饼进行两次评价，一次是在看到牛肉饼的肥肉比例标签后，另一次是在看到牛肉饼的瘦肉比例标签后。即使看到了两个标签，也看到自己的评价受到了影响，但他们仍然认为，其他人受到的影响会更大。

7 Bruns et al., "Can Nudges Be Transparent and Yet Effective?" 另见：Loewenstein et al., "Warning: You Are about to Be Nudged."。上议院报告指的是"Behavior Change (Second Report)."。

8 并不是所有人都不知道影响的存在。我和埃尔克·韦伯去百老汇观看了达伦·布朗最近的演出，和我们一同前往的还有两位深谙魔术之道的朋友，芭芭拉·梅勒斯和菲尔·泰特洛克。芭芭拉本人就是一名魔术师，还是国际魔术师兄弟会的成员。她十分了解魔术表演背后的原理。布朗的魔术让我和埃尔克十分着迷，而我们对魔术背后的原理充其量只有一丝了解。相比之下，菲尔和芭芭拉就没有那么激动了，因为他们知道魔术是怎样完成的。难怪国际魔术师兄弟会有严格的保密规定。

9 Reisch and Sunstein, "Do Europeans Like Nudges?"; Sunstein et al., "A World-Wide Consensus on Nudging? Not Quite, but Almost."

10 实验由来自斯坦福大学和香港的研究人员共同完成。参见：Zlatev et al., "Default Neglect in Attempts at Social Influence."。在其他设定了不同背景的实验中，研究人员并没有发现默认选项被完全忽视；大约有69%的参与者选择了默认选项。参见：Jung, Sun, and Nelson, "People Can Recognize, Learn, and Apply Default Effects in Social Influence."。另见：McKenzie, Leong, and Sher, "Default Sensitivity in Attempts at Social Influence."。

其他忽视默认选项的例子参见：Robinson et al., "Some Middle School Students Want Behavior Commitment Devices (but Take-Up Does Not Affect Their Behavior)"; Bergman, Lasky-Fink, and Rogers, "Simplification and Defaults Affect Adoption and Impact of Technology, but Decision Makers Do Not Realize It."。

11 结果详见：Brown, Kapteyn, and Mitchell, "Framing Effects and Social Security Claiming Behavior."。

12 最初的研究参见：Halpern et al., "Default Options in Advance Directives Influence How Patients Set Goals for End-Of-Life Care."。这项研究的结果在很大程度上得到了再现，参见：Halpern et al., "Effect of Default Options in Advance Directives on Hospital-Free Days and Care Choices among Seriously Ill Patients."。做预嘱的频率数据出自：Yadav et al., "Approximately One in Three U.S. Adults Completes Any Type of Advance Directive for End-Of-Life Care."。人们想要接受舒适护理的证据参见：Fried et al., "Understanding the Treatment Preferences of Seriously Ill Patients."。

13 Mathur et al., "Dark Patterns at Scale: Findings from a Crawl of 11K Shopping Websites"；Valentino-DeVries, "How E-Commerce Sites Manipulate You into Buying Things You May Not Want"；Brignull, "Dark Patterns: Inside the Interfaces Designed to Trick You."

14 Obar and Oeldorf-Hirsch, "The Biggest Lie on the Internet: Ignoring the Privacy Policies and Terms of Service Policies of Social Networking Services."

15 Empson, "Practice Fusion Continues to Reach beyond Digital Health Records, Adds Free Expense Tracking to New Booking Engine"；United States of America v. Practice Fusion, Inc.

16 United States of America v. Practice Fusion, Inc；U.S. Department of Health and Human Services, Centers for Disease Control and Prevention, "Checklist for Prescribing Opioids for Chronic Pain"；Court, "Health-Records Company Pushed Opioids to Doctors in Secret Deal with Drugmaker"；Lopez, "Purdue Pharma Pleads Guilty to Criminal Charges in $8 Billion Settlement with the Justice Department"；Empson, "Practice Fusion Continues to Reach beyond Digital Health Records, Adds Free Expense Tracking to New Booking Engine"；Farzan, "A Tech Company Gave Doctors Free Software—Rigged to Encourage Them to Prescribe Opioids, Prosecutors Say."

17 Santistevan et al., "By Default: The Effect of Prepopulated Prescription Quantities on Opioid Prescribing in the Emergency Department"；Delgado et al., "Association Between Electronic Medical Record Implementation of Default Opioid Prescription

决策

Quantities and Prescribing Behavior in Two Emergency Departments"; Crothers et al., "Evaluating the Impact of Auto-Calculation Settings on Opioid Prescribing at an Academic Medical Center"; Jena, Barnett, and Goldman, "How Health Care Providers Can Help End the Overprescription of Opioids"; Zwank et al., "Removing Default Dispense Quantity from Opioid Prescriptions in the Electronic Medical Record."

18 与金融素养相关的数据参见: Fernandes, Lynch, and Netemeyer, "Financial Literacy, Financial Education, and Downstream Financial Behaviors."。姆尔克瓦等人的研究结果参见: Mrkva et al., "Do Nudges Reduce Disparities? Choice Architecture Compensates for Low Consumer Knowledge."。

19 正如帕耶和库恩所说:"首先, 让参与者觉得自己拥有选择自由是强迫选择法成功的关键因素之一。在引导参与者选择某张牌时, 如果魔术师让参与者感觉自己受到了约束, 失去了选择自由, 强迫选择法就会失效。"参见: "Influencing Choices with Conversational Primes: How a Magic Trick Unconsciously Influences Card Choices."。

20 Weber et al., "Asymmetric Discounting in Intertemporal Choice"; Dinner et al., "Partitioning Default Effects: Why People Choose Not to Choose."